# FALAR DE AMOR
# COM NOSSOS FILHOS

INÈS PÉLISSIÉ DU RAUSAS

# Falar de AMOR com nossos FILHOS à luz da teologia do CORPO

Tradução de
João Rosa

Falar de amor com nossos filhos:
à luz da Teologia do Corpo
Inès Pélissié du Rausas
1ª edição — 2025

Título original:
*Parlons d'amour à nos enfants:*
*à la lumière de la théologie*
*du corps*

Copyright © 2019,
Groupe Elidia; Éditions Artège;
10, rue Mercoeur, 75011 Paris,
espace Méditerranée – 66000
Perpignam
www.editionsartege.fr

Direção geral
*Renata Ferlin Sugai*

Direção de aquisição
*Hugo Langone*

Direção editorial
*Felipe Denardi*

Produção editorial
*Juliana Amato*
*Karine Santos*
*Ronaldo Vasconcelos*

Capa
*Gabriela Haeitmann*

Diagramação
*Karine Santos*

---

**DADOS INTERNACIONAIS DE CATALOGAÇÃO NA PUBLICAÇÃO (CIP)**

Du Rausas, Inès Pélissié.
Falar de amor com nossos filhos: à luz da Teologia do Corpo /
Inès Pélissié du Rausas;
tradução de João Rosa – São Paulo, SP: Quadrante Editora, 2025.
Título original: *Parlons d'amour à nos enfants*
*à la lumière de la théologie du corps*

ISBN: 978-85-74657-97-4

1. Sexualidade humana 2. Educação parental
I. Teologia do Corpo II. Título III. Autor

CDD 306-7 / 649-7

---

Índices para catálogo sistemático:
1. Sexualidade humana – 306-7
2. Educação parental – 649-7

Todos os direitos reservados a
QUADRANTE EDITORA
Rua Bernardo da Veiga, 47 | Tel.: 3873-2270
CEP 01252-020 | São Paulo - SP
atendimento@quadrante.com.br
www.quadrante.com.br

*Reservados todos os direitos desta obra. Proibida toda e qualquer reprodução desta*
*edição por qualquer meio ou forma, seja ela eletrônica ou mecânica, fotocópia,*
*gravação ou qualquer outro meio de reprodução, sem permissão expressa do editor.*

# SUMÁRIO

9    INTRODUÇÃO
      E se falássemos de... amor?

23    PARTE I: A BELEZA DO AMOR
25    I — Bem-vindo ao mundo das pessoas
43    II — A pessoa e seu corpo

57    PARTE II: O RESPEITO PELO OUTRO NA FAMÍLIA
59    I — Um ambiente propício à educação no amor
71    II — Despertar para a fé e educação para o amor
81    III — Presença, proximidade, intimidade

93    PARTE III: A EDUCAÇÃO AFETIVA E SEXUAL DA CRIANÇA
95    I — O que dizer para a criança de 3 a 5 anos?
115    II — O que dizer para a criança de 5 a 8 anos?
149    III — O que dizer aos nossos pré-adolescentes?

183    PARTE IV: COM O ADOLESCENTE: MATURIDADE PARA AMAR
187    I — Durante a puberdade, grandes pressões
207    II — O que dizer às meninas?
215    III — O que dizer aos meninos?
225    IV — Após a puberdade

231 PARTE V: PERANTE AGRESSÕES SEXUAIS —
ABUSOS, MENSAGENS PORNOGRÁFICAS —,
QUE PREVENÇÕES, QUE RECONSTRUÇÕES?

237 I — Prevenindo agressões sexuais

251 II — Pornografia: mentiras, sofrimento,
dependência: curá-los?

271 III — Sombras e luz: a educação afetiva
e sexual da criança deficiente mental

285 Conclusão:
Escolher amar, uma cultura de vida


291 CADERNO PRÁTICO:
TRÊS PROPOSTAS DE CONVERSA PARA CADA FASE

293 I — Com a criança de 2 ou 3 a 5 anos

305 II — Com a criança de 6 a 8 anos

319 III — Com os pré-adolescentes: menina e
menino entre 10 e 13–14 anos


359 Instituto de Teologia do Corpo

*Tu formaste os meus rins,*
*tu me teceste no seio materno.*
*Eu te celebro por tanto prodígio,*
*e me maravilho com as tuas maravilhas!*
— Sl 138, 13–14

*O corpo humano, com o seu sexo,*
*e a sua masculinidade e feminilidade,*
*visto no próprio mistério da Criação,*
*não é somente fonte de fecundidade e de procriação,*
*como em toda a ordem natural, mas encerra desde*
*"o princípio" o atributo "esponsal", isto é,*
*a capacidade de exprimir o amor precisamente*
*pelo qual o homem-pessoa se torna dom e —*
*mediante este dom — cumprir o próprio*
*sentido do seu ser e existir.*
— João Paulo ii, *Teologia do corpo,* 15–1

INTRODUÇÃO

# E SE FALÁSSEMOS DE... AMOR?

Como falar sobre sexualidade com seus filhos? É preciso dizer tudo, com apoio de diagramas, correndo o risco de usar um vocabulário talvez técnico demais para os pequenos? Responder na evasiva, falando em pés de repolho, ninhos e cegonhas, ou quem sabe de Dumbo, o elefante voador, evitando as respostas verdadeiras? Deve-se manter silêncio para preservar, se possível, a "inocência" do seu filho? E como, com tudo isso, conversar com ele sobre a vida e o amor *enquanto lhe conto a sua própria história*? Como vincular sexualidade, amor e vida? Não é fácil abordar essas questões que nos afetam intimamente. Mesmo que tenhamos nos conscientizado das urgências educacionais, sobretudo da prevenção de abusos, muitas vezes seguimos fugindo do assunto.

## Quando a palavra "amor" é escondida, a intimidade é exibida[1]

A educação sexual na escola apresenta a função sexual como necessária e *banal*. Ela desenvolve suas respostas à questão: "Como?", isto é, descrevendo processos; dá respostas biológicas, no melhor dos casos, ou ideológicas, especialmente a pressão a favor da *escolha de gênero*, em última análise, do sexo. Somado a isso está o impacto de imagens pornográficas em crianças cada vez mais jovens. A sexualidade não é nada além de um meio de satisfazer as pulsões do corpo. Hoje, o termo "sexualidade" é cada vez mais suplantado pela expressão "vida sexual", que indica o conjunto de práticas sexuais desligadas de qualquer outro objetivo além da fruição. A palavra "amor" e a dimensão do coração estão mais e mais ausentes do discurso sobre sexualidade. Mas ora, nossos filhos têm um coração que anseia por amor! Um coração que também anseia pela verdade. O termo "sexualidade" é, no entanto, rico em significado — carrega um duplo sentido preciso: a união dos sexos (e o dom do amor) e a procriação (e o dom da vida, fruto do amor). A união dos sexos e a procriação são tornadas possíveis pela diferença masculino-feminino. A palavra "sexo", aliás, vem do latim "sexus", que significa "separado". O duplo sentido da sexualidade, dom de amor e dom da vida, está inscrito na estrutura íntima do corpo humano, nos sinais de sua masculinidade-feminilidade.

---

1 Essa exibição da intimidade é chamada de "extimidade" desde que Serge Tisseron popularizou a expressão. Ver *L'intimité surexposée* [A intimidade superexposta]. Paris: Ramsay, 2001.

Reencontrar o significado, dá-lo à contemplação, suscitar o maravilhamento é um objetivo central da educação afetiva e sexual. E se o corpo fosse *belo*?

---

### UMA TOMADA DE CONSCIÊNCIA

Mais de 30% dos jovens entre os 13 e 14 anos já assistiram a um filme pornográfico. A idade da primeira exposição segue diminuindo. Perante a banalização da pornografia e seus efeitos cada vez mais nocivos, assim para as crianças e adolescentes como para a vida social, o mundo político começa a reagir, a ouvir os especialistas (ver em *Le Monde*, 15 de junho de 2018, o apelo "formal" dos profissionais de saúde). Diante de casos de assédio, assédio cibernético, violência contra mulheres e crianças, o uso de telefones celulares foi restringido dentro dos limites das escolas no início do ano letivo de 2018.

Cf. estudo realizado pelo Observatoire de la parentalité et de l'éducation numérique (Open) [Observatório da paternidade e da educação digital], em março de 2017.

---

## *A questão da privacidade e do pudor: uma educação liberal ou pudica?*

A geração que tinha 20 anos em 1968 estava preocupada em não deixar as crianças acreditarem que o corpo é vergonhoso, na contramão dos ascendentes que ainda escondiam estas partes do corpo... Mas, ao mesmo tempo, os pais davam o exemplo de não se mostrarem nus. Agora eles dão exemplo disso. Entre a preocupação de não fazer como seus pais e de dizer à criança que isso é natural e, noutro sentido, o respeito por um certo mistério, os pais ficam perdidos. Existe o mesmo constrangimento na presença das crianças em tudo o que é da vida do casal. Nudez, sim. E ternura? Entre casais que se abstêm de se beijar na frente dos filhos — quando a criança precisa saber que seus pais se amam — e aqueles que se acariciam em público sem restrições, poucos sabem como manter sua naturalidade.[2]

### DESVIOS

No *site* onsexprime.fr, recomendado pelo Ministério da Educação [da França], a única recomendação "ética" é de que haja "consentimento mútuo" nas práticas sexuais. Na realidade, elas são apenas comportamentos de dominação-submissão oriundos do universo pornográfico, com fins masturbatórios. O outro é (deve consentir em ser) um objeto, a sexualidade é uma caixa de ferramentas para a máxima fruição. Como chegamos ao ponto de achar normal pedir esse "consentimento mútuo" a crianças do 6º ano?

Sobre a história e os desvios da educação para a sexualidade, ver a análise proposta em *Les parents, l'école et la sexualité: Qui dit quoi?* [Pais, escola e sexualidade: quem diz o quê?]. Paris: Éditions du Cerf, 2017, cap. I.

Como fazer, hoje, para dar uma boa educação às crianças? Ser um pai severo ou camarada? Dar duas

---

2 Françoise Dolto, *La cause des enfants* [A causa das crianças], ed. por Robert Laffont. Paris: 1985, p. 427.

voltas na fechadura do banheiro ou andar nu pela casa? Compartilhar tudo com eles (preocupações, banho e cama) para ter intimidade ou limitar os carinhos para manter distância?

Se sofremos uma educação um tanto pudica, ficaremos tentados a abolir as distâncias e a banalizar o corpo. Se, ao contrário, fomos feridos pela falta de pudor dos pais "sem-vergonha", pela sua *intrusão* em nossa intimidade enquanto nos impunham a deles, sentiremos uma grande confusão, um constrangimento pela falta de intimidade.

"Por favor, Julie, você poderia pedir para o papai não vir mais para minha cama de manhã? Tenho 13 anos agora!". A adolescente que faz essa pergunta é forçada a pedir mais distância a um pai que, mesmo inconsciente, se coloca numa situação de incesto...

> **TESTEMUNHO**
>
> "Fui educada, junto com minha irmã, numa mistura de anticonformismo e falsa camaradagem. Meus pais me contavam coisas que eu não tinha vontade de ouvir sobre suas relações românticas, sobre sua depressão, por exemplo. É muito pesado ser o confidente dos próprios pais. E o que eu não aguentei mais era vê-los nus tantas vezes!".
>
> "A pretexto de que nos consideravam como seus amigos, ninguém mais tinha intimidade em casa... Descobri na psicoterapia que o exibicionismo dos pais, em nome de uma tal falsa igualdade, bem, isso dá em crianças que não sabem dizer 'não'!".[3]

---

3    Testemunho compartilhado por um psicoterapeuta.

A falta de distância, uma excessiva proximidade física favorecem a possível "espiral do incesto".[4] As famílias incestuosas confundem os papéis, lugares, gerações e *ignoram a intimidade*. "A nudez nestes lares é imposta como fosse coisa tão óbvia que a criança tem vergonha de querer se isolar para tomar banho ou fazer xixi... Os hábitos familiares dão a entender que os adultos têm todos os direitos: nestas condições, as crianças conseguirão dizer 'não'?".[5]

As famílias que aboliram as distâncias não são, no entanto, incestuosas. Mas a ausência de intimidade *favorece* os comportamentos incestuosos. Na idade em que o pudor desperta, ela deixa as crianças desconfortáveis. Como resultado, alguns propõem um retorno à maior das reservas. Afinal, pode-se ou não falar sobre amor e sexualidade com seu filho? "O menos possível ou em termos muito gerais porque é necessário discrição quando a natureza desperta", segundo alguns![6] Muitos pais ainda pensam que antes dos 7 ou 8 anos é muito cedo. Mas desenvolver um senso de pudor verdadeiro, que quer proteger a intimidade por respeito ao corpo, e não porque ele seria "vergonhoso" ou "ruim" (como acontece no puritanismo), é um dos desafios da educação afetiva e sexual.

---

4     Segundo Martine Fadier-Nisse, co-autora de *La violence impensable: inceste e maltraitance* [A violência impensável: incesto e maus-tratos]. Nathan, 1991, p. 263.

5     Cf. "*Le droit au respect*" [O direito ao respeito], artigo publicado em *Bonheur*, nº 4, p. 4.

6     *Ibidem.*

## "E eu, de onde venho?" — Pede-se dos pais... que revelem o amor

A criança nasceu de uma história de amor: a dos pais. Esta é a história da sua origem, do início da sua vida; é também nossa história como pais: por nos amarmos, nós lhe demos vida. Por este motivo, nenhum material pedagógico nem qualquer *expert* pode competir conosco, pais, na educação para o amor e para a vida. Estamos em melhor posição para saber as perguntas do nosso filho e para lhe contar sua história. Para falar ao seu coração também.

O amor é assunto *do coração*; é por isso que ele se revela ao coração, passando pelo coração da criança. A educação afetiva e sexual vai muito além da informação. Ela é a revelação do amor *de onde venho* e *para o qual* sou feito. Enraizada no amor, a criança poderá crescer e olhar para o futuro confiante. A questão desta educação é a felicidade futura do nosso filho; é uma questão de ordem ética, não técnica.

Nem sempre é fácil falar sobre esses assuntos. Nossa própria história tem as suas zonas cinzentas, e tememos tocar em nossas fraquezas. Mas pensar na felicidade da criança nos encoraja. Saber que essas conversas são fonte de alegria e intimidade também!

### *Revelar à criança a beleza da nossa humanidade sexuada*

Sendo um homenzinho, a criança é um ser humano: ela pertence, como qualquer ser humano, ao mundo das pessoas, não ao mundo das coisas nem ao dos animais. Vêm daí suas aspirações: estas são as de um coração humano que espera uma palavra de verdade sobre o amor.

Daí também vêm as consequências na nossa forma de viver e falar: o que significa amar de maneira *humana*? O amor humano é *uma relação*; como revelar a beleza dela à criança? Uma linguagem adaptada e cheia de poesia falará ao seu coração.

## Revelar à criança o tesouro da intimidade

Hoje, superinformados sobre sexo, nossos filhos esperam que lhes falemos sobre o *amor*. Que correspondamos às expectativas do seu coração, que levemos em conta a sua aspiração de amar e ser amado. Que possamos revelar-lhe o significado do corpo humano: corpo de pessoa humana, partícipe da sua dignidade. Ele reclama um olhar, gestos, atitudes de respeito, não de dominação. A intimidade se torna um tesouro precioso que se deve proteger, e o pudor ganha sentido.

Uma educação bem feita é a melhor prevenção contra abusos sexuais, porque uma criança bem advertida *aprende a reconhecer conteúdos deploráveis e a desmascarar-lhes as mentiras*. Ela fica assim totalmente segura. Altivez por ser quem se é, por que não?

## Educar desde a primeira infância

O abuso começa cedo no parquinho, a pretexto de jogos nem sempre inocentes; participar de chats sexuais, por exemplo, ou até mesmo exibir seu corpo na frente de uma criança de sua turma e pedir a ela, em segredo, para se tocarem. Os casos com crianças vítimas, que *repetem o que sofreram* fazendo vítimas, por sua vez, outras crianças, são vistos hoje *desde o jardim de infância*; da mesma forma, casos de prostituição infantil com uma pessoa mais velha, diretamente ou através das redes sociais.

## Uma luz sobre a educação no amor

*Falar ao coração, uma pedagogia essencial*

A teologia do corpo[7] lança uma luz viva sobre o homem e o seu corpo, sobre o sentido da sua vida, da sua origem ao seu destino final. Ela ilumina poderosamente o significado da diferença sexual. Ela dirige o nosso olhar para a salvação operada pelo Cristo e nos dá uma grande esperança justo onde nossas fraquezas e nossos pecados podem nos desanimar. Como ela é atual para nós!

Essa inspirada "teologia-pedagogia" dá a antropologia adequada à educação afetiva e sexual. Ela nos liberta do velho padrão moralizante do tipo "permitido-proibido", e nos permite redescobrir a humanidade da nossa sexualidade. De que maneira? Fazendo-nos sentir através do coração os "significados eternos e

---

7 A teologia do corpo compreende o conjunto de catequeses escritas por São João Paulo II sobre o "amor humano no plano divino" e ministradas entre 1979 e 1984 durante as audiências gerais de quarta-feira. Ver João Paulo II, *La Théologie du corps. L'amour humain dans le plan divin* [A teologia do corpo: o amor humano no plano divino], prefácio do Cardeal Marc Ouellet e introdução, tradução, índice, bibliografia de Yves Semen. Paris: Éd. du Cerf, 2014. Todas as citações dessas catequeses ao longo da edição serão assinaladas pela sigla TDC, seguidas do seu número cronológico, seguido do número da subdivisão. [São nossas as traduções dos trechos da *Teologia do corpo* citados — NT].

indestrutíveis daquilo que é humano",[8] que o tornam belo: Deus os gravou ali para sempre quando criou, no primeiro Jardim, o homem e a mulher à sua imagem (cf. Gn 1, 27). É o que afirma com vigor a definição de homem do último Concílio: "O homem, única criatura sobre a terra a ser querida por Deus por si mesma, não se pode encontrar plenamente a não ser no sincero dom de si mesmo".[9]

É por isso que a educação afetiva e sexual esclarecida por essa luz pode tocar o coração do homem e contribuir para restituir-lhe a plenitude da sua humanidade, da qual o pecado original havia, de certa forma, o *deserdado*.[10] Ela pode tocar o coração de cada homem, de cada criança, de cada jovem! Quem não sonha, no segredo do seu coração, com o amor? Quem não espera saber que vem do amor, quem não espera que ele vá até si, quem não espera amar e ser amado? Estas questões profundas, existenciais, habitam também o coração da criança.

> De fato, só de Deus pode provir aquela "imagem e semelhança" que é própria do ser humano, tal como aconteceu na Criação. A geração é a continuação da Criação. [...] O novo ser humano, não diversamente dos pais, é chamado à existência como pessoa, é chamado à vida "na verdade e no amor".

---

8 TDC, 49–4. Fazer "sentir pelo coração" é a pedagogia própria da teologia do corpo, na imitação do próprio Cristo, que faz um apelo ao coração humano (Cf. Mt 5, 27–28). Sobre a importância absoluta da dimensão do coração na educação afetiva e sexual, ver *Les parents, l'école et la sexualité — Qui dit quoi?* [Pais, escola e sexualidade: quem diz o quê?]. Paris: Éditions du Cerf, 2017.

9 *Gaudium et spes* [Alegria e esperança], 24, 3.

10 João Paulo II, catequese de 12 de novembro de 1986 sobre *Le péché, aliénation de l'homme* [Pecado, alienação do homem].

INTRODUÇÃO

Tal chamamento não se abre só a quanto existe no tempo, mas em Deus abre-se à eternidade.[11]

Esse chamado ressoa no coração de cada pessoa humana desde a origem do mundo. É um sinal de que ela é criada à imagem de Deus. Tragamos à criança respostas verdadeiras que possam satisfazer as expectativas do seu coração e prepará-la para amar! Assim a ajudaremos a crescer bem, a tornar-se totalmente homem, totalmente mulher, para encontrar a plenitude da sua humanidade.

## Uma aposta na eternidade

A educação afetiva e sexual é um desafio para esta vida: favorecer o amadurecimento da criança, ensiná-la a amar o preparo para se realizar, para *se realizar doando-se aos outros*. Como educação para o amor, envolve também uma questão da eternidade: onde Deus está esperando pelo meu filho? Qual é seu caminho para a felicidade? Qual será sua vocação? De que maneira específica, através de que "dom" de si ele será chamado a se realizar? As questões existenciais são de ordem espiritual, e esta questão da eternidade ilumina o desafio da nossa vida presente, dando-lhe sua verdadeira perspectiva. Ela orienta o nosso próprio coração de pai, de educador para o verdadeiro êxito da criança rumo à sua felicidade que é *a vida na verdade e no amor*.

Deus "quer" o homem como um ser semelhante a si, como pessoa. Este homem, cada homem, é criado

---

11    João Paulo II, Carta às famílias, nº 9.

por Deus "por si mesmo". [...] Os pais, diante de um novo ser humano, têm, ou deveriam ter, plena consciência do fato de que Deus "quer" este homem "por si mesmo". [...] "Ser homem" é a sua vocação fundamental: "Ser homem" à medida do dom recebido. À medida daquele "talento" que é a humanidade própria e, só depois, à medida dos outros talentos. [...] Neste sentido, eles devem querer a nova criatura humana como a quer o Criador: "Por si mesma". [...] No instante mesmo da concepção, o homem já está ordenado para a eternidade em Deus.[12]

## Ousemos falar precocemente: desde a primeira infância

Antes de falar com nossos filhos, comecemos por ouvi--los, *compreendê*-los, tornarmo-nos confiáveis aos seus olhos; isso, por sua vez, suscitará sua própria confiança. Podemos, numa intimidade compartilhada, revelar-lhes os segredos do amor e da vida. Se nos atrasamos, os deixamos à mercê de informações mal dadas, indefesos perante conteúdos pornográficos. Eles não saberão a quem recorrer em caso de dificuldades.

> *É melhor falar cedo do que tarde...*
> *E antes tarde do que nunca.*
> *Porque, com uma criança, nunca é tarde demais.*

Este livro não oferece receitas prontas. Ele compartilha uma reflexão enriquecida por confidências e testemunhos de pais, por uma experiência de vida familiar,

---

12   Ibid.

por palavras das crianças também. Ele gostaria de ajudar pais e educadores a compreender melhor as necessidades da criança em cada idade, a conhecer o espírito de uma educação em relacionamentos e amor, para preparar e apoiar a entrada da criança na adolescência.

A maravilhosa descoberta de sua origem, dos papéis do pai e da mãe na concepção, o anúncio da puberdade, a prevenção contra abusos sexuais, os desafios da adolescência, o espírito da educação oferecida às crianças com deficiência mental, o desafio da responsabilidade sexual, sem esquecer do despertar da criança para a fé, ou mesmo da coerência da vida dos pais... São tantos temas abordados ao longo do páginas, à luz da teologia do corpo. As conversas propostas para cada idade ajudarão os pais a falar sobre esses assuntos com o filho sem qualquer dor de cabeça.

### UMA EDUCAÇÃO NO AMOR

"É difícil pensar na educação sexual num tempo em que se tende a banalizar e empobrecer a sexualidade. Só se poderia entender no contexto duma educação para o amor, para a doação mútua; assim, a linguagem da sexualidade não acabaria tristemente empobrecida, mas esclarecida. É possível cultivar o impulso sexual num percurso de conhecimento de si mesmo e no desenvolvimento duma capacidade de autodomínio, que podem ajudar a trazer à luz capacidades preciosas de alegria e encontro amoroso".[13]

---

13  Papa Francisco, *Amoris laetitia* [A alegria do amor], nº 280.

PARTE I

# A BELEZA DO AMOR

# BEM-VINDO AO MUNDO DAS PESSOAS

*Como é indispensável, no caminho desta vocação,*
*uma profunda consciência do significado*
*do corpo na sua masculinidade e feminilidade!*
*Como é necessária uma precisa consciência do*
*significado esponsal do corpo, do seu significado gerador*
*— dado que tudo isso, que forma o conteúdo*
*da vida dos esposos, deve encontrar constantemente a sua*
*dimensão plena e pessoal na convivência,*
*no comportamento e nos sentimentos!*
*E tal se faz ainda mais necessário [...]*
*sob a pressão de um modo de pensar materialista e*
*utilitário. A biofisiologia contemporânea*
*pode oferecer muitas informações*
*precisas sobre a sexualidade humana.*
*Mas o conhecimento da dignidade pessoal*
*do corpo humano e do sexo deve ser*
*obtido ainda noutras fontes.*
*— João Paulo* II, TDC, 23–5

## Do "eu sozinho" para o "eu quero"!

"Pode se acreditar que esta descoberta de si (escute-a dizendo: 'Papai é um cavalheiro, mamãe é uma dama, e eu sou uma menina crescida') vai dar à criança uma certa sabedoria. Ela não é um nada. Pelo contrário... É nesta idade que se apresenta o quadro clássico da criança vermelha de cólera que se recusa a dar um passo além, e um pai terrivelmente envergonhado pegando-a pela mão... 'Quer brincar? Sair? Tomar banho?'. E a resposta é sempre: 'Não!'... Então o grito que se segue explica tudo: 'Eu sozinha! Eu sozinha!'. Ela diz 'não' porque gostaria de poder decidir por si o que vai fazer, para fazê-lo sem ajuda... Mas ela ainda não consegue, é preciso ajudá-la... Eis o seu drama".[1]

Quanto mais a criança se reconhece como "eu", mais se afirma o "eu quero", sinal precoce da pessoa na vida deste pequeno de 2 ou 3 anos. É a pessoa da criança que se revela através da sua capacidade de revolta ou recusa, e o que se chama a "primeira crise de personalidade". Mas quem é a pessoa humana? A experiência nos ensina que ela é acima de tudo "alguém", não "alguma coisa".

## Eu e os outros

A experiência de si torna-se possível pela existência, no homem, da *consciência* que permite a "iluminação" do que há nele. Ela reflete o que ele percebeu, sentiu,

---

1 Laurence Pernoud, *J'élève mon enfant* [Estou criando meu filho]. Horay, 1990, p. 397.

experimentou, conheceu e fez, o que acontece com ele, o que acontece nele, e também as coisas de que ele é responsável. A consciência também permite o retorno a si: ela permite ao homem experimentar-se como sujeito das próprias ações e experiências: ela permite ao homem olhar para dentro de si e "para" si.

Sem o conhecimento, a consciência não poderia ser suficiente para constituir a experiência de si da pessoa. Não haveria em nós mais que uma soma de experiências díspares, sem relação entre si.

A *inteligência* permite a apreensão do significado através dos detalhes individuais e da explicação através da experiência; ela nos permite *compreender o significado* da experiência bem como as relações entre nossas várias experiências.

Tomemos a experiência da linguagem. Eu sou o ser que pode dizer "eu" e alguém "com quem" se fala; a linguagem me situa num mundo de sujeitos, pessoas, seres a um só tempo diferentes e semelhantes a mim. O ser humano sabe que ele é uma pessoa porque ele é reconhecido, por si e pelo outro, como alguém, como sujeito, como sujeito único: "Eu". Ser alguém é uma das primeiras experiências.

Acreditar que "eu é um outro", como Rimbaud sob o efeito das drogas, significaria a perda do sentido das realidades; esse estado é encontrado em certas doenças mentais, sobretudo na esquizofrenia. E sabe-se que em crianças pequenas, um atraso excessivo na expressão do "eu" — "mim, eu" — pode significar que ela não vive num ambiente suficientemente estável e seguro, que ela não é estimulada, reconhecida e amada. Para descobrir que ela é alguém, para sentir que é "reconhecida" muito antes de poder formulá-lo, a criança precisa da linguagem do amor. Esta linguagem une o gesto de ternura à palavra.

A inteligência também permite um segundo tipo de experiência: a experiência do outro. Que pais não se maravilham com o progresso do filho quando ele começa, por exemplo, a rir de algo incongruente? Eles se maravilham porque entendem e admiram o fato de que seu filho é verdadeiramente "alguém".

A experiência do outro é, mais amplamente, a experiência de todos os *outros* que serão conhecidos à medida dos encontros, leituras e aprendizagens sobre a vida familiar e social. Como dizia Terêncio, um poeta latino: "Sou homem, nada de humano me é estranho".

A inteligência ainda nos mostra as pontes que conectam a experiência de si à experiência do outro. Em ambos os casos, pode se falar em experiência do "homem".

## Sujeito das minhas ações

A pessoa, se pode dizer "eu", também pode dizer "eu quero"; o homem pode experimentar estes atos interiores, que são deliberação, escolha, tomada de decisão; ele sabe que é capaz de se autodeterminar. Ele experimenta sua liberdade. Assim como a experiência dos atos de inteligência, a experiência da liberdade é o sinal de uma interioridade. Neste sentido, ela refere-se a mais do que apenas a noção de "indivíduo".[2]

---

2   Do latim, "individuum", o que é indivisível.

Ela manifesta a capacidade de autodomínio da pessoa. Para se autodeterminar, é preciso ser este sujeito que tem senhorio de si — não como simples proprietário de uma coisa, mas como quem "responde por si", é responsável por si mesmo — aos seus próprios olhos e perante os outros. A capacidade de empenho, de dom de si a uma causa, são sinais de autodomínio; a de recusa e revolta, sinais de outra coisa...

> A revolta contra o adestramento, a resistência à opressão, a recusa ao aviltamento são o privilégio inalienável da pessoa, seu último recurso quando o mundo se levanta contra o seu reinado.[3]

As tragédias da história mostram-no claramente. Os pequenos dramas de nossas vidas familiares também, à sua maneira, porque muito rapidamente o "eu" é sucedido pelo "eu sozinho".

A experiência humana é rica em lições: ela nos ensina que o homem é um sujeito autônomo, "alguém" que tem uma interioridade. Ela nos revela três coisas fundamentais sobre si: sua "transcendência"[4] e sua permanência, antes de tudo. E que ela é um sujeito de direitos.

## Uma pessoa em três personagens

A pessoa *transcende* seus atos: seus atos a revelam, mas não a contém. Ela os *supera*, ela vai além deles, porque

---

3   Cf. Emmanuel Mounier, *Le personnalisme* [O personalismo]. PUF, 1992, p. 70.

4   Do latim "transcendere", de "trans", além, e "scandere", subir para um lugar mais alto.

ela é o sujeito dos atos. Ela os "transcende" por esta capacidade específica que tem de se autodeterminar, de fazer escolhas, exercer sua liberdade realizando este ou aquele ato.

A experiência do homem também revela a sua permanência. O homem experimenta sua permanência quando se vê, sempre o mesmo, vivenciando as diferentes mudanças que o afetam durante o curso da sua vida, com o passar do tempo: decisões tomadas, atos realizados, paixões vividas, doenças, carreira e orientação profissional etc. Através da experiência de si e dos outros, o homem descobre que o "eu" é o que existe primeiro, o que não *muda* nele quando tudo muda.

Assim a pessoa se revela como *sujeito* inalienável e não pode de forma alguma ser tratada como coisa. Ela também nunca pode ser reduzida à categoria de animal, pois é sujeito de direitos imprescritíveis, bem expressos nomeadamente na Declaração Universal dos Direitos do Homem de 1948. A atitude devida à pessoa é, portanto, a de respeito. Respeito pelo seu ser, por sua integridade, por seus direitos, e, antes de tudo, por seu direito à vida, sem o qual não poderia, obviamente, ser sujeito de nenhum outro direito.

É por isso que a afirmação dos direitos da pessoa implica imediatamente a obrigação de todos respeitarem os direitos dos outros: sempre se deve à pessoa uma atitude que corresponda à sua dignidade de sujeito inalienável. Os direitos não existem sem deveres: "A pessoa nunca deve ser tratada apenas como um meio, mas sempre [...] como um fim" (E. Kant).

## Uma definição de pessoa

A pessoa é definida como "uma substância individualizada de natureza racional".[5] Esta definição clássica de pessoa complementa e ilumina nossa experiência humana. A pessoa é uma "substância", isto é, um ser considerado como sujeito estável e permanente, sempre o mesmo sob mudanças, um ser que inicia suas próprias ações e que as produz ele mesmo. Ela é, segundo a definição, de "natureza razoável", ou seja, dotada de inteligência e vontade. É "individualizada", isto é, indivisível, una: não se pode dividir o ser sem destruí-lo. Finalmente, a pessoa, se una, também é única. No século XIII, Tomás de Aquino, comentando Boécio, disse que a noção de pessoa inclui a ideia de uma "perfeição na distinção".[6]

As duas abordagens da pessoa complementam-se: ser uma pessoa é ser alguém, um "eu" consciente, único, livre e agindo por conta própria. É pertencer ao mundo das pessoas, um mundo *radicalmente* distinto do mundo dos animais ou do mundo das coisas.

### HÁ SOBREVIDA PARA O DIREITO À VIDA?

O direito à vida é cada vez mais contestado: "O Comitê de Direitos Humanos da ONU revisou [em setembro de 2017] a definição do 'direito à vida' no direito internacional. O comitê, que reúne 18 peritos, é responsável pela redação de uma interpretação oficial

---

5   Boécio, *Patrologie latine* [Patrologia latina], pub. por Migne. Colonne, 13365, vol. LXIV.

6   Cf. *Summa Theologiae* [Suma teológica], Ia, q. 29, art. 3.

das disposições do Pacto Internacional sobre Direitos Civis e Políticas (1966). Essa interpretação, chamada de 'observações gerais', tem grande autoridade sobre os legisladores e as jurisdições nacionais porque o comitê também tem o poder de 'julgar' os Estados quanto ao seu respeito por esse tratado. O *projeto de observações gerais* afirma que o acesso ao aborto é um direito previsto no artigo 6 do pacto, embora estipule que 'o direito à vida é inerente à pessoa humana. Este direito deve ser protegido pela lei. Ninguém pode ser arbitrariamente privado da vida'. Ao fazer isso, o *projeto de observações gerais* nega qualquer proteção à vida humana antes do nascimento e empurra os 168 Estados-parte do pacto a legalizar o aborto quando houver ocasião. O texto não impõe quaisquer condições ou prazos reais ao 'direito' ao acesso ao aborto, [...] desde que o prosseguimento da gravidez 'cause dor à mulher ou sofrimento considerável' de natureza 'física ou mentais'. Mais ainda, o projeto condena, sem especificá-los, os critérios que os Estados estabelecem para o acesso legal ao aborto, na medida em que seriam 'humilhantes ou excessivamente restritivos'".

Ver o *site* eclj.org/abortion/un/protegez-toute-vie-humaine-encadré.

## A experiência pessoal do corpo

Comumente temos a experiência de possuir um corpo, e esquecê-lo ou negá-lo nos levaria ao idealismo ou angelismo. A experiência da pessoa não é apenas a experiência de uma interioridade. O ser humano, desde a mais tenra infância, experimenta viver em um corpo, e ele "sabe" que é o sujeito, ativo ou passivo, das ações do seu corpo. Ele também sabe que não poderia existir sem seu corpo.

A pessoa é sujeito passivo dos atos "que lhe acontecem", isto é, todos os atos pelos quais o organismo humano funciona: respirar, digerir, dormir etc. Nada como uma noite ruim, uma "boa" dor de dente ou uma operação que me prende a uma cama de hospital para perceber que este corpo é, de fato, o meu corpo. Essa doença que me aflige e perturba todos os meus projetos está realmente acontecendo comigo. Quando meu corpo está doente, eu estou doente.

Mas a pessoa é também sujeito ativo dos atos pelos quais dispõe do seu corpo: por exemplo, quando ela se levanta de manhã... Dizer que a pessoa é senhora de si também é dizer que só ela pode dispor do seu corpo.[7]

A experiência do corpo é também a experiência do corpo dos outros. O homem descobre que existe entre outras pessoas, e se relacionando com elas: a pessoa do outro é o único ser visível ao homem no universo que, *como ele*, é um *sujeito*.

Sozinho entre os seres vivos do mundo ao seu redor, o homem pode ser chamado de "pessoa", e esse conhecimento torna-se possível pela experiência do corpo.

## Iluminação bíblica

A segunda narrativa da Criação dada no Livro do Gênesis nos permite conhecer a experiência do homem original,

---

7    Porém, isso quer dizer que o corpo é *coisa* ou propriedade da pessoa; ver o capítulo seguinte.

Adão. A teologia do corpo mostra como esse homem original compreendeu que é uma pessoa pela experiência do seu corpo. Mais precisamente, mostra como Deus fez-lhe compreender que é uma pessoa através da experiência do seu próprio corpo. O homem, ser vivo, distingue-se primeiro de todos os outros seres vivos

> pelo fato de só ele ser capaz de "cultivar a terra"[8] e de "dominá-la".[9] Pode se dizer que a consciência da "superioridade", inscrita na definição de humanidade, nasce desde a origem com base numa prática ou comportamento tipicamente humano. Essa consciência traz consigo uma especial percepção do significado do corpo em si, percepção que resulta de que cabe ao homem "cultivar a terra" e "dominá-la". Tudo isso seria impossível sem uma intuição tipicamente humana do significado do próprio corpo.[10]

E o homem aprende isso na experiência da solidão original, que tem dupla dimensão.

> Iahweh Deus disse: "Não é bom que o homem esteja só. Vou fazer uma auxiliar que lhe corresponda". Iahweh Deus modelou então, do solo, todas as feras selvagens e todas as aves do céu e as conduziu ao homem para ver como ele as chamaria: cada qual devia levar o nome que o homem lhe desse. O homem deu nomes a todos os animais, às aves do céu e a todas as feras selvagens, mas, para o homem, não encontrou a auxiliar que lhe correspondesse.[11]

---

8    Cf. Gn 2, 5.
9    Cf. Gn 1, 28.
10   TDC, 7–1.
11   Gn 2, 18–21.

É o conhecimento *objetivo* do mundo que permite ao homem se descobrir sozinho...

> O homem está só porque é diferente do mundo visível, do mundo dos seres vivos. Analisando o texto do Livro do Gênesis, somos, em certo sentido, testemunhas do modo como o homem "se distingue", diante de Deus-Javé, de todo o conjunto dos seres vivos (*animalia*) por um primeiro ato de "autoconsciência", e de como, por conseguinte, se revela a si mesmo e ao mesmo tempo se afirma no mundo visível como "pessoa" [...] com a subjetividade que lhe característica.[12]

Graças à sua experiência do corpo,

> mediante o qual o homem participa no mundo criado visível, torna-o ao mesmo tempo consciente de estar "só"... A consciência da solidão poderia ser rompida justamente por causa do corpo: o homem, Adão, teria podido, baseando-se na experiência do próprio corpo, chegar à conclusão de que era substancialmente semelhante aos outros seres vivos (*animalia*). E afinal, como lemos, não chegou a tal conclusão: pelo contrário, persuadiu-se de que estava "só". [...] Pode-se afirmar com certeza que aquele homem assim formado tem a um só tempo o sentimento e a consciência do sentido do próprio corpo.[13]

O homem se descobre como uma pessoa radicalmente distinta dos animais, daí a sua solidão original.

---

12  TDC, 5–6.

13  Ibid., 6–3.

Mas isso então significa que "para um homem ele não se achou uma auxiliar que lhe fosse adequada"?

Que ele não apenas experimente uma diferença com o animal — ninguém é, como ele, uma pessoa, e ele está, portanto, sozinho, absolutamente sozinho na Terra, mesmo que esteja sozinho com Deus... Mas ele ainda experimenta uma falta, porque ele se vê feito para se relacionar, amar e se entregar através de seu corpo sexuado. Ele sente um chamado para outra pessoa a quem poderia se doar. Esta é a segunda dimensão da solidão de Adão, baseada na experiência de seu próprio corpo.

> Sozinho o homem não realiza por completo sua essência. Apenas a realiza existindo "com outro alguém", e ainda mais profunda e completamente "para outro alguém". [...] Estas duas palavras, "só" e "ajuda", indicam quão fundamental e constitutiva para o homem é a relação e a comunhão das pessoas.[14]

Daí a alegria do ser humano "masculino" após a criação do ser humano "feminino": "Esta, sim, é osso de meus ossos e carne de minha carne!".[15]

Adão pode, portanto, agora encontrar-se plenamente e realizar sua essência doando-se.

> O corpo, que expressa a feminilidade "para" a masculinidade e vice-versa, manifesta a reciprocidade e a comunhão das pessoas. Ele a expressa por meio do dom como característica fundamental da existência pessoal.[16]

---

14    Ibid., 14–2.

15    Gn 2, 23.

16    Ibid., 14–4.

BEM-VINDO AO MUNDO DAS PESSOAS

A experiência do corpo revela tanto ao homem "original" quanto ao homem de hoje que ele é uma pessoa. Porque o seu corpo é *estruturalmente*, como corpo sexuado, corpo de dom, que revela ao homem *a grandeza da sua vocação*:

> O homem, única criatura sobre a Terra a ser querida por Deus por si mesma, não se pode encontrar plenamente a não ser no sincero [isto é, desinteressado] dom de si.[17]

Daí a superioridade e a dignidade incomparáveis desse homem em relação ao resto do mundo vivente. Compreende-se a exultação do salmista:

> *Quando vejo o céu, obra dos teus dedos, a lua e as estrelas que fixaste, que é um mortal, para dele te lembrares, e um filho de Adão, que venhas visitá-lo?*
>
> *E o fizeste pouco menos do que um deus, coroando-o de glória e beleza.*
>
> *Para que domine as obras de tuas mãos sob seus pés tudo colocaste.*[18]

Segundo a Revelação, de fato,

> O homem e a mulher constituem dois modos segundo os quais a criatura humana realiza uma determinada participação do Ser Divino: foram criados à "imagem e semelhança de Deus" e realizam completamente tal vocação não só como pessoas singulares, mas também como casal, qual comunidade de amor. Orientados

---

17  *Gaudium et spes* [Alegria e esperança], 24, 3.

18  Sl 8, 4–7.

para a união e a fecundidade, o homem e a mulher casados participam do amor criador de Deus, vivendo a comunhão com ele através do outro.[19]

A iluminação bíblica revela o significado de "dom" do corpo, a dignidade da pessoa humana, a beleza do seu chamado a realizar-se no amor. A abordagem bíblica e a abordagem filosófica se unem e isso leva a duas consequências para a educação no amor. A primeira diz respeito à *educação sexual*; a segunda, *à relação com a criança* que se quer educar.

## A relação sexual, uma relação interpessoal

Como toda relação humana, a relação sexual entre homem e mulher é uma relação interpessoal: é expressa, manifesta e realiza o amor entre as pessoas.

Ela nunca poderá ser apresentada à criança como uma relação que coisifica o outro ou o corpo do outro, em prol da "reprodução" ou do prazer: a pessoa humana é sujeito de direitos, não é uma coisa e, portanto, não pode ser utilizada.

Essa relação não poderá ser assemelhada ao acasalamento de animais — não se fala mais de "relação", aliás —, porque a pessoa humana é radicalmente distinta do animal. Da mesma forma, apresentar os órgãos sexuais masculino e feminino *a partir* dos órgãos sexuais dos animais mamíferos seria insuficiente e falso, ainda que os mamíferos em questão fossem os mais evoluídos. Os animais se reproduzem; eles não amam.

---

19   Cf. *Gaudium et spes*, nº 47–52; orientações educativas sobre o amor humano, nº 26.

O valor da pessoa será afirmado com veemência na educação sexual, e os valores sexuais não poderão ser separados da pessoa. O que significa amar, no mundo das pessoas humanas *que se relacionam*? Como o amor permite que a pessoa se realize, alcance a plenitude da sua humanidade? Como pode o corpo, com a sua linguagem específica — a do "dom" —, dizer e até cantar as notas do amor? Como, para *cantar afinado*, ou seja, exprimir e viver o dom sem mentira, sem falsidade, aprender a decifrar a partitura do amor, e *ler e reler sem cessar as notas de ternura, respeito, escolha, fidelidade, atenção a outrem inscrita no coração*?

A educação afetiva, *relacional* e sexual deve trazer a resposta a essas perguntas. Para humanizar a sexualidade, para reencantar o amor para crianças e adolescentes muitas vezes tão feridos em seus corações e em seus corpos que se desesperam de encontrá-lo.

## A criança é uma pessoa

Como toda pessoa, a criança tem direito a respeito. Seja pela busca pelo sucesso, pelas atividades, pelo abandono à babá eletrônica, a criança é frequentemente maltratada ou negligenciada. Instrumentalizada também, quando se torna a criança-recompensa ou a criança-confidente. Ainda mais sério, ela às vezes é abusada.

### *Educação: nem adestramento antiquado nem camaradagem*

A educação de outrora às vezes era confundida com... adestramento, muitas vezes mantendo as crianças à distância, sem lhes dar muita consideração. Hoje, tenta-se afirmar a igualdade entre pais e filhos apagando as diferenças e suprimindo qualquer distância. Mas a confusão de sexos e gerações torna mais difícil a tarefa educativa. A diferença de situação, idade, sexo, não indica necessariamente uma desigualdade *de raiz* entre pais e filhos, porque são da mesma humanidade; as diferenças entre as pessoas enriquecem a vida familiar.

A criança tem direito a ser respeitada na sua condição de criança. Para crescer bem, ela precisa ser conduzida (*educere*) para a idade adulta. Esta é a essência da ação educativa.

## Respeitemos a criança na educação sexual

Respeitar a criança significa dizer-lhe a verdade com palavras justas e proporcionais à sua capacidade de compreendê-la, de acordo com sua idade e maturidade. É escolher falar com ela delicadamente, com respeito por sua privacidade, para não machucá-la. Ainda é chamá-la à responsabilidade. É oferecer-lhe, a partir dos 2 ou 3 anos, guardar seu corpo como um tesouro. É chamá-la, na puberdade, a viver uma responsabilidade por si autêntica (e não apenas sanitária), baseada numa cultura de dignidade e respeito.

Respeitar a criança significa, enfim, considerá-la como criança, respeitar as expectativas do seu coração de criança. Sua necessidade primeira, fundamental e *vital*, é simples: é o amor, e a relação de confiança e intimidade verdadeira com seus pais. É no refúgio da relação de amor e confiança desenvolvida com seus filhos que os pais poderão revelar-lhes os segredos do corpo e do amor.

> Vocês dizem: "É cansativo conviver com crianças". Vocês têm razão. E acrescentam: "Porque é preciso se colocar no nível delas, se abaixar, inclinar, curvar, apequenar". Aí é que vocês se enganam. Não é isso que mais cansa. É antes o fato de ser obrigado a subir à altura de seus sentimentos, esticar-se, alongar-se, ficar na ponta dos pés, para não machucá-las.[20]

---

20  Conforme Janus Korczak, médico polonês que acompanhou crianças judias que lhe foram confiadas até o campo de extermínio. Citado no livro *Don Bosco, toujours d'actualité* [Dom Bosco, sempre atual], sob direção de Jean-Marie Petitclerc. Éditions Salvator, 2016, p. 70.

II

# A PESSOA E SEU CORPO

*A vontade humana é originariamente inocente
e assim é facilitada a reciprocidade e troca
do dom do corpo, segundo a sua masculinidade
e feminilidade, como dom da pessoa. [...]
Trata-se de uma "aceitação" ou "acolhimento"
que expressa e dá sustento na nudez recíproca
o sentido do dom e, desta forma,
aprofunda a dignidade desse dom.*
— João Paulo II, TDC, 17–2

*O contrário [...] seria privação do dom
e por isso uma mudança e até redução do outro a
"objeto para mim". [...] Esse extorquir ao outro ser
humano o seu dom [...] e reduzi-lo a puro e simples
"objeto para mim" deveria assinalar o princípio da
vergonha. Esta, na verdade, corresponde
a uma ameaça feita ao dom na sua pessoal
intimidade, e testemunha o desabamento
interior da inocência na experiência recíproca.*
— João Paulo II, TDC, 17–3

## UM CORPO QUE NÃO É BANAL
## NEM VERGONHOSO

Na família de Antoine e Marie, um excessivo pudor, próximo da *pudicícia*, implica que o corpo esteja antes *coberto* do que vestido; as crianças não são arrumadas e mesmo a mãe tem, desde há muito tempo, renunciado a toda feminilidade. Toda maquiagem está, obviamente, proibida.

Na casa de Hervé e Sylvia é diferente: para eles, é preciso ser "natural" e autêntico: o corpo existe, então por que não mostrá-lo? Compartilhando tudo com seus filhos, eles passam as férias em acampamentos naturistas. Em casa o ambiente é descontraído e sem tabus... As diferentes funções do corpo são simplesmente *banais*.

Embora tenham crescido numa família amorosa, os filhos de Antoine e Marie nunca ouviram seus pais falarem de sexualidade ou amor. Exceto em raras ocasiões: na praia, para fustigar em voz alta o exibicionismo de certos banhistas, e... assim atrair a atenção das crianças para eles. O resultado? A ideia de que o corpo não foi feito para *ser amado*. Se o corpo é uma realidade *vergonhosa*, se a sexualidade é um tabu, as crianças tomarão cuidado para não tocar nesses assuntos. Ao menos em casa. Nesta família, a atenção é atraída para o corpo, mas de uma forma negativa. Mas e se o corpo fosse algo bom?

Na família de Hervé e Sylvia, os filhos crescem "fartos de toda essa exposição!". "Afinal, meu corpo é meu corpo", pensa Mélanie que, aos 13 anos, já não suporta os abraços de um pai que ela considera invasivo. Na idade do lugar secreto, do diário confidente

> e do quarto com "entrada proibida para qualquer um não-convidado", ela sonha com *amor* e de *intimidade afetiva*. E se o corpo não fosse banal?

## Meu corpo? Sou eu!

Para Platão, o corpo é a "prisão" da alma. No Extremo Oriente, o hinduísmo concebe o corpo como uma espécie de *envelope intercambiável* e, portanto, bastante indiferente, posto que a alma migra de uma existência para outra nas suas reencarnações sucessivas. Na concepção pragmática e materialista do Ocidente contemporâneo, o corpo é sobretudo uma coisa, um objeto que pode ser utilizado. Ferramenta de trabalho, ele é também, nas concepções morais resultantes assim do puritanismo anglo-saxão como do jansenismo francês, meio para a reprodução — era então necessário "usar" o corpo, mas sem "fruí-lo". Desde a revolução sexual, e simbolicamente desde maio de 1968, ele é considerado uma "coisa para fruir", segundo as palavras de Marcuse.[1] O corpo, na sua realidade concreta material, seria *bom o suficiente para ser eu*? Mimado ou maltratado, o corpo hoje é sobretudo "meu, e faço dele o que eu quiser"...

Mas o corpo é minha propriedade, minha responsabilidade ou eu mesmo? Esta distinção é essencial para a educação sexual.

---

1 Marcuse, *Eros et civilisation* [Eros e civilização].

## JANSENISMO E PURITANISMO, O CORPO DESPREZADO

Jansenismo é a doutrina de Cornélio Jansen, monge holandês atormentado por uma pergunta: "Serei salvo? Se sim, como?". Crendo ter encontrado a resposta no pensamento de Santo Agostinho, escreveu *Augustinus*, que só seria publicado após sua morte. Sua doutrina é a seguinte: o pecado original arruinou a liberdade do homem e o tornou escravo de sua condição carnal. A graça é concedida por Deus para alguns, por predestinação gratuita. Para os outros, não há esperança. A luta liderada por Antoine Arnauld contra a comunhão frequente, uma recompensa necessariamente rara, segundo ele, é significativa. Depois de acalorados debates teológicos e políticos entre a Abadia de Port-Royal e Pascal de um lado, os jesuítas do outro, o Papa Inocêncio X condenou a doutrina de *Augustinus* como herética, e Luís XIV mandou destruir Port-Royal. Mas o jansenismo sobreviveu e se difundiu nos círculos cristãos no século XVIII. Mais que só discursos, a camisola conjugal dos nossos antepassados ilustra o rigorismo dos costumes resultante do jansenismo, que tende a culpar o corpo por todos os nossos desvios.

Quanto ao puritanismo, ele surgiu na Inglaterra sob os reinados de Elizabeth I e dos primeiros Stuarts. O puritano busca um modo de vida mais puro, que nos liberte da nossa natureza tornada inteiramente má pelo pecado original. A única maneira de viver uma vida pura é desprezar o corpo e viver ou aparentar viver

> com grande austeridade, sentir ou aparentar sentir um respeito severo e intransigente pelos princípios morais. Esta afetação não está dissociada do desenvolvimento da pudicícia, que triunfou na Inglaterra vitoriana do século XIX. Difundido nos Estados Unidos após a chegada do célebre Mayflower (1620), que carregava 102 puritanos escorraçados da Inglaterra pela perseguição anglicana, o puritanismo tornou-se lá um modo de vida.

## "Meu corpo me pertence?"

A pessoa é um sujeito. Só ela pode dispor de si; por isso ela é *inalienável*. Mas isso diz respeito ao corpo? O corpo da pessoa está "fora da pessoa", isto é, fora do sujeito, ou é um corpo *pessoal*? A pessoa sabe o que significa "o fato de ser corpo"; o corpo recai sob sua experiência: ela sabe que é sujeito ativo e passivo das ações do seu corpo porque ela o experimenta. Ela sabe que não pode ser separada do seu corpo sem morrer. A primeira experiência do corpo é anterior a todas as nossas teorizações:

> A forma mais tentadora de dualismo hoje é aquela que não oporia mais a alma e a carne, mas o sujeito e seu corpo, o que se traduz em particular numa instrumentalização deste, seja para trabalho ou para a fruição. Mas tragamos de volta estas primeiras grandes verdades: que o corpo respira, que a palavra também é voz, que o menor dos nossos gestos é prenhe de significado. E a aparência do rosto, a profundidade de um olhar, a emoção ligada

à aproximação dos corpos vêm nos sussurrar que, de fato, é o mesmo sujeito que fala e que deseja, que dança e que pensa.[2]

## "Meu corpo sou eu!"

A experiência do pudor[3] revela até que ponto o corpo é percebido pela pessoa como *seu* corpo, como parte integrante de si. O que acontece quando uma mulher tenta se esconder de um olhar indiscreto? Ela percebe-o como uma certa *ameaça*, e sua reação reflete sua recusa em ser "tomada" ou "possuída", mesmo que apenas com um olhar. Seu pudor manifesta a vulnerabilidade da pessoa ligada à sua existência como um corpo.

Porque nosso corpo nos torna vulneráveis. Através dele podemos ser alcançados, constrangidos ou até perseguidos e machucados. Se a vida dele for tirada, é a pessoa que morre. Ele pode ser esterilizado à força, como é prática em certos países, ou pelo contrário, selecionar bons espécimes — os arianos, por exemplo — e forçá-los a se unirem para "melhorar a raça"... Em todos os casos, a pessoa é atingida, através do seu corpo, em sua liberdade.

Dizer que o corpo é o corpo da pessoa não é designar o corpo como coisa *pertencente* à pessoa. É reconhecer que ele não pode ser usado nem "objetificado", porque "meu corpo sou eu". Sua dignidade não é outra senão a

---

2    Xavier Lacroix, *Le corps de l'esprit* [O corpo do espírito]. Paris: Cerf, 1999, p. 117.

3    Sobre este assunto, ver *De la pudeur à l'amour* [Do pudor ao amor]. Paris: Cerf, 2016.

dignidade da pessoa. Uma dignidade que não depende do número de centímetros, nem da capacidade de se manifestar na rua, de produzir ou realizar *performances*,[4] mas apenas ao fato de ser um corpo humano, corpo de pessoa que pertence ao mundo das pessoas, não dos animais nem das coisas. Assim, nós *somos* o nosso corpo, por causa da unidade dentro de nós da alma (*anima*, o que anima) e do corpo. Somente a morte vem quebrar essa forte unidade, separando, por um tempo, a alma do corpo prometido à ressurreição. O corpo participa da dignidade da pessoa humana.

> O corpo do outro revela todo o mistério da sua pessoa e ensina o caminho da comunhão com seu ser. É por isso que o corpo, o seu e o do outro, não pode jamais ser um objeto. Sinal da pessoa, ele deve ser recebido e amado para o bem da pessoa inteira.

## Meu corpo, obra divina

Tal dignidade do corpo humano, afirmada na Bíblia desde o princípio, São Paulo a proclama na primeira Epístola aos Coríntios:

> Ou não sabeis que o vosso corpo é templo do Espírito Santo, que está em vós e que recebestes de Deus? [...] E que, portanto, não pertenceis a vós mesmos? Alguém pagou alto preço pelo vosso resgate glorificai, portanto, a Deus em vosso corpo.[5]

---

4    Aline Lizotte, *Le don des époux. Signe de l'amour invisible* [O dom dos consortes: sinal do amor invisível]. Éd. Du Serviteur, 1992, p. 16.

5    1Cor 6, 19.

Nosso corpo é templo do Espírito Santo, isto é, lugar de sua presença. Criado por Deus Pai, salvo por Jesus Cristo, ele é prometido à glória da ressurreição ("Creio na ressurreição da carne" faz parte da oração do *Credo*).

São Paulo exorta os coríntios a glorificarem a Deus em seus corpos, pelos seus corpos e não *apesar* deles. Portanto, qualquer corrente de pensamento que queira promover o *apesar* se desviaria tanto da revelação bíblica como do ensino constante da Igreja. O reconhecimento da dignidade do corpo muda nossa perspectiva.

## A experiência do corpo sexuado

Experimentar o corpo é experimentar sua solidão, sua individualidade e sua vulnerabilidade. É descobrir corpo entre corpos. E também experimentar um corpo sexuado.

> "Ainda menininha", escreve Madame de Noailles, "queria atrair a ternura dos homens, inquietá-los, ser salva por eles, morrer em seus braços".[6]

### Ser sexuado, a descoberta de uma atração

A criança descobre a masculinidade-feminilidade muito cedo, entre os 2 e 5 anos. A menininha pode se sentir atraída pela masculinidade do pai, o menininho, pela feminilidade da mãe. As crianças experimentam uma atração afetiva real, que se confunde muitas vezes com desejo sexual, pelos pais do outro sexo. Elas já têm uma

---

6   Citado por Simone de Beauvoir, em *Le Deuxième sexe* [O segundo sexo]. Paris: Éditions Gallimard, 1976, t. II, p. 45.

certa experiência de alteridade. Este pai é a *primeira* pessoa do outro sexo por quem essa atração é possível; uma atração que será tanto mais forte quanto a sensibilidade da criança for forte, e às vezes sensualizada, egocêntrica — como Anna de Noailles quando menina.

Sentir-se atraído pela masculinidade do seu pai é acima de tudo perceber essa masculinidade como complementar à sua própria feminilidade de menininha, e experimentar uma emoção sensível. Essa atração é muito afetiva, não "genital".

## Ser sexuado e identificar-se bem

O *fato de ser sexuado* vai além da mera genitalidade, de ter órgãos genitais que não alcançarão maturidade senão na puberdade. O "fato de ser sexuado", que caracteriza a pessoa humana desde a sua concepção, não deve ser confundido com "a sexualidade". Desde Freud, considera-se que todo prazer sensível é "sexual"; confunde-se afetividade, sensualidade (prazer dos sentidos) e sexualidade. É assim que se fala sobre "sexualidade infantil", o que é muito questionável antes da puberdade, ou que se trata "pré-adolescentes" como adolescentes que eles ainda não são. (Então joga-se para cima deles esquemas, uma linguagem e uma pedagogia inadequadas à sua idade e conteúdos que ignoram a dimensão de relacionamento, dom e amor. A confusão é aumentada pelo fato de que a pornografia é viciante, mesmo para crianças. Mesmo que sejam atacadas pela violência das imagens, elas "repetem", imitam os "antimodelos" que lhes são oferecidos e desenvolvem comportamentos de pequenos *predadores sexuais*. Eles não se tornam, porém, menos crianças, e precisam ser educadas e protegidas como crianças.)

---

### SER SEXUADO CONSTITUI A PESSOA

O fato de ser sexuado (ser do sexo masculino ou feminino) está inscrito em cada célula do nosso corpo e nos constitui: é por isso que o menino desenvolve atitudes masculinas e a menina desenvolve atitudes femininas. A afetividade de uma criança pode ser mais ou menos sensualizada, especialmente se ela possui uma sensibilidade desenvolvida (sentidos externos e internos), também em razão de fatores externos a ela (impacto de imagens, da educação ou da falta de educação). Mas o "fato de ser sexuado" não implica, por si só, o exercício de uma sexualidade em ato em uma criança não púbere por definição. Trata-se, antes, de um chamado para se identificar com seu sexo, vivê-lo como uma oportunidade para crescer bem e tornar-se plenamente quem se é.

---

Experimentar o corpo sexuado não é, portanto, ter a experiência *da sexualidade*. É descobrir as características da masculinidade e da feminilidade. É descobrir-se sozinho, não apenas como ser individual, mas também sozinho enquanto *separado* de um outro: o homem, descobrindo-se sexuado (de *secare*, cortar, separar), descobre que não se basta para si.

A tendência sexual caracteriza a pessoa humana. A impregnação da pessoa pelo seu caráter sexual é um forte sinal da unidade profunda e substancial do homem, corpo e alma, matéria e espírito. Este fato físico, inscrito no corpo desde o momento da concepção, também é um fato genético. Ele repercute na afetividade — a atração pela pessoa do outro sexo: pelos sinais da sua masculinidade (o timbre da voz, a força e a segurança que emanam do corpo e de toda a pessoa do homem, e que constituem seu charme específico) ou pelos sinais da sua feminilidade (gentileza, capacidade de acolher e compreender, a beleza do corpo, do cabelo, do rosto da mulher, tudo que constitui seu encanto próprio). Ser sexuado tem repercussões até na vida espiritual.[7]

Limitar a sexualidade somente à genitalidade seria ter uma visão muito *reduzida*. Seria não ver que no corpo sexuado está inscrita a distinção radical das pessoas que permite o amor *pelo outro* e a união numa só carne. Tal distinção radical está inscrita nas características primárias da sexualidade (os órgãos genitais), mas também nas características secundárias, que acabamos de observar. Masculinidade e feminilidade são duas formas de "ser corpo" que se esclarecem mutuamente.

> O conhecimento do homem passa pela masculinidade e pela feminilidade, que são [...] como que duas maneiras complementares de ter consciência do significado do corpo. A feminilidade encontra-se, em certo sentido, a si mesma diante da masculinidade, ao passo que a masculinidade se confirma

---

7    Contrariando uma ideia disseminada desde os anos 90, "não existe um gene *gay*". O ambiente onde a pessoa vive e cresce é um "fator essencial" para a sua orientação. Cf. revista *Science*, 29 de agosto de 2019.

através da feminilidade. Precisamente a função do sexo, que é, em certo sentido, "constitutivo da pessoa" (não apenas "atributo da pessoa"), mostra quão profundamente o ser humano, [...] com a unicidade e irrepetibilidade própria da pessoa, é constituído pelo corpo como "ele" ou "ela".[8]

## Do sexo ao amor

É graças ao corpo que a pessoa pode ir completamente, sem reservas, em direção ao outro. Só o corpo permite a intimidade maior, a do encontro amoroso, porque o dom da pessoa é mais total; graças ao corpo sexuado, homem e mulher podem falar a linguagem dos amantes, que é a linguagem do corpo, quando as palavras já não bastam para demonstrar o amor. Deste grande dom, da comunhão entre pessoas que finalmente quebram a solidão — não estão mais "separadas" — vem a alegria do amor cantada pelos poetas.

*Eu sou ele, tu és ela,*
*Tu és ela, eu sou ele;*
*Eu sou o céu, tu, a terra;*
*Sou a música, tu, o verso.*
*Vem, nos unamos e demos à luz filhos.*
*Amorosos, aprazíveis, de corações felizes,*
*Que vivamos cem outonos![9]*

---

8    TDC, 10–1.

9    Fórmula ritual do matrimônio na Índia antiga, citado por Jean Duché, *Le premier sexe* [O primeiro sexo]. Paris: Robert Laffont, 1972, p. 115.

## Do amor para a vida

O corpo é o precioso instrumento do dom de si feito pela pessoa. Ele atende o chamado e permite que ele seja realizado. Mas a unidade desejada e tornada possível pelo corpo não se fecha em si. Ela é portadora de um outro chamado, de outra superação de si.

O apelo em direção ao outro está associado a um chamado a dar vida à outra pessoa, com quem um novo relacionamento será possível. O amor que transborda do coração para o corpo torna-se fonte da vida. Eis o que é possível viver *graças ao corpo*.

## Rumo a uma educação sexual abrangente

A sexualidade não pode ser reduzida somente à genitalidade, nem sua finalidade *objetiva*, a procriação ("genitare" significa "gerar"), somente a reprodução e continuação da espécie; os atos da vida sexual envolvem a pessoa como tal. O exercício da sexualidade humana está situado no mundo específico das pessoas. O amor total é *Eros*, desejo, mas também *Ágape*, amor pelo outro por si só, amor que clama pelo dom de si ao ser amado, um amor capaz de ternura desinteressada. É por isso que nós, pais, temos que dar uma educação sexual *integral* para nossos filhos: uma educação que leva em conta a pessoa em todas as suas dimensões e que humaniza a sexualidade, ajudando a dar, graças ao corpo, um amor que vem do coração. Uma educação orientada direcionada ao *dom sincero* da pessoa que a leva a se realizar existindo "para" alguém.

## A COMUNHÃO DE PESSOAS, NÚCLEO
## E SENTIDO DA IDENTIDADE HUMANA

"O dom revela, por assim dizer, uma característica particular da existência pessoal, ou melhor, da própria essência da pessoa. Quando Deus-Javé diz que 'não é bom que o homem esteja só' (Gn 2, 18), afirma que 'só' o homem não realiza totalmente tal essência. Ele somente a realiza existindo 'com alguém' — e ainda mais profundamente: existindo 'para alguém'. [...] Comunhão de pessoas significa existir num recíproco 'para' numa relação de recíproco dom. E tal relação é exatamente o fim da solidão original do 'homem'".[10]

---

10  TDC, 14–2.

# PARTE II
# O RESPEITO PELO OUTRO NA FAMÍLIA

I

# UM AMBIENTE PROPÍCIO À EDUCAÇÃO NO AMOR

*Em toda a perspectiva da própria história, o homem não deixará de conferir significado esponsal [de dom] ao próprio corpo. Embora este significado sofra e venha a sofrer muitas deformações, manter-se-á sempre o nível mais profundo, que exige ser revelado em toda a sua simplicidade e pureza e ser manifestado em toda a sua verdade, como sinal da "imagem de Deus".*
— João Paulo II, TDC, 15B–5

Falaremos aos nossos filhos sobre a beleza do amor humano. Mas temos a nossa pobreza e as nossas limitações humanas. Existe um acúmulo de coisas não ditas na família que torna carregado o ambiente e pesa sobre a criança? Eles nos viram nos reconciliar depois de uma discussão? Se vivemos o sofrimento de uma separação, falamos do ausente com respeito, sem ódio?

Falaremos a elas que o relacionamento amoroso é vivido com respeito pelo outro. Elas sentem esse respeito, entre seus pais e para consigo mesma?

Falaremos aos nossos filhos sobre o valor e a beleza do corpo. O corpo é uma realidade vergonhosa ou respeitável para nós?

Falaremos aos nossos filhos sobre o valor da vida, da vida deles. Eles sentem, para além das palavras, que amamos a vida? Nossas escolhas, nossos julgamentos carregam uma cultura de vida ou morte?

Uma verdadeira relação de confiança permitirá que abordemos com nossos filhos assuntos delicados, que exigem intimidade.

### SINTA O AMOR DOS PAIS

Camille, de 8 anos, via com maus olhos a mãe se arrumar para ir comemorar um aniversário de casamento com seu marido apaixonado. Ela preferia ir com eles! Sua mãe então lhe pergunta:

— Na sua opinião, o que você acha que significa que papai e eu tenhamos vontade de sair juntos?

A resposta é imediata:

— Que vocês não vão se separar!

A mãe de Camille então insistiu que o marido e ela ficavam felizes em passar um tempo juntos porque se amavam.

Na família, a criança aprende o que é o amor... Sendo amada, sentindo-se amada. Ela também aprende *sentindo* que seus pais se amam, *vendo*-o suficientemente para ter certeza de seu amor. Porque *ela não acredita no que não sente*. As crianças precisam sentir que seus pais se amam e que este amor está em primeiro lugar; isso nem sempre lhes agrada: a criança muitas vezes ficará entre os pais que estão se abraçando. Elas também têm que aceitar que os pais precisam conversar sozinhos e fechar a porta do quarto à noite.

A ternura nos permite *demonstrar* de forma positiva aos filhos o amor dos pais, fazendo-os *senti-lo*.

## Os gestos de ternura

A ternura é expressa através de gestos do corpo. Oferecer flores sem motivo, trazer um presente, dizer uma palavra carinhosa, sorrir, pegar a mão um do outro, abraçar, segurar os ombros, beijar, falar com doçura, olhar com carinho... Os gestos de ternura podem ser trocados entre amantes, entre amigos, irmãos e irmãs, pais e filhos, avós e netos etc. O que os torna benéficos são o amor, a benevolência do coração, o devotamento, a atenção ao bem do outro que eles demonstram.

### A verdadeira ternura

A criancinha que vem se aconchegar entre os pais que se abraçam na frente dela talvez esteja com ciúme, mas não necessariamente: ela busca a segurança do amor, mesmo que não esteja consciente disso. Ela também quer receber parte da alegria que ela percebe ser intensa neste momento.

Essa alegria e o sentimento de segurança da criança são frutos da verdadeira ternura. Uma ternura que não para no corpo numa atitude de posse, mas expressa o amor dado à pessoa. E, mais precisamente, esta exigência de amor: estar perto do ser amado, compartilhar o que ele está vivendo, suas alegrias, suas tristezas... Compreendê-lo. A verdadeira ternura é sinal de um coração aberto e atento.

## Graças ao corpo...

As crianças que veem seus pais mostrando sinais de ternura são sortudas! Elas descobrem que amar é estar perto da pessoa, é ser uma ajuda para ela, é pensar nela antes de pensar em si. E descobrem tudo isso de uma forma muito concreta. Elas veem que o corpo, com sua força ou com sua doçura, com toda a variedade das suas expressões, nos permite expressar o amor que vem do coração, trazer alegria e fazer o outro sentir que não está sozinho, que é amado e compreendido.

Nessa simples e discreta revelação da intimidade de seus pais, a criança percebe que o amor é dom de uma pessoa para outra, e dom que se vive graças ao corpo. Ela percebe a gratuidade do gesto e também a alegria produzida no coração de quem recebe o beijo, o sorriso, o olhar, o gesto ou a palavra terna — uma alegria maior que o próprio gesto.

Dessa forma a criança aprende a amar. Ao descobrir que o corpo permite dar gratuitamente amor e alegria, ela toca uma realidade profunda e essencial do amor: e isso, tanto mais quando os pais procuram atingir um equilíbrio sexual cada vez mais autêntico, que deixa lugar para o amor do coração (e suas diversas manifestações). É melhor evitar uma reserva excessiva diante dos nossos filhos. Isso lançaria suspeitas sobre o corpo.

## Evitar as falsas ternuras

Às vezes se confunde a ternura com duas atitudes em verdade diferentes: o sentimentalismo e o romantismo.

O sentimentalismo é uma ternura um tanto "mole" que expressa a busca por extravasamento ou fruição, ou uma espécie de reconhecimento pelo prazer recebido. Os gestos de corpos então expressam mais o desejo de possuir o corpo do outro (para fruí-lo) do que a atenção dada à sua pessoa (para fazê-la feliz). Eles revelam ainda a avidez de sensualidade, que cobiça o corpo pelo prazer, que se limita ao corpo e não chega ao amor altruísta pelo outro. Por isso eles são perturbados, equívocos, e não transparentes e com intenção de dom. Quando a criança percebe essa perturbação, ela muitas vezes fica triste, até irritada.

O romantismo é outra falsa ternura. Quantos relacionamentos tempestuosos! Os pais expressam sem restrições seus menores estados d'alma, passando da calma — silêncios pesados, ar indiferente — à tempestade dos gritos e discussões... Não há alegria nessa atmosfera, que é muitas vezes impudica e instável, quase irrespirável! Uma aparente "sinceridade" muitas vezes esconde uma exibição do humor e uma imaturidade afetiva que tornam insegura a criança. Como se espantar quando ela tenta fugir, assim que pode, de uma vida familiar em que se faz pouco caso dela?

Só a verdadeira ternura atrai. Ela mostra o amor que vem do coração, um amor verdadeiro.

> ### TERNURA, UM OUTRO TIPO
> ### DE RELAÇÃO HOMEM-MULHER
>
> "A ternura deve ser envolta por uma certa vigilância [...], para que suas diversas manifestações não se tornem meios de satisfazer a sensualidade e as necessidades sexuais. Sendo assim, ela não pode acontecer sem um verdadeiro autocontrole, que aqui se torna o índice da sutileza e delicadeza interior da atitude em relação à pessoa de sexo diferente. Ao passo que a sensualidade arrasta para o prazer e o homem dominado por ela nem sequer vislumbra que possa haver outro sentido e outro estilo de relacionamento entre homem e mulher, a ternura revela, de certa forma, esse sentido e esse estilo, em seguida garantindo que eles não sejam perdidos. [...] Não se deve esquecer que o amor humano também é luta, luta pelo homem e pelo seu bem".[1]

## Aprenda a amar a vida

Hoje estamos diante de uma contradição entre, por um lado, a afirmação do direito à vida e à liberdade pelas autoridades nacionais e internacionais e, por outro, a realidade das ameaças que pesam sobre a vida dos seres humanos mais fracos e sem voz. Querer a morte é uma escolha "razoável"? Está se começando a conhecer as feridas que as soluções de morte deixam no coração. A confusão entre o bem e o mal gerada pelo materialismo prático, pelo utilitarismo e pelo

---

1 Karol Wojtyla, *Amour et responsabilité* [Amor e responsabilidade]. Paris: Stock, 1978, p. 189.

hedonismo presentes na cultura da morte são fonte de grandes angústias. Porque o homem não foi feito para a morte, mas para a vida. A vida é um bem, a morte, um mal. Querer a morte é, portanto, profundamente contra a natureza do homem. É por isso que essa escolha é sempre *irrazoável*. Aquele que acreditou que isso era possível experimenta logo em seguida a dor diante de uma morte sem volta.[2] A cultura da morte é uma *cultura do desespero, do provisório* e *do descartável*.[3] O *humano* é buscar viver e fazer viver.

> O valor da vida sofre hoje uma espécie de "eclipse", apesar da consciência não cessar de o apontar como valor sagrado e intocável; e comprova-o o próprio fenômeno de se procurar encobrir alguns crimes contra a vida nascente ou terminal com expressões de âmbito terapêutico, que desviam o olhar do fato de estar em jogo o direito à existência de *uma pessoa humana concreta*.
>
> [...] Estamos perante uma realidade mais vasta que se pode considerar como verdadeira e própria *estrutura de pecado*, caracterizada pela imposição de uma cultura anti-solidária, que em muitos casos se configura como verdadeira "cultura de morte".[4]

---

2  Nomear o mal cometido, pedir perdão ao seu filho como se pede a Deus sempre, felizmente, é possível. Está aí a esperança, na pacificação da relação com a criança falecida, mas também na relação com os outros e consigo próprio. Ver o testemunho desconcertante de Patricia Sandoval, *Transfigurée* [Transfigurada], impressa por Éditions Téqui em 2018, e os finais de semana de cura de *La Vigne de Rachel*.

3  "O narcisismo torna as pessoas incapazes de olhar para além de si mesmas, dos seus desejos e necessidades. Mas quem usa os outros, mais cedo ou mais tarde acaba por ser usado, manipulado e abandonado com a mesma lógica" (*Amoris laetitia* [A alegria do amor], nº 39).

4  João Paulo II, *Evangelium Vitae* (EV) [O Evangelho da vida], nº 11 e 12.

## *"Respeita, defende, ama e serve a vida, cada vida humana!"[5]*

A cultura da vida caracteriza-se por uma escolha resoluta em favor da vida. Isto não pode ser um: "Sim, mas...". Esse critério simples nos será útil para apreciar a qualidade de um livro, de um espetáculo, de uma festa escolar, para julgar um programa de biologia, um possível passeio ou até mesmo um livro didático de educação sexual... A escolha resoluta em favor da vida leva a um senso de respeito e amor pelo outro. A cultura da vida é uma cultura do amor, uma cultura altamente civilizatória.

Em todos os relacionamentos a um só tempo ricos e comuns da vida familiar, pode-se testemunhar a preocupação pela vida dos outros, mostrar-lhes que são valiosos aos nossos olhos. Mas é preciso ir mais longe para "respeitar, defender, amar e servir a vida".

### *Eu sou "um dom"*

A vida não se fabrica, não se compra: ela deve ser recebida e transmitida, como o mais belo dos presentes. A vida é um dom.

A educação sexual torna-se uma educação para a vida desde que a recoloquemos o pequenino na cadeia de gerações. Fazemos-lhe assim descobrir que a vida é um dom que vem do amor. "Papai e mamãe têm um bebezinho porque se amam muito; talvez um dia você se case, e também será papai (ou mamãe). Os papais

---

5    Ibid., nº 5.

e as mamães ficam tão felizes quando descobrem seu filhinho!". Vale a pena dar e receber a vida.

> Cada nova vida "permite-nos descobrir a dimensão mais gratuita do amor, que nunca cessa de nos surpreender. É a beleza de ser amado primeiro: os filhos são amados antes de chegar". [...] "Antes de te haver formado no ventre materno, eu já te conhecia; antes que saísses do seio de tua mãe, eu te consagrei" (Jr 1, 5). Cada criança está no coração de Deus desde sempre e, no momento em que é concebida, realiza-se o sonho eterno do Criador.[6]

A criança é muito sensível às celebrações familiares, particularmente aos aniversários, especialmente o dela mesma! De forma bastante espontânea, celebra-se nas famílias as idades da vida. É a ocasião privilegiada para se sentir amado e cuidado e para celebrar o dom da própria vida. Tantas oportunidades para descobrir que vale a pena viver e crescer!

## Educação para o dom de si: "Querer amar"

Algumas crianças são naturalmente bondosas, outras são mais egoístas, buscando espontaneamente seus próprios interesses, mesmo que isso signifique manipular quem estiver ao seu redor. Estejamos vigilantes com aquelas que, entre irmãos, buscam sistematicamente organizar seu conforto, é intolerante à menor frustração e quer dobrar os outros por meio de manipulação, lágrimas ou raiva... Isso não é bom augúrio. Mas todos têm a capacidade de maravilhar-se com o que é belo e bom

---

6  Papa Francisco, *Amoris Laetitia* [Alegria do amor], nº 166–168.

e, portanto, com a vida, se não se tiver sufocado essa capacidade cedendo aos caprichos, mimando as crianças. Vamos fazê-las descobrir que não são onipotentes; vamos fazê-las descobrir os outros *como um dom*! Vamos ensinar a elas a gratidão pelo "dom inestimável"[7] da vida humana. Isso se aprende através de uma educação sutil do coração e do olhar para o outro.

## Olhar com o coração

Tal como o pequeno príncipe, a criança pode aprender a ver o que se esconde atrás das aparências. Nem tudo que reluz é ouro... O olhar do coração sabe ser *contemplativo* para ver além das aparências.

---

### UM OLHAR CONTEMPLATIVO

"Este nasce da fé no Deus da vida, que criou cada homem fazendo dele um prodígio (cf. Sl 139, 14). É o olhar de quem observa a vida em toda a sua profundidade, reconhecendo nela as dimensões de generosidade, beleza, apelo à liberdade e à responsabilidade. É o olhar de quem não pretende apoderar-se da realidade, mas a acolhe como um dom, descobrindo em todas as coisas o reflexo do Criador e em cada pessoa a sua imagem viva (cf. Gn 1, 27; Sl 8, 6). Este olhar não se deixa cair em desânimo à vista daquele que se encontra enfermo, atribulado, marginalizado, ou às portas da morte; mas deixa-se interpelar por todas estas situações procurando nelas um sentido".[8]

---

7  EV, n° 83.

8  EV, n° 83.

O olhar contemplativo permite tanto à criança quanto ao adolescente descobrir que os outros são dignos de que direcionemos nossos olhos para eles.

II

# DESPERTAR PARA A FÉ
# E EDUCAÇÃO PARA O AMOR

*Eu vim para que tenham vida e a tenham em abundância.*
— Jo 10, 10

*O homem não pode viver sem amor. Ele permanece para si
próprio um ser incompreensível e a sua vida é destituída
de sentido, se não lhe for revelado o amor, se ele não se
encontra com o amor, se o não experimenta e se o não
torna algo seu próprio, se nele não participa vivamente.
E por isto precisamente Cristo Redentor, como já foi dito
acima, revela plenamente o homem ao próprio homem.
[...] Nesta dimensão o homem reencontra a grandeza,
a dignidade e o valor próprios da sua humanidade.
[...] O homem que quiser compreender-se a si mesmo
profundamente — não apenas segundo imediatos, parciais,
não raro superficiais e até mesmo só aparentes critérios
e medidas do próprio ser — deve, com a sua inquietude,
incerteza e também fraqueza e pecaminosidade, com a sua
vida e com a sua morte, aproximar-se de Cristo. Ele deve,
por assim dizer, entrar nele com tudo o que é em si mesmo,
deve "apropriar-se" e assimilar toda a realidade da
Encarnação e da Redenção, para se encontrar a si mesmo.*
— João Paulo II, *Redemptor hominis*[1]

---

1 [Redentor dos homens], nº 10.

Crescer na fé enraíza a criança no amor de Deus e lhe permite unificar progressivamente a sua pessoa interior. Estes dois aspectos são fundamentais para o amadurecimento da criança e pertencem também à sua educação no amor. Porque o amor vem de Deus! Para muitas crianças hoje feridas no amor, essa radicação no amor de Deus é um grande consolador: "Pelo menos alguém que me amou", exclamou certo dia um garotinho, durante uma aula de catecismo. O Pai que está no Céu é aquele cujo amor não engana e em quem sempre se pode encontrar apoio. A certeza do amor de Deus pode vir bem cedo para preencher o coração da criança que também aspira *repousar* neste amor. Cabe a nós, pais, sermos os primeiros a anunciar essa boa nova à criança.

Saber-se filho de Deus, tornar-se amigo de Jesus e receber sua graça: eis o que nos permite percorrer os caminhos estreitos mais facilmente. O caminho do dom de si e do amor é um deles. Refinar a consciência do bem e do mal, aprender o significado do outro, esquecer-se alegremente, obedecer aos pais, pedir perdão, adquirir progressivamente as principais virtudes humanas, tudo fica mais fácil quando a criança vive a escola de Jesus, verdadeiro Deus e verdadeiro Homem, Homem perfeito, e quando se descobre amada por ele e, por sua vez, quer amá-lo. Como testemunha a história desta menina de 7 anos a quem a obediência custava muito:

## DESPERTAR PARA A FÉ E EDUCAÇÃO PARA O AMOR

> "Mamãe, sabia que ontem à noite, quando você me disse para eu me deitar, eu sabia que tinha que ir, senão ficaria cansada no outro dia. Mas eu queria conversar com Clémence, queria tanto! Então pedi pra Jesus me ajudar, e fechei a porta para não olhar pro quarto dele".

## Descobrir o amor de Deus, experimentar sua bondade...

A criança nascida numa família cristã pode descobrir o amor de Jesus por ela desde muito cedo: no colo dos pais, na oração da noite, num pequeno grupo de despertar da fé, na missa dominical. Ela aos poucos entra num relacionamento de confiança com Deus, ao mesmo tempo que percebe o sentido cristão da história da salvação: a história da Criação do mundo, dos anjos e do homem, a história de Adão e Eva, a tentação, o papel desempenhado pelos anjos maus, a queda, a salvação prometida, o "sim" de Maria à Anunciação, o nascimento do Salvador na manjedoura, sua vida e sua morte oferecidas a nós, a existência dos anjos da guarda...

Com o exemplo tão eloquente da vida dos santos,[2] especialmente dos santos jovens que ela poderá imitar, o conhecimento dessa história da salvação é preciosíssimo para a criança: ele lhe permite compreender muitas das realidades que surgem *na sua própria vida*: em particular o da descoberta do caminho que leva à felicidade, o sentido da luta que ela deve liderar, por amor a Jesus e

---

2  *Vie de saints* [Vida dos santos], especialmente nas edições Fleurus Mame e Éditions Téqui; em CD em Maria Multimedia.

não apenas para ser "bem-educada", o que rapidamente se tornaria enfadonho; assim ela pode amadurecer aos poucos sob o olhar de Deus seu Pai, com a ajuda de seu anjo da guarda, dos santos e de sua Mãe do Céu. A criança pequena, nesta idade mística em que faz tantas perguntas sobre o sentido da vida e da morte, descobre que não está sozinha e que tem muitos amigos.

## Receber os sacramentos, gestos da ternura de Deus

> Traziam-lhe crianças para que as tocasse, mas os discípulos as repreendiam. Vendo isso, Jesus ficou indignado e disse: "Deixai as crianças virem a mim, não as impeçais, pois delas é o reino de Deus. Em verdade vos digo: aquele que não receber o reino de Deus como uma criança, não entrará nele".[3]

Por volta dos 7–8 anos de idade, mais cedo se a criança for precoce, os pais começarão a aproximá-la dos sacramentos, principalmente da reconciliação e da eucaristia. Eles não são uma recompensa reservada a crianças bem-comportadas, nem uma simples prática ritual de grandes ocasiões, mas uma necessidade, um alimento vital destinado a reparar suas forças, um remédio para sua fraqueza, o canal da graça de Deus. Em cada sacramento, Jesus vem *tocar nosso filho para curá-lo e fortalecê-lo*.

Por que familiarizar a criança antes da puberdade com tais remédios? Pelo benefício que ela desde

---

3    Mc 10, 13–15.

já obtém deles; para acostumá-la recorrer a eles, a buscar auxílio em Deus, a viver em comunhão com ele. Durante a adolescência, a criança poderá prosseguir sob esse impulso; aos 15, é mais difícil dar este primeiro passo. É benéfico que o sacramento da confirmação seja dado mais cedo para enchê-la de força e ajudá-la a enfrentar as mudanças e lutas da adolescência.

## ... e conselhos adequados na direção espiritual

Quanto mais velha a criança fica, mais tem direito a respeito pela privacidade de sua vida espiritual. Por que não fazer para a vida espiritual das crianças o que tentamos fazer para a vida como um todo? Os pais bem sabem que é inútil atolar a criança num fluxo ininterrupto de recomendações gerais que *entram por um ouvido e saem pelo outro*; ela não reage se nós exigirmos várias coisas ao mesmo tempo. É inútil procurar obter um resultado que não se dê ao trabalho de *verificar*, e pelo qual não se *parabeniza* a criança. Ela simplesmente não verá motivo para complicar a própria vida!

Na vida espiritual, é quase a mesma coisa. Para amadurecer e aproveitar ao máximo a força que lhe dão os sacramentos, a criança não precisa receber uma enxurrada de conselhos gerais: "Seja gentil com os outros!", "não seja gulosa!", "faça bem o seu trabalho". Tudo isso lhe parecerá chatíssimo e, além disso, inviável! Ela precisa sobretudo receber uma orientação, uma direção que lhe indique o porquê de tal pequeno progresso lhe ser proposto (não porque ela *deve*, nem mesmo porque é *bom*, mas por amor a Jesus) e que, carinhosamente, proporciona o que lhe é possível (não dez esforços por dia, mas apenas um para Jesus e, regularmente, fazendo uma avaliação sobre ele).

O Beato Édouard Poppe, que consagrou a vida ao serviço das crianças e dos jovens, expôs de forma luminosa e atual o que é a direção espiritual de crianças:

> Dirigir uma criança é [...] dizer-lhe como ela deve agir; *ela*, para corrigir um certo defeito que desfigura sua alma, para adquirir uma certa maneira de pensar, tal regra de conduta adequada à sua situação atual. Dirigir uma criança é dispô-la para adquirir em sua mentalidade e aplicar em sua conduta os ensinamentos e exemplos de Jesus Cristo que lhe foram oferecidos no ensino coletivo. [...] É habituá-la a concretizar em sua conduta, de acordo com as exigências de seu estado presente, a imitação de Nosso Senhor Jesus Cristo. Considerada do lado dos sacramentos, a direção espiritual da criança é a adaptação individual das graças obtidas de acordo com o temperamento e condição de cada alma: através da direção, a criança aprende a usar, na sua conduta pessoal e nas suas relações com outros, as graças recebidas na comunhão e na confissão. Ora, essas graças são a vida de Jesus em germe.[4]

Graças ao conselho espiritual, as crianças, como, aliás, as pessoas crescidas, se não forem "crescidas" demais, amadurecem e se unificam aos poucos. A vida

---

4 Édouard Poppe, *La direction spirituelle des enfants* [A direção espiritual de crianças]. Paris: Éditions Téqui, p. 23.

de oração, a relação com Deus se desenvolvem conforme as disposições da criança. Muitos santos muito jovens testificam o poder da graça de Deus num coração de criança.

## Formar a consciência, moldar um coração reto

A Palavra de Deus nos exorta com insistência à retidão de coração. O aprendizado da sinceridade é capital para a vida de fé da criança que aprende a mostrar-se *tal como é*, descobre-se fraca aos olhos de Deus, amada na sua fraqueza. Uma célebre mulher contou como perdeu a fé à força de "comer maçãs proibidas", enquanto seguia confessando somente "defeitos nobres":

> Certa noite, em Meyrignac, apoiei os cotovelos, como em tantas outras noites, na minha janela... Minha oração demorou a ascender e logo caiu. Eu havia passado o dia comendo maçãs proibidas [...]; antes de dormir, eu me contava histórias engraçadas, que me deixariam em estados engraçados. "São pecados", disse a mim mesma. Impossível trapacear por mais tempo: a desobediência sustentada e sistemática, a mentira, os devaneios impuros não eram condutas inocentes... "Eu não acredito mais em Deus", disse para mim mesma sem grande espanto.[5]

O sentido da verdade requer uma educação firme. A sinceridade, a franqueza permitem evitar a *duplicidade*

---

5    Simone de Beauvoir, *Mémoires d'une jeune fille rangée* [Memórias de uma moça bem-comportada]. Paris: Éditions Gallimard, 1958, pp. 188–193.

(ser duplo e, portanto, falso) e moldar um coração reto, capaz de confiança, verdade e lealdade. A educação como direção espiritual promoverá esta qualidade que se chama de "veracidade", que "garante a unificação da nossa vida na verdade. [...] O amor vivido na verdade leva à objetividade em todas as nossas relações. [...] A veracidade nos faz buscar o progresso pessoal autêntico, o único que cria vínculos verdadeiros".[6]

Aos poucos, a consciência da criança vai se formando no sentido bom e mau. Ela aprende a reconhecer a voz de Deus que fala em seu coração e lhe diz: "Escolhe, pois, a vida!" (Dt 30, 19). Ela aprende a não mentir nem mentir para si e se torna confiável. Ela não atua, situa-se bem em meio aos outros, porque vive na verdade. A sua fraqueza humana não a desvia do amor, mas, pelo contrário, a leva a ele.

"Humildade", dizia Santa Teresa d'Ávila, "é caminhar segundo a verdade".

Educar nossos filhos na verdade exige que sejamos nós próprios verdadeiros, para que cresça a confiança recíproca. Rezemos por eles e por nós, quando as coisas correrem bem e quando derem errado, quando nos inquietarmos com os caminhos de cruzes em quais eles se metem, quando nos sentirmos fracos e desamparados. É à oração perseverante de sua mãe que devemos Santo Agostinho, atual em muitos aspectos. Eduquemos os nossos filhos com a Virgem Maria, a melhor mãe. Confiemos-nos a ela, que nos moldará para que nos tornemos educadores segundo o coração de Deus.

---

6 Marc Vaillot, *Aimer, c'est... Petit livre de l'amour véritable* [Amar é... Pequeno livro do amor verdadeiro]. Paris: Salvator, 2016, p. 86.

Esclarecidos pela luz da fé, sustentados por Deus, recebemos dele uma pedagogia divina: a obra da graça em nossos corações feridos de educadores e de crianças. Assim se protege e desenvolve a capacidade de dom e de amar da pessoa. É uma questão para esta vida, é também uma questão para a eternidade.

> Não existe outro poder nem outra sabedoria pelos quais possamos ser salvos e contribuir para a salvação dos outros. Não há outro poder nem outra sabedoria que vos possibilitem a vós, pais, educar os vossos filhos e a vós mesmos também. A força educativa da eucaristia confirmou-se através das gerações e dos séculos.[7]

---

7 João Paulo II, *Carta às famílias*, nº 19.

III

# PRESENÇA, PROXIMIDADE, INTIMIDADE
## Os pais são insubstituíveis!

*Multiplicaram-se os chamados "experts", que passaram a ocupar o papel dos pais até nos aspectos mais íntimos da educação. Sobre a vida afetiva, a personalidade e o desenvolvimento, sobre os direitos e os deveres, os "experts" sabem tudo: finalidades, motivações, técnicas. [...] Chegou a hora de os pais e as mães voltarem do seu exílio — porque se autoexilaram da educação dos próprios filhos — e recuperarem a sua função educativa. [...] E isto só pode ser feito com amor, ternura e paciência.*
— Papa Francisco, *Catequese sobre a família*[1]

Assim pela atmosfera da vida familiar como pelo seu exemplo, os pais darão à criança uma noção justa do corpo, sem tabus nem fingimentos. Os gestos e atitudes cotidianos constituem a *educação silenciosa* no que diz respeito ao corpo.

Chegará a hora de conversar com a criança. Para compartilhar um segredo com alguém é melhor que haja uma relação de intimidade e confiança recíproca,

---

1    20 de maio de 2015.

de não ser colega, mas amigo para seu filho. Amigos acessíveis, caso contrário, como fazer ou receber uma confidência?

## Desenvolver a confiança

Como instaurar um clima de confiança e intimidade com nossos filhos? Compartilhando momentos especiais com eles. Estar presente, aceitar ser incomodado, estar atento aos ditos e não-ditos, questionar sobre o que não é informado... Isso, primeiramente, requer tempo, disponibilidade.

> A criança deveria sentir que sempre pode contar com o amor de seus pais, quer sua conduta seja boa ou má. Eles não a amam pelo bem que há nela; é a *ela em si* que eles amam, e continuam a amá-la mesmo nos piores momentos. Se uma criança não tiver esse sentimento, ela não se sente segura, e não se sentirá quando for adulta.[2]

Para *demonstrar* nosso amor por nossos filhos, não se trata de sermos pais amigões — isso seria uma forma de renúncia —, nem de ser severo — isso seria governar pelo medo, procurar se fazer obedecer *externamente* e correr o risco de desenvolver uma capacidade de suspeitar, mentir e manipular...

"Crescer" bem significa sobretudo crescer em liberdade *interior*, e tornar-se não apenas autônomo, mas *responsável*. Para isso, a criança precisa do amor dos

---

2 Leo Trese, *Aimez-vous vraiment vos enfants* [Você ama seus filhos de verdade?]. Paris: Éditions Du Laurier, nº 67, p. 17.

pais, que é ao mesmo tempo a sua segurança, porque a tranquiliza, e uma alavanca poderosa para a ação: o pai é aquele que acredita no filho.

## Demonstrar um amor incondicional

Se amamos sinceramente nossos filhos, nem sempre sabemos como lhes demonstrar esse amor. Ora, a criança, para *saber* que é amada, precisa senti-lo: para que esteja segura do nosso amor, temos de fazê-la *senti-lo*.

> Em toda a sua conduta, a criança faz aos pais uma pergunta: "Vocês me amam?". Uma criança faz essa pergunta afetiva emocional principalmente através da sua atitude, muito raramente de forma verbal. A resposta a essa pergunta é, absolutamente, a coisa mais importante de sua vida... Se amamos uma criança *incondicionalmente*, ela sentirá que nossa resposta a essa pergunta é "sim". Se nós a amamos condicionalmente, ela não terá certeza de nossos sentimentos e tenderá a ser ansiosa... O sentimento de amor por nosso filho pode ser forte, mas isso não basta. É através da nossa conduta que nosso filho vê se nós o amamos. Transmitimos nosso amor para nosso filho pela nossa atitude em relação a ele, pelo que *dizemos*, pelo que *fazemos*. No entanto, é o que fazemos que tem mais peso. Uma criança é muito mais afetada pelas nossas ações do que pelas nossas palavras.[3]

Pela nossa conduta, faremos que nosso filho sinta que o amamos com um amor incondicional, ou seja,

---

3    Doutor Ross Campbell, *Comment vraiment aimer votre enfant* [Como amar de verdade seu filho]. Éditions Orion, 1998, p. 36.

amor por ele mesmo, não por sua beleza, seus resultados escolares, suas proezas no judô ou no piano. Se o nosso amor for *condicional*, a criança sempre se sentirá abaixo das nossas expectativas. Ela ficará infeliz, porque está num estado de *insegurança*, com uma baixa autoestima. Ela acabará amando condicionalmente também, praticando o *toma-lá-dá-cá*. Ela vai procurar por amor e atenção ao transgredir as leis da vida através de comportamentos perigosos. "As crianças refletem o amor",[4] e, quando ele desaparece, clamam por ele desesperadamente.

---

### ENCHER O "TANQUE EMOCIONAL" DOS NOSSOS FILHOS

"Esse reservatório é entendido no sentido figurado, mas isso não o torna menos real. Toda criança tem certas necessidades emocionais e, conforme elas são atendidas ou não (através do amor, da compreensão, da disciplina etc.), influenciam o resto. Primeiro, como uma criança se sente: se está contente, zangada, deprimida ou feliz. Então, sua conduta: se ela é obediente, desobediente, chorona, alegre, brincalhona ou tímida. Obviamente, quanto mais seu tanque estiver cheio, mais positivos serão seus sentimentos e melhor será sua conduta.

Podemos comunicar amor a uma criança através do contato visual, do contato físico, da atenção concentrada e da disciplina... Os contatos visuais e físicos raramente requerem verdadeiros sacrifícios

---

4    Ibid.

da parte dos pais. A atenção concentrada, no entanto, exige tempo, às vezes muito tempo. Isto pode significar que os pais tenham que deixar de lado outra coisa que gostariam de fazer. Pais amorosos discernirão os momentos em que a criança precisa desesperadamente de atenção concentrada, mesmo em momentos em que eles sentem menos vontade de dá-la. Que é atenção concentrada? É dar à criança uma atenção total, não-dividida, para que ele sinta, sem traço de dúvida, que é completamente amada, que tem valor suficiente em si mesma para justificar um interesse sem distração, uma apreciação e consideração intransigentes de seus pais".[5]

Olhar para seu filho com amor, buscar contato com ele, e acima de tudo dar-lhe o nosso tempo, essas coisas implicam que eles estejam entre nossas prioridades, e que não deixemos o *urgente* sempre ter precedência sobre o que é *importante*!

## Urgente ou importante?

Criar mais intimidade, desenvolver cumplicidade com seu filho não é tão difícil. Códigos, pequenos *segredos* sussurrados no ouvido, cartas deixadas no travesseiro, jogos, sessões de cócegas, fazer um bolo juntos, conversas *cara a cara*, carinhos na hora de dormir... Tantos sinais de amor que o farão crescer na segurança que a ternura dá.

---

5    Ibid., pp. 42 e 65.

FALAR DE AMOR COM NOSSOS FILHOS

Ele saberá que pode encontrar escuta ativa, compreensão e amor desinteressados. Tranquilizemos nossos filhos no amor dando-lhes sinais de reconhecimento simples e positivos, sem *condescendência!* "A intenção subentendida dessas trocas é dar-lhes momentos de gratuidade e de escuta que enviem uma mensagem muito simples: sou feliz contigo, tu és importante para mim".[6]

Com uma criança que cresceu, adaptemo-nos: seu pudor é mais vivo e suas defesas mais difíceis de derrubar. Essa *escuta ativa* nos fará descobrir tesouros escondidos no coração de nossos filhos. O risco, em caso contrário? A criança se encontrar, na adolescência, no abandono comum a tantos jovens:

> O ponto comum dos jovens, quer sejam ricos ou pobres, é um inquietante desconhecimento do próprio corpo. Muitos, de todas as origens, não têm outras fontes de informação além das que encontram na *internet...* Pais de origem burguesa, pudicos ao extremo, mantêm uma *enorme distância* de seus filhos. À falta de uma *comunicação verdadeira* com os mais velhos, os adolescentes não têm confidente, e às vezes mergulham em pleno obscurantismo... Os jovens nunca estiveram mais sozinhos do que hoje.[7]

Nas periferias,

---

6    Victoire Dégez, *Mieux communiquer pour vivre heureux* [Comunicar melhor para viver melhor]. Paris: Éditions Téqui, 2017, p. 31.

7    Matérias recolhidas por Véziane de Vezins, "Un méconnaissance de leur corps" [Um desconhecimento do próprio corpo], em *Le Figaro*, 4 de janeiro de 2000, p. 8.

os pais mostram o mesmo excesso de pudor. Os jovens que têm relacionamentos breves e violentos nos becos, num ato iniciático do qual todo sentimento está excluído, refletem a miséria sexual e emocional dos seus genitores.[8]

Essa observação permanece válida numa época em que a pornografia faz estrago em crianças cada vez mais jovens e de todas as classes.[9] É urgente e importante criar confiança com nossos filhos para poder educá-los.

> Pode-se basear o poder na ameaça, mas não se pode basear a autoridade senão na confiança. A arte de ser pai, avô, é construir uma relação de confiança... O importante é que a criança consiga ganhar autoconfiança e, por fim, possa confiar.[10]

# Fazer amizade...

Mais do que dar-lhes *coisas*, nosso amor pelas nossas crianças nos incentivará a compreendê-las e fazê-las sentir que são compreendidas. Estar disponível para elas, com aquelas que são mais importantes do que nossos consumidores de tempo (telefones, telas diversas, jantares, reuniões, esportes ou boas obras). Assim seremos capazes de construir laços fortes e compartilhar nossos segredos.

É por isso que os pais são os primeiros e principais responsáveis pela educação das crianças. Eles as

---

8     Ibid.

9     Ver o *site* ennocence.org.

10    Jean-Marie Petitclerc, *Don Bosco toujours d'actualité* [Dom Bosco, sempre atual]. Éditions Salvator, 2016, p. 66.

puseram no mundo, as conhecem e amam melhor do que ninguém. Eles estão em melhor posição para revelar o amor às crianças nascidas do seu amor.

Eles poderão, de maneira amorosa e proporcionalmente, aumentar sua liberdade interior, ajudá-las a ir além do "eu primeiro" através do desenvolvimento do espírito de serviço. A criança é plenamente capaz de aceitar uma exigência *firme*, bem fundamentada e *dada com amor* por seus pais. O que ela recusa é a demanda arbitrária, que lhe parece *injusta*.

Os pais estão em melhor posição para conduzir seus filhos rumo à maturidade da vida adulta. Uma maturidade que não se reduz não à autonomia, nem à *desenvoltura* ou ao *descaramento*, mas que é sobretudo interior, de ordem psicológica, afetiva e espiritual.[11] É uma capacidade de estar no lugar certo, de se controlar, escolher por si mesmo o que é verdadeiramente bom e belo.

Ter uma certa distância não impede que nos tornemos amigos de nossos filhos, nem que desenvolvamos um relacionamento de intimidade com eles. Se cada um estiver em seu lugar na família, os pais poderão desempenhar seu devido papel e as crianças poderão ser educadas.

---

11 Ver o capítulo seguinte; ver Bernadette Lemoine, Inès Pélissié du Rausas, *Personnalités toxiques — Faire face, prévenir, éduquer: Quelle espérance?* [Personalidades tóxicas — encarar, prevenir, educar: há esperança?]. EdB, 2017, cap. III, sobre educação para a maturidade.

> ### ONDE ESTÁ MEU FILHO?
> ### COMO VAI SEU CORAÇÃO?
>
> "O que interessa acima de tudo é gerar no filho, com muito amor, processos de amadurecimento da sua liberdade, de preparação, de crescimento integral, de cultivo da autêntica autonomia. [...] Assim, a grande questão não é onde está fisicamente o filho, com quem está neste momento, mas onde se encontra em sentido existencial, [...] do ponto de vista das suas convicções, dos seus objetivos, dos seus desejos, do seu projeto de vida".[12]

## ... para educar nossos filhos

A principal alavanca da educação é uma confiança cheia de amor. A confiança, ao *suprimir o medo*, permite à criança se tornar leal. Permite formar sua consciência. Trair a confiança depositada, trair o amor é muito mais doloroso que uma punição.

Assim cresce a sinceridade da criança. Ela saberá que não há necessidade de mentir: mentir é sempre mais grave que a besteira ou fraqueza que se quer esconder, porque a mentira põe em perigo a confiança, que poderia não mais ser concedida. Para uma criança, tal perspectiva é insuportável. (Não é uma questão de exercer qualquer tipo chantagem, mas de anunciar as consequências previsíveis de um ato.)

Finalmente, a distância adequada permite desenvolver as qualidades de coração; a discrição, por exemplo,

---

12    Papa Francisco, *Amoris laetitia* [Alegria do amor], nº 261.

que ajuda a viver concretamente o respeito pela intimidade dos outros. Algumas crianças, dotadas de uma curiosidade mórbida, precisam aprender o respeito pelos outros em seus bens materiais — não se remexe em seus armários — como em seus bens espirituais — não se lê suas cartas, respeita-se suas conversas ao telefone.

Lembremo-nos também de bater antes de entrar no quarto de uma criança, de respeitá-la de forma adequada à sua idade. Este distanciamento adequado permitirá a formação da delicadeza de coração: colocar-se no lugar dos outros, saber demonstrar benevolência, afeição ou simplesmente interesse pelos outros, porque os *experimentamos*. Esta delicadeza inspira polidez e ao mesmo tempo vai muito além dela.

> A delicadeza é um respeito profundo, quase que uma veneração manifestada a cada instante; é aplicação, cuidado, cortesia sem servilismo; é atenção diligente às relações mútuas; é harmonia de espírito, sensibilidade, confiança, simplicidade, o espírito de serviço sincero; é pudor sem hipocrisia... Numa palavra, a delicadeza nos relacionamentos supõe fineza nas obras e nas palavras.[13]

No *interior* de todo o contexto educativo da vida familiar acontece a educação sexual, indissociável da educação do coração ao serviço, à amizade e ao amor.

Testemunhar o amor perante seus filhos é essencial, mas não o bastante. Nossos filhos esperam que falemos com eles. Mas quando? Às vezes, suas perguntas

---

13 Xavier Abad, Eugène Fenoy, *L'amour des époux* [O amor dos esposos]. Paris: Éditions Du Laurier, 1995, nº 143, p. 26.

chegam cedo demais, e isso nos confunde. Às vezes elas demoram a chegar... A puberdade, ou simbolicamente, a idade de ingresso na faculdade, são os momentos corretos? Mas já é tarde, porque os nossos filhos precisam ser advertidos. E eles se fazem perguntas legítimas bem antes.

E que linguagem devo usar para falar sobre amor e sexualidade?

# PARTE III
# A EDUCAÇÃO AFETIVA E SEXUAL DA CRIANÇA

I

# O QUE DIZER PARA A CRIANÇA DE 3 A 5 ANOS?
## "Tu és um dom, uma maravilha"

*O homem aparece no mundo visível como a mais alta expressão do dom divino, pois inclui em si a dimensão interior do dom. E com tal dimensão traz ao mundo a sua particular semelhança com Deus, graças à qual ele transcende e domina também a sua "visibilidade" no mundo, a sua corporeidade, sua masculinidade ou feminilidade, sua nudez.*
— João Paulo II, TDC, 19–3

*Eis meu segredo — disse a raposa ao pequeno príncipe —, que é muito simples: só se enxerga bem com o coração; o essencial é invisível aos olhos.*
— Saint-Exupéry, *Le Pétit Prince*[1]

---

1    [O pequeno príncipe]. Paris: Éditions Gallimard, 2000, p. 72.

> **PALAVRA DAS CRIANÇAS**
>
> A respeito do bebê esperado por Marc e Cécile, Flore, de 3 anos e meio, pergunta:
>
> — Onde o bebê fica antes de chegar, mamãe?
>
> — Na barriga da mamãe, perto do coração. É como um ninhozinho bem quentinho para os bebês.
>
> — Não tem um passarinho?
>
> — Não, só um bebê.
>
> — Ah! E como o bebê vai chegar?
>
> — Por um caminhozinho especial para bebês.
>
> — Ah! Tem uma janela também?
>
> — Não, tem só uma passagem.
>
> — Ah!
>
> Dez minutos depois:
>
> — Mas como o bebê entrou?
>
> — Pelo mesmo caminhozinho.
>
> — Ah! Sabia, mamãe, que eu também estou esperando um bebezinho?
>
> — Não, meu amor, isso não é possível, você ainda é muito pequena. É preciso crescer para ser mamãe. E para ter um bebezinho, também é preciso ter um papai.
>
> — Então eu vou me casar com o papai, e terei um bebê como Cécile, mamãe.

## A curiosidade e os "porquês" da criança

A criança está na idade dos "porquês" que nos põe à prova. Um dia surge a primeira pergunta sobre bebês. A criança é muito observadora. Ela pode ter visto na saída da creche uma mãe que está esperando um bebê, ou sua própria mãe cuja barriga está se arredondando. Suas perguntas vão se concentrar no que ela vê, nas transformações visíveis da barriga da mãe. Sua inteligência desperta e ela se pergunta sobre a vida que está ao seu redor. É o momento de fazer sua primeiríssima iniciação.

### "Por que ela tem uma barriga grande?"

Essa observação mergulha a criança na maior perplexidade. Pagnol o expressa deliciosamente:

> Passados três meses, minha mãe tinha mudado de forma e andava com o tronco inclinado para trás como o ajudante do Papai Noel. Certa noite, Paul, com ar preocupado, me perguntou: "O que nossa Augustine tem sob o avental?". Eu não sabia o que lhe responder...[2]

### "Como o bebê vai sair?"

Essa segunda pergunta geralmente vem depressa. Ela é inteiramente lógica:

> Uma nova irmãzinha, e justamente enquanto nós dois estávamos na casa da tia Rose, que cuidou de nós por dois dias, para girar no ar as panquecas de Candelária. Esse convite infeliz me impediu de verificar por inteiro a hipótese ousada de Mangiapan, meu colega de classe, que afirmava que as crianças saíam do umbigo das mães.
>
> Essa ideia me pareceu de início absurda: mas uma noite, depois de um exame bastante longo do meu umbigo, notei que realmente parecia uma botoeira, com uma espécie de botãozinho no centro:

---

2    Marcel Pagnol, *La gloire de mon père* [A glória de meu pai]. Éditions Four, 1981, p. 64.

concluí que desabotoar era possível, e que Mangiapan havia dito a verdade.

No entanto, pensei imediatamente que os homens não têm crianças: eles só têm filhos e filhas, que os chamam de "papai", mas as crianças provavelmente vieram da mãe, como acontece com os gatos e os cachorros. Então meu umbigo não provava nada. Pelo contrário, a sua existência entre os homens enfraquecia muito a autoridade de Mangiapan. Em que acreditar? O que pensar?[3]

As crianças imaginam tudo quanto é coisa. "Nós desparafusamos o umbigo com uma chave de fenda e é assim que o bebê sai", pensava o pequeno Luís, um faz-tudo de 3 anos, que não havia lido Pagnol... Enfim, se forem precoces ou simplesmente lógicas, perguntam uns dias depois: "*Como* o bebê entrou na barriga da mamãe?". De onde vem essa curiosidade infantil?

## Partir da experiência da criança pequena

Quando uma criança faz uma pergunta, é preciso observar o contexto. Este é o da experiência subjetiva do próprio corpo. Conhecer esta experiência permitirá aos pais respondê-las bem, sem ser demasiado abstratos nem "fugir do assunto". Mas também permitirá saber o que pode ser dito e a que momento, a depender da idade da criança. Ou ainda adivinhar a indagação que talvez habite o coração de uma criança que não pergunta nada.

Ela já tem experiência da função de nutrição, o que é importante em seu pequeno universo. Ela come, e

---

3   Ibid., p. 63.

seu estômago *fica cheio*. Ao brincar e fazer ginástica, ela tem a experiência de se mover; então fica cansada e precisa dormir. Ela tem dodóis mais ou menos dolorosos ou espetaculares, e às vezes *sangue* escorre de um ferimento que ela fez. Ela ainda tem a experiência de um corpo que se suja e precisa *ser cuidado* com banhos, o que nem sempre é divertido.

## Uma experiência da sexualidade?

O menino tem muito cedo a experiência da ereção; esta, no entanto, não é a experiência do *prazer sexual genital*: as capacidades do seu corpo e da sua imaginação ainda não estão *desenvolvidas o suficiente* para que a fantasia o leve a buscar prazer. Da mesma forma, a menina que se toca tem curiosidade sobre o seu corpo; ela pode tentar atrasar a ação de urinar por preferir brincar. Se ela acha isso agradável, não se trata diretamente de uma experiência de prazer sexual.

A criança de 3 a 5 anos não tem a experiência do que será seu corpo adolescente ou adulto. Ela não pode adivinhar nem experimentar que o desenvolvimento do seu corpo a tornará capaz de dar vida e amar. Os pais, portanto, não poderão contar com tal experiência *ainda* inexistente.

Tal como o menino, a menina está sobremaneira consciente da parte do seu corpo pela função de excreção. Ela ainda não sabe que existe uma via *específica*, em seu corpo, para os bebês; essa inexperiência poderia fazê-la associar o nascimento a algo *sujo*. Conhecer a experiência subjetiva de nossos filhos ajuda a antecipar questões educativas.

Por fim, a criança rodeada de pais amorosos também tem a experiência de gestos de ternura. Olhares, beijos, carícias, canções e carinhos a ensinam desde muito cedo, imprimindo em sua sensibilidade que *o corpo recebe e dá amor*, e que isso é motivo de muita alegria.

O *toque terno* dos pais, se bem ajustado, ensina à criança que seu corpo é bom. Apresentar a ela o valor da alegria sensível, não como *extravasão autorizada* ou *tolerada*, mas como sinal legítimo e gratificante da bondade das ações que ela acompanha, também é uma experiência importante. Tomar banho não precisa ser uma chatice e a sopa pode ficar boa com uma pitada de imaginação. Alegrias sensíveis e alegria de viver darão à criança uma experiência subjetiva positiva do seu corpo e da vida, que serão cruciais para seu amadurecimento afetivo.

## Uma experiência objetiva do que ela vê

Sua inteligência e imaginação despertam, ela descobre o mundo ao seu redor. Daí seus "por quês"! "Por que essa barriga está ficando redonda?", "de onde veio esse bebê?". Ela entrevê que o bebê é *um outro*, e este *outro* a intriga: ela própria, mesmo pequena, sente-se próxima do bebê. E toma-se muito cuidado com este bebê aparentemente frágil.

## Sua capacidade de se maravilhar

Nesta idade cheia de inocência e frescor, a criança está pronta para se maravilhar com a beleza da vida e da natureza, e a se alegrar com isso. Ela receberá com simplicidade e alegria o que os seus pais lhe disserem, e não deixará de acrescer o grão sal de seus comentários engraçados ou poéticos! É a idade da profundidade quase *mística* das crianças; seu coração puro e simples pode abrir-se a realidades mais elevadas com facilidade e naturalidade surpreendente:

*"Vós homens", diz Deus,*
*"tentai uma só vez falar feito criança".*[4]

# Um bom começo de vida: aprender a lidar com separações

Após o nascimento, a criança passou da simbiose à fusão com sua mãe. Seu vínculo fortíssimo com ela é indispensável para o seu bom desenvolvimento, porque a mantém na confiança e segurança do amor necessárias para o seu crescimento e amadurecimento. A ajuda do pai será valiosa, mais tarde, para ajudar a criança a separar-se da mãe, a deixar de estar fundida com ela.

## O perigo de separações mal vividas

Para saber que é amada, a criança precisa *sentir*-se amada: *ela só acredita no que sente*. É por isso que as separações entre pais e filhos, ainda mais frequentemente as mãe-filho, podem encetar ou minar a sua confiança se elas não forem preparadas com antecedência pelo pai que deve deixar seu filho por um tempo.

---

4    Charles Péguy, *Le mystère des saints innocents* [O mistério dos santos inocentes]. Salvator, 2016.

Neste momento, *não sentindo mais o amor*, a criança "sente intensos medo e ansiedade". Ele sente-se — ela acredita nisso — abandonada, em perigo. Para evitar reviver tanta angústia, são duas as estratégias possíveis [...]: na maioria das vezes, ela se recusará a deixar aquele (ou aquela) em quem não confia mais. Ela vai se apegar a ele de muitas maneiras e isso pode se tornar seu modo de se relacionar com outros; sua capacidade de se tornar autônoma será prejudicada. Outra reação, possível, mas mais rara: ela agora se recusará a dar confiança, uma vez que este laço não parece confiável nem seguro e tentará caminhar sozinha em seu caminho pela vida; ela só fará o que bem entender. Vivendo dependente de amor, obedecer será muito difícil para ela.[5]

Uma separação mal vivida pode ter graves consequências na vida da criança; distúrbios do sono e da alimentação, enurese, retardo no crescimento... Um psicoterapeuta bem formado pode, felizmente, ajudar a reparar o vínculo destruído ou danificado. Isso é vital para o crescimento da criança, particularmente para que ela entre na adolescência com uma boa autoconfiança. Sem tal confiança que vem do amor, sem a segurança de ser amada, a nova experiência de solidão vivida na puberdade corre o risco de reativar (nesta idade) a angústia do abandono da primeira infância: no retorno a si mesmo que se opera nesta idade, o recém-adolescente

---

5   *Personnalités toxiques*, p. 156. Os terapeutas formados pela associação Mieux Connaître L'angoisse de Séparation (MCAdS) [Conhecer melhor a angústia da separação] sabem ajudar a renovar a confiança perdida durante separações mal vividas. Informar-se sobre essa associação permite encontrar um terapeuta *verdadeiramente* formado para lidar com esse tipo de questão.

descobre em seu coração não a certeza do amor, mas a desolação de um vazio insuportável. Ele tentará fugir da sua solidão, sinônimo para ele de abandono, de não-amor, com compensações viciantes que sempre o deixarão mais sozinho, enfrentando o mesmo vazio.

## De onde vem a angústia da separação?

Segundo Bernadette Lemoine, ela se reconecta

> a esta primeira ruptura que se inscreve em nossas origens e pela qual continuamos sofrendo. Ora, a dúvida sobre amor [de Deus] tendo sido introduzida no coração de homem, este se viu abandonado à própria sorte. Ele descobriu sua fragilidade, sua vulnerabilidade: a partir daí experimentou a angústia do abandono e segue a experimentá-la desde então. [...] O sofrimento, a angústia da separação são vividos a cada vez que somos — ou nos sentimos — rejeitados, excluídos, traídos, abandonados, perdidos, ou que deixamos nossos pontos de referência. A origem está nessa ferida do abandono. Nós somos concebidos e nascemos com essa ferida do abandono, e por isso somos vulneráveis a todas as separações.[6]

A primeira educação afetiva, dada na resposta à pergunta: "E eu, de onde venho?", preenche o coração da criança replantando nele as suas raízes mais profundas: o amor dos pais, o amor de Deus. "Antes de nascer, eu estava no coração de Deus", declarou certo dia um homenzinho de 4 anos, para grande surpresa de sua mãe.

---

6 *Maman ne me quitte pas* [Mamãe, não me abandone]. Saint-Paul Éditions, 2005, p. 33.

## FALAR DE AMOR COM NOSSOS FILHOS

### *Dos 3 aos 5 anos, proximidade com a mãe*

Ela está com o filho na hora da refeição ou do banho; são tantas as oportunidades de ouvi-lo e conversar com ele.

Ela vive a espera e acolhida do filho de forma privilegiada e representa para ele a segurança e o calor do amor; foi ela quem o carregou por nove meses! Ela está na melhor posição para falar com ele. Envolver o pai nas primeiras conversas, por que não? Mas desde que seja viável, e sem esperar por circunstâncias ideais que jamais chegarão. Melhor não atrasar o momento de falar.

## Que palavras dizer

Evidentemente não é fácil encontrar as palavras certas de primeira. Contar histórias, ou uma bela história, como se fala do Papai Noel, para "ficar no maravilhoso"? Partir da natureza, flores, borboletas, depois chegar aos animais, para ser mais realista? Que palavras escolher?

### *Contar fábulas?*

Contra toda expectativa, esse meio ainda é utilizado por alguns pais: para preservar seu pudor, permanecer no *maravilhoso* e preservar a inocência de seus filhos...

Os bebês seriam trazidos por cegonhas (como em *Dumbo*) ou encontrados em repolhos; seria "o pequeno Jesus, ou o(s) anjo(s) que traz(em) bebês para as mães". Considerando que *não se pode falar dessas coisas* para crianças, elas são mantidas num mundo imaginário, o dos contos e histórias aos quais elas são tão sensíveis.

O problema é que esse tipo de história é mentiroso. Confrontada com conversas licenciosas e conteúdos horrendos, a criança não estará preparada para resistir nem rejeitar esses conteúdos. Ela vai pensar que seus pais queriam esconder *algo dela, corre-se o risco de que não confie mais neles, e de que não saiba a verdade.*

Nossas próprias fragilidades não devem nos impedir de dizer a verdade aos nossos filhos. Esta é a melhor maneira de preservar-lhes a inocência. Isto aumentará a sua alegria de viver e os deixará seguros quanto à própria origem. Então, contar uma linda história? Sim, mas uma linda história verdadeira!

## *Partir da natureza?*

Desde a creche, as crianças são convidadas a conhecer, admirar e respeitar a natureza. Elas aprendem a conhecer o mundo vivo, plantas, peixes, pássaros e todo tipo de animais, desde os inevitáveis dinossauros da pré-história até os gatos, cães e *hamsters* do seu cotidiano.

O despertar para a fé revela às crianças que as maravilhas da natureza são as da Criação; elas aprendem a louvar o Criador, com São Francisco de Assis, pela nossa Irmã Lua, nosso Irmão Sol, e todos os seres criados. Esta descoberta da natureza e das leis que a regem é muito positiva, e até constitui uma preparação longínqua para a educação sexual. Naturalmente, ela coloca a criança numa cultura de vida, fazendo-a descobrir que a vida é bela e boa.

Cuidado, porém, com a forma de apresentar a reprodução animal. Se a pretensão for, por esse meio, trazer uma informação sobre o homem em *comparação*, isso traria um grande problema. Porque temos de transmitir aos nossos filhos o mistério do *amor* entre as pessoas, a história da sexualidade *humana*. E não se pode aproximar-se disso com a reprodução animal.

## *Revele o mistério do amor e da vida...*

Aqui, com efeito, duas realidades belíssimas e interligadas se encontram uma com a outra: o mistério da pessoa, ser absolutamente único e inalienável, e o do amor como encontro e comunhão de pessoas.

Não se tratará de dizer à criança que o amor é *misterioso*, porque esta palavra é sinônimo para ela do incognoscível. Mas, embora seja melhor evitar a palavra "mistério", queremos fazê-la descobrir que *esse mistério é grande*, porque o amor nos supera.

Dar educação sexual ao seu filho significa iniciá-lo aos poucos num mistério que o ultrapassa. É compartilhar com ele algo íntimo. Isto é o que torna as conversas sobre esses temas *comoventes*: compartilhamos algo que é maior que nós e cala fundo em nossos corações. É algo muito diferente de uma cumplicidade no compartilhamento de conteúdos questionáveis que não passam de segredos *feios*. É a revelação de um segredo muito *bonito*, o da vida e origem da criança. Vamos revelar a ela o amor como um bem precioso, e o corpo como um tesouro de grande valor.

## *... com naturalidade, alegria e simplicidade*

É preciso abordar este lindo segredo com o tom certo. A relação de confiança criada entre pais e filhos permite conversas simples e francas. Ter antecipado faz evitar a timidez, o constrangimento que deixa a criança desconfortável ou a levaria a suspeitar que o assunto é delicado, quase um tabu... para os pais.

## Duas linguagens possíveis: analogia e poesia

Para levar a criança ao mistério e comunicar-lhe o seu significado, há duas linguagens: a *linguagem analógica* e a *poesia*.

### A *linguagem analógica*

A linguagem analógica é *proporcional*. Este tipo de linguagem permite explicar às crianças uma realidade que ainda lhes é desconhecida, ou conhecida apenas confusamente, comparando-a a outras que elas conhecem.

Isso lembra um pouco o que fazemos quando dizemos ao menininho: "Você é como o papai", e para a menininha: "Você é como a mamãe". A comparação tranquiliza as crianças sobre sua própria identidade. Ela também as valoriza, oferecendo-lhes o modelo com o qual *se identificar* na família. Ela lhes permite projetar-se no futuro e imaginar o que serão e farão mais tarde, *como* papai ou *como* mamãe.

A analogia conserva as palavras em seu significado próprio, conduzindo a inteligência para uma realidade mais alta. Pode-se usá-la na educação sexual de crianças para revelar-lhes o corpo feito para expressar e viver o dom da pessoa — esta é a realidade mais elevada — confiando em sua experiência pessoal; da natureza, da Criação, do seu próprio corpo.

Eis um primeiro exemplo: Romain, de 4 anos, pergunta à sua mãe como o bebezinho que ela está esperando se "mudou" para a sua barriga. Ele não consegue adivinhar, ainda que imagine muitas coisas. Como dizer-lhe a verdade falando ao seu coração, como revelar-lhe o amor que rodeia o pequenino no ventre de sua mãe?

Queremos dizer a ele que o bebê está *quentinho* e em segurança (segurança física, segurança de amor), num lugar maravilhosamente *adequado*, onde tudo foi planejado para ele. Quais serão as palavras mais apropriadas e, portanto, as mais educativas, para mostrar isso à criança? As mais próximas de sua experiência.

O termo biológico "*útero*" é adequado? Muito abstrato, é não falará com a criança sobre a realidade. A etimologia da palavra é interessante (*o ventre da mãe, a matriz, ambiente onde algo coisa passa a existir*), mas não dirá nada à criança.

Alguns pais dizem: "É como se o bebê estivesse em um quartinho só dele, agradável e aconchegante". A criança então responde: "Ah! Ele tem mesa e cadeiras, como eu?".

A palavra "quarto" não é adequada, como indica a resposta. Além disso, muita coisa pode acontecer num quarto. Pode-se cair da cama, se machucar... Um quarto é grande do ponto de vista da criança. Nele não se está em perfeita segurança.

Outra resposta comum: "É como se o bebê estivesse num *ninhozinho*". Aí a criança entende melhor a analogia que existe entre a barriga da mãe e um pequeno ninho, onde os passarinhos ficam bem quentinhos. O termo é melhor, mesmo que às vezes os pássaros caiam e as meninas perguntem: "Também tem um pássaro neste ninho?".

Se a palavra "ninho" prepara a criança para compreender a nidação, ela não é a mais adequada para lhe revelar a segurança do amor.

O melhor é dizer à criança que há *como que um bercinho bem adequado* ao tamanho do bebê na barriga da mamãe. O "como" da explicação é importante. É tão verdadeiro quanto lógico, sendo o berço o local destinado aos bebês: a palavra "berço" será a mais educativa para apresentar à criança quão bem o bebê está instalado na barriga de sua mamãe... E para ajudá-la a descobrir a dimensão do amor, é preciso acrescentar de imediato que este bercinho está na barriga da mamãe, *perto do seu coração*.

Eis outro exemplo. À pergunta: "De onde vem o bebê?", como responder a verdade sobre o papel do pai e da mãe? Falando em espermatozoides e óvulo?

Vejamos a experiência da criança. Desde o jardim de infância, ela aprende a observar a maneira como a vida se desperta na natureza. Ela própria cultivou sementes na escola com sua professora. Ela já sabe que uma semente pode germinar e dar uma flor, ou uma espiga de trigo, se plantada em ambiente favorável ao seu desenvolvimento.

Ela então será capaz de compreender a analogia entre toda semente e as *sementes* da vida do pai e da mãe, que, depois de ter se encontrado, vão se tornar um bebezinho, capaz de se desenvolver neste ambiente ideal que é o seu berço, na barriga da sua mãe. Essa palavra será mais educativa do que os termos "espermatozoides" e "óvulo".

Atenção a uma nova necessidade: *fazer a criança ouvir* desde cedo as palavras que designam os órgãos genitais. Acima de tudo, trata-se de envolvê-las de beleza, dar-lhes toda a sua nobreza para, de certa forma, protegê-las: elas *não* pertencem ao vocabulário pornográfico que as suja. Não faz sentido, entretanto, insistir pesadamente; essas palavras não dizem nada às crianças, elas permanecem bastante abstratas para um pequenino. Basta tê-las ouvido no contexto certo.

## A linguagem poética

Diante de um mistério que nos ultrapassa, nossas palavras seguem pobres e impotentes. A poesia remedia essa impotência com sua carga simbólica. Sua linguagem evocativa nos aproxima do mistério da pessoa e do amor. Ela nos faz a um só tempo sentir, ver com o coração e contemplar. A poesia, como a linguagem analógica, permite-nos introduzir a criança no mistério.

É assim que Péguy descobre a pessoa da criança, símbolo de inocência e da esperança, para aqueles que ele quer aproximar desta virtude, *aquela que sempre está começando*:

> Tudo o que começa tem uma virtude que não pode ser encontrada nunca mais. Uma força, uma novidade, um frescor como o da alba.

Uma juventude, um ardor. Ímpeto. Ingenuidade. Um nascimento que nunca mais é encontrado. O primeiro dia é o mais belo dia. [...] Há no que começa uma fonte, uma raça que não retorna. Uma partida, uma infância que não se reencontra, que não se reencontra jamais. Ora, é a pequena esperança. É aquela que sempre está começando.

Este nascimento perpétuo. esta infância perpétua. Que faríamos, que seríamos, meu Deus, sem as crianças? Que nos tornaríamos? [...] Felizes crianças; feliz pai. Feliz esperança. Infância feliz. Todo o seu corpinho, sua pessoinha, seus pequenos gestos, são plenos, fluídos, transbordantes de esperança. Resplandece, transborda inocência. Que é a inocência própria da esperança.[7]

Ao conversar com nossos filhos sobre corpo, sexualidade e amor, façamo-los contemplar graças a analogia e poesia, que não são mentirosas. Ao contrário das fábulas, elas conduzem a inteligência e o coração das crianças à verdade do amor e fazem-nas saborear a sua beleza. Isso é o que o grande poeta Jérôme Lejeune fez tão bem; por exemplo, sobre *a música do coração* ouvida pela criança durante a gravidez.

É de fato uma música, a mais primitiva que há, sendo a primeira que cada ouvido humano ouviu em sua vida. [A sinfonia da vida] é sinfonia de dois corações, o da mãe, o da criança; eis a canção deste mundo de onde todos viemos.[8]

---

7    *Le Porche du mystère de la deuxième vertu* [Os portais do mistério da segunda virtude], 1960, p. 49.

8    Jérôme Lejeune, *Symphonie de la vie* [Sinfonia da vida]. Paris: Fondation Jérôme Lejeune, p. 11.

## "Bom dia, bebê!"

Tocar na barriga da mamãe para dar "bom dia!" ou "boa noite!" ao bebê permite que a admiração e ternura do coração da criança cresçam e se expressem concretamente. Por que não incentivar o carinho, caso a criança não expresse espontaneamente desejá-lo?

## E se ela não pergunta nada?

Com algumas crianças, as dúvidas surgem já aos 2 anos de idade. Com outras, entre os 4 e 6 anos... Cabe a nós, pais, nos adaptarmos. Às vezes a criança não pergunta nada: ela ainda não se fez as perguntas... Ou pode ter tido experiências sem o conhecimento dos pais (conversas, imagens, comportamento molesto de alguém do círculo próximo). Um silêncio ensurdecedor é sinal de mal-estar.

> **LEMBRE-SE DA REGRA DE OURO**
> Falar cedo demais é melhor do que tarde demais, e antes tarde do que nunca.

Podemos voltar ao assunto tantas vezes quanto for necessário.

## Uma educação precoce e progressiva

### *De coração a coração com a criança*

Os momentos de coração aberto reforçam a confiança e permitem construir laços fortes. "Se você me cativar, minha vida ficará ensolarada",[9] disse a raposa ao Pequeno Príncipe. Tomemos o tempo para cativar[10] cada criança, para o seu próprio e para o nosso bem. Isso envolve momentos gratuitos de intimidade. Através de gestos de ternura desinteressada. Com um pequeno, os passeios, os carinhos, a história que se conta antes de ir para a cama são boas ocasiões. Com os maiores, os contatos visuais, um toque apropriado, mais leve, uma escuta compreensiva, os momentos gratuitos estabelecem uma cumplicidade pois continuam transmitindo nosso amor incondicional. Nós assim poderemos abordar assuntos íntimos com a segurança e confiança do amor.

## A melhor das prevenções

Imaginemos um móvel de madeira bruta; nada o protege, e se se derrama algo sobre ele, uma mancha se forma e penetra na madeira. Se for aplicado verniz, o móvel fica protegido e brilha. Mas o verniz fica fora do móvel, e pode *rachar*... Sobre uma madeira bem encerada, ao contrário, com cera de boa qualidade, renovando-a de vez em quando, as manchas *deslizarão*: não conseguirão penetrar no coração da madeira, porque ela ficará profundamente nutrida e protegida.

A educação não é um verniz superficial e mundano. É, antes, como uma boa cera. Falar com nossos filhos cedo, então voltar ao assunto os alimenta com a verdade e a beleza do amor. É a proteção mais eficaz do

---

9    Saint-Exupéry, op. cit., p. 72.

10   "Apprivoiser" [verbo presente no original] é "acostumar", "habituar", "familiarizar", "harmonizar", mas também "tornar menos feroz, mais sábio e avisado". Cf. verbete em cnrtl.fr.

coração, da intimidade, de si. A criança desenvolve uma boa consciência de sua dignidade e de sua intimidade. Ela vê os conteúdos impróprios tal como eles são: mentiras. Ela aprende, portanto, a rejeitá-los. Como esta menininha, provocada por um menininho da sua turma de primeira série ("Eu vou fazer xixi em você, e você vai ter bebês") que foi procurar sua mãe. Depois de inicialmente tranquilizá-la ("Não é verdade, eu prometo"), ela lhe falou sobre a origem dos bebês alguns dias depois. Resposta da menininha, em tom de obviedade: "Eu entendo porque Arthur me disse aquilo! O papai dele ainda não deve ter falado com ele".

> Veja uma primeira proposta de conversa
> com a criança no caderno prático, p. 293.

II

# O QUE DIZER PARA A CRIANÇA DE 5 A 8 ANOS?

## "Você é sexuado para amar, sua intimidade é linda, inviolável"

*O corpo, que expressa a feminilidade "para"
a masculinidade e vice-versa, manifesta a reciprocidade
e a comunhão de pessoas. Exprime-a por meio do dom
como característica fundamental da existência pessoal.
Tal é o corpo: uma testemunha da Criação como dom
fundamental, portanto testemunha do Amor
como fonte onde esse dom se originou.*
— João Paulo II, TDC, 14–4

## QUADRO CONGELADO

Uma quarta-feira qualquer. Arthur e Ludovic, dois primos de 8 anos, tão inseparáveis quanto travessos, são convidados para almoçar na casa da tia. As vantagens são a horta, as batatas fritas e a torta de maçã. As desvantagens são consideráveis: essa tia *só tem* meninas, e "meninas são tão chatas", claro! Depois da torta de maçã, eles esperam escapar e usar o equipamento de sobrevivência que não esqueceram de trazer: arco e flecha, nunca se sabe, e sobretudo canivetes! O objetivo deles é construir uma cabana na árvore, num pinheiro, para observar, do alto deste forte inexpugnável, o grupo de primos mais novos que circulam ao nível das margaridas...

Mas o almoço se prolonga, e não é assim tão tedioso. Os meninos estão cheios de gracinhas, contam piadas, se gabam. De certa forma perfeitamente inconsciente, mas eficaz, eles fazem poses feito pavões na frente dessas primas que, na verdade, não são assim tão chatas. Cheias de entusiasmo e admiração, elas dão gargalhadas bastante incomuns. As duas mães deste grupo feliz, a princípio embasbacadas, riem baixinho. O que está acontecendo?

Quinta-feira à noite, hora do banho. Aurélie, charmosa loirinha de 6 anos, pergunta à mãe, suspirando: "Mamãe, você pode me arranjar um marido?".

Sábado à tarde, antes do lanche de aniversário. Charlotte e Noémie, de 7 anos, se arrumam e penteiam os cabelos. Sessão interminável! Noémie não é a última, ela que, no entanto, proclama a quem quiser ouvir que não vai se casar. Curiosa sobre tudo, ela recentemente pediu à mãe para "falar-lhe sobre bebês".

Seu irmão um ano mais velho, Pierre, não faz perguntas sobre tais assuntos. Ele se mantém à distância. Mas suas irmãs acham exagerado que ele puxe o maiô das meninas quando supostamente está brincando de golfinho na piscina. Por que ele faz isso, então?

## Retrato psicológico

Após os 5 anos, a criança saiu da crise de personalidade dos 3 anos em que o *eu* queria afirmar-se através do "eu sozinho", dos "nãos" e da raiva. Então se abre um período de maior estabilidade; ele durará até a puberdade ou pré-puberdade. É o que chamamos de "grande infância".

Durante este período, a criança cresce regularmente, tem mais força muscular e destreza física. Aos 5 ou 6 anos, ela ainda vive num mundo imaginário, a ponto de confundir sonho e realidade, e fantasiar. Isso passa, se a trouxermos de volta à realidade, sem acusá-la de mentir; ela não está querendo esconder a verdade, mas imagina um mundo paralelo... Sua inteligência se desenvolve e ela é capaz de se concentrar mais. Mas ela permanecerá imaginativa ao longo deste período. Sua paixão por grandes jogos e leitura, se ela tiver adquirido gosto por ela na escolinha, demonstra isso.

### A criança imita

Essa intensa vida imaginativa leva a criança a brincar com o que vê. Por ser muito observadora, ela imita, desde a primeira infância. Seus pais, seu irmão mais velho ou sua irmã mais velha são para ela modelos por excelência.

> É por valorizar tanto o amor deles que a criança é tão rápida em imitar pais em todas suas ações. Em verdade, ela faz mais do que copiá-los, porque essa imitação é bem mais profunda que a mímica exterior de um macaco. Pode-se dizer que ela se impregna verdadeiramente da imagem de seus pais, não só dos seus gestos, mas também progressivamente das suas atitudes e do seu código moral. Os psicólogos chamam isso de processo de identificação.[1]

A imitação favorece o amadurecimento da criança. Daí a responsabilidade... dos modelos, que educarão a criança tanto pelo exemplo como pelas palavras. Isso indica, também, a importância de discernir o valor de determinados herois dados como um exemplo. O menino sonha com herois, a menina, com heroínas... Mas às vezes os herois são *péssimos*, e não podem ser distanciados nem com um afastamento humorístico (pensamos aqui, irresistivelmente, no Cabo Blutch dos *Túnicas azuis*, que é engraçado). A identificação a longo prazo traz problemas.[2] Ajudemos nossos filhos a escolher suas leituras, conversemos sobre isso com eles!

---

1 Leo Trese, *Aimez-vous vraiment vos enfants* [Você ama seus filhos de verdade?]. Paris: Éditions Du Laurier, nº 67, p. 16.

2 Essa questão é levantada por inúmeros livros da literatura infantil contemporânea que erigem o modelo do anti-herói, e são, no mais das vezes, mal escritos (por exemplo, os "Cherub"). Para escolher bem, há ideias em chouetteunlivre. fr ou em *Lire c'est élire, Guide de lecture pour les enfants de 7 à 17 ans* [Ler é escolher: Guia de leitura para crianças de 7 a 17 anos]. Éditions Salvator, 2016; ou em *Une bibliothèque idéale* [Uma biblioteca ideal]. Critérion, 2018.

## A idade da razão

Aos poucos a criança amadurece e atinge a idade da razão. Se ela mantiver o senso do maravilhoso, ela espera respostas mais lógicas e satisfatórias para sua inteligência às suas perguntas. Ela se torna capaz de dar um passo atrás em relação ao que imagina. Está localizada melhor no tempo e no espaço. A história começa a empolgá-la.

No âmbito afetivo, este período é bastante estável. A criança aceita os pedidos que entende e confia espontaneamente nos pais amorosos. Este é o chamado "período de latência", caracterizado segundo a psicanálise como um tempo de parada no desenvolvimento da criança. Isto explica a sua aparente estabilidade.

## Para poder amar, é preciso aprender a conviver com as frustrações

### Egocêntrico...

Uma tendência natural da criança é o *egocentrismo*. A criança pequena facilmente traz tudo para si e não é espontaneamente altruísta. Se ela tem senso de justiça, manifesta-o especialmente quando seus próprios direitos lhe parecem ter sido lesados!

Essa tendência pode, se não se tomar cuidado, se desenvolver e fortalecer através de vários hábitos que tornarão a convivência com os outros mais difícil, que tornarão ela própria mais difícil: servir-se primeiro, interromper a palavra dos outros para se impor, só falar de si, escolher o melhor lugar ou o melhor pedaço, se mexer só para organizar seu conforto, desaparecer à hora de limpar a mesa, brincar ou cuidar das coisas sozinha, *de propósito*, para ter tranquilidade.

## *Intolerância a frustrações? Atenção: perigo!*

A intolerância a frustrações pode ser explicada por uma educação baseada no princípio do prazer, que não permite à criança superar o egocentrismo. Essa educação muitas vezes falha em direcionar a criança para os outros, em ensiná-la a praticar concretamente a generosidade. Ela faz reizinhos, narcisistas ("Eu primeiro") e, portanto, tiranos ("Tudo para mim"), muitas vezes dotados de uma consciência distorcida: são inclinados a buscar acima de tudo o seu bem-estar, pensando nele fazer suas escolhas, visando não o bem nem a felicidade — a serem alcançados através do amor —, mas o *evitar tensões psíquicas* e, portanto, os constrangimentos que as causam. O despertar da adolescência, a saída de casa dos adolescentes assim "educados" será mais difícil. A imaturidade psíquica não impede necessariamente que alguém seja brilhante nos estudos. Mas ela faz perder o verdadeiro sucesso pessoal, afetivo, espiritual da pessoa que não consegue se comprometer e prefere viver na superfície de si mesma, daquilo que lhe dá prazer, e numa indeterminação diante das possibilidades que confunde com liberdade. A consciência distorcida é muitas vezes a de manipuladores prontos para fazer qualquer coisa por narcisismo...

> O complexo de Édipo nasceu num contexto de grande frustração, até mesmo de autoritarismo onde a criança, negada em sua singularidade, era

privada da fala e dominada por um *paterfamilias* todo-poderoso. A psicanálise, que coloca a responsabilidade pessoal no inconsciente, nunca deixou de lançar um olhar de suspeita assim que se menciona autoridade, verticalidade ou hierarquia. [...] Falar permitirá à criança colocar palavras sobre uma sensação, mas é insuficiente e a palavra deve ser seguida de ações... Em vez de explicar a um pré-diabético guloso "que ele deve ter tido um problema com a oralidade em sua primeira infância", seria melhor dizer para ele comer feijão verdes. Pode-se dizer a um irmão mais velho para não desprezar sua irmã caçula dizendo-lhe: "Eu entendo que tua irmã te incomoda", mas em algum momento é preciso perguntar a ele o que ele planeja fazer para melhorar as coisas. E se ele não pretende fazer nada, cabe ao adulto forçá-lo a ter uma atitude mais fraterna. [...] Adolescentes em crise muitas vezes fincam os pés no princípio do prazer do qual ninguém tentou desalojá-los. Estes são os mesmos que não estavam acostumados a ficar frustrados.[3]

Aprender a aceitar as frustrações ajuda a encontrar seu lugar correto entre os outros, a viver segundo o princípio da realidade. As regras de polidez são um bom ponto de partida. "Eu não sou onipotente, eu não sou o centro do mundo, os outros estão aí e posso fazê-los felizes, dar e receber deles"... Aprender a aceitar e superar frustrações é uma etapa do amadurecimento da criança necessária para o seu equilíbrio e sua felicidade.

---

3   Segundo Didier Pleux, psicólogo, em entrevista publicada em *Famille chrétienne* (FC*)* [Família cristã], nº 2019, pp. 43–44; ver também seu livro *Le complexe de Thétis. Se faire plaisir, apprendre à vivre* [O complexo de Tétis: agradar a si, aprender a viver]. Paris: Éditions Odile Jacob, 2017.

Não esperemos a criança chegar à idade da razão para começar a lhe resistir! O aprendizado com as frustrações começa desde muito cedo, ao lidar com os caprichos. E isso à medida que as crianças se tornam cada vez mais precoces: gravidez muito agitada para a mãe, ritmo de vida trepidante, telas de todos os tipos causando uma hiperestimulação sensível no cotidiano... Respeitar um ritmo regular de vida para as refeições (desde a amamentação), cuidados com o corpo e atividades ensinam desde pequenina a criança a conviver e aceitar a frustração ao mesmo tempo que fornecem guias e segurança (conforme quadro da p. 126).

## Capaz de generosidade

A mesma criança egocêntrica também é capaz de grande generosidade e de entusiasmos de coração. Ela vê quem ao seu redor sofre, quem é vítima de injustiça; ela muitas vezes sabe como dar largamente, sem cálculo. Como esta menina de 7 anos, que escolheu dar sua mais linda boneca de Natal para a filha de um preso... Apelar ao coração da criança, desenvolver a sua generosidade (fazendo-lhe saborear a alegria de dar), permite combater o egocentrismo de forma positiva.[4]

---

4   Um conto revela com grande fineza psicológica e verdade espiritual as etapas do combate interior que permitem superar o egoísmo e levar ao caminho da felicidade. Ele diz bem no título: *De l'empire du Moi-d'abord au royaume du Don-de-soi* [Do império do eu-primeiro ao reino do dom-de-si] (Myrsine Viggopoulou. Éditions Monte-Cristo, 2021). Para os pequenos e os crescidos...

# Compreender a experiência do corpo da criança de 5 a 8 anos

Nesta idade, a menininha começa a observar comportamentos de sua mãe em relação ao seu marido, filhos e outros. O menininho observa o comportamento do pai em relação a sua esposa, filhos e amigos. Mas a criança observa também o comportamento do pai do outro sexo, como o dos diretores de escolas, professores e professoras, pais de amigos etc. Suas observações ajudam-na a tomar consciência de seu próprio corpo sexuado.

## *Internalizar a diferença sexual*

Os pais podem trocar os papéis habituais; mas não trocam as identidades, nem as psicologias, nem as maneiras de fazer as coisas. A maneira de fazer e ser do pai permanece muito diferente do modo de ser e fazer da mãe. Aos poucos *a criança internaliza tanto essa diferença entre os sexos como a sua complementaridade*, uma referindo-se à outra. A menina, que se percebe menina, se identificará com sua mãe. O menino, que se percebe menino, se identificará com seu pai. Cada criança encontra em seus pais as referências de que precisa para aprender a situar-se na vida de acordo com a realidade do seu sexo: *de acordo com o que ela é.*

> A identidade é alcançada através de um modo de internalização de modelos. A base da saúde psicológica é poder internalizar modelos complementares, porque é verdade que o menininho ou menininha

internalizam modelos masculinos e modelos femininos. É esta internalização que lhes permite integrar a diferença entre os sexos e estar de acordo com suas realidades de menino ou menina.[5]

Este é o importantíssimo período de identificação com seu sexo, como testemunham as pequenas cenas relatadas acima. Ele permite à criança aceitar e viver bem pertencendo ao seu sexo.

## Uma experiência da sexualidade?

O comportamento da criança parece indicar uma certa experiência da sexualidade.

Não é raro que a menininha nesta idade fique "excitada" pela presença do menino, ou que ela já esteja vivenciando um atração por este ou aquele garotinho que ela conhece, em quem ela pensa e com quem ela sonha. O comportamento do menino também evolui assim. Se ele pode ficar irritado, até mesmo exasperado com as falhas das garotas, com suas fofocas e atrevimentos, ele procura brilhar diante daquelas que ele estima. Ele mostra uma curiosidade natural pelo corpo da menina, principalmente se ele tiver uma sensibilidade aguçada; uma curiosidade, talvez inquieta ou perturbada, por causa do que ouviu ou viu. De qualquer forma, ele percebeu claramente a diferença entre sexos.

Mas, antes da puberdade, seu corpo não está suficientemente desenvolvido para possibilitar o exercício

---

5    Jean-François Bonneville, *De quoi a-t-il pour se construire?* [O que é preciso para se construir?]. Cf. "La famille s'éparpille" [A família se dispersa], dossiê publicado pela A.P.P.F em setembro de 1998, p. 10.

da sexualidade. É preciso distinguir o "ser sexuado" da "vida sexual". Ser sexuado permeia *toda* a pessoa. É por isso que a menininha pode sentir-se atraída por um menininho: ela percebe sua masculinidade e já experimenta, na sua afetividade, um apelo à complementaridade. É por isso que o menino busca brilhar diante da menininha que o atrai por sua feminilidade, ainda que ele o negue. Sua curiosidade pelo corpo da menininha pode ser desagradável; esse corpo diferente o intriga e ele quer *verificar as diferenças*.

O pudor se desenvolve nas crianças. Seu desenvolvimento é indicado na porta do seu quarto que se deve bater antes de entrar e no pedido para tomar banho sozinha — não há mais razão de ficar junto aos pequenos (mesmo que ela ainda perambule nua para buscar o pijama esquecido no quarto...). Seu pudor indica a nova consciência que ela tem de seu corpo e de sua intimidade e o surgimento de *novas questões* na sua cabeça.

## Uma experiência de masculinidade-feminilidade

Esta nova consciência do seu corpo sexuado não indica que as crianças experimentaram a sexualidade. Ela antes indica a descoberta, a um só tempo simples e fundamental, da masculinidade e da feminilidade.

Ela agora conhece as diferenças (corporais, psicológicas, sociais) que distinguem o masculino do feminino, mas isso não a faz adivinhar a relação conjugal nem o papel de cada um dos pais na procriação.

*Como* o bebê "entrou" na barriga da mamãe? A questão surge com mais insistência. No entanto, sua experiência *subjetiva* do corpo permanece *insuficiente*, antes das mudanças da puberdade, para que ela entenda uma explicação precisa e detalhada do ato sexual. A resposta que se pode dar aos pequenos ("Papai e mamãe se amam, querem demonstrar isso com todo o corpo e dar vida a um bebezinho que será filho dos dois") é, hoje, insuficiente para evitar o choque de informações mal dadas ou agressões diversas.

---

### O TERAPEUTA, UMA ESCOLHA IMPORTANTE

É importante escolher cuidadosamente o terapeuta quando se precisa de ajuda psicológica, assim para uma criança como para si; ele manterá seu paciente em seu narcisismo, revisitando seu passado com chaves de leitura vitimizadoras, e desenvolver uma consciência *distorcida*, confundindo "bem" e "bem-estar"? Tudo o que é percebido como restritivo pelo paciente (suas escolhas, seus compromissos anteriores etc.) é então apresentado pelo terapeuta como pertencente à "prisão". O paciente é chamado a se libertar, a "sair da prisão". Mas nós somos feitos para o amor, não para o bem-estar. O bom terapeuta coloca seu paciente de volta no trilho do amor ajudando-o a unificar-se gradualmente, a curar-se do que o impede de amar, a enfrentar melhor as dificuldades da vida, não a evitá-las a todo custo. Ele vai *recorrer à sua liberdade*, capaz de escolher viver e se abrir aos outros. Para *ser plenamente realizada*, a pessoa humana precisa superar o narcisismo infantil, como o vitimismo, e amadurecer. "Como amar melhor aqueles que contam comigo?", "como fazer a felicidade do marido (ou esposa) que me deu sua confiança, e a quem prometi amar e cuidar e ser fiel por todas nossas vidas?", "como me doar (e também aprender a descansar, a recarregar minhas baterias físicas e espirituais) para que ao meu redor haja mais alegria, e para que encontre minha própria alegria no amor dado e recebido?".

Trata-se de revelar o papel do pai e da mãe na procriação. Falando de forma precisa e simples para que ela entenda, apesar de sua inexperiência. Encontrando as imagens que traduzirão a força de um desejo que ela ainda não sente. Vinculando a dimensão do corpo à do coração, já que se fala a ela sobre sexualidade e amor *humanos*. É se preparando para voltar ao assunto quando for necessário!

## Pai, mãe, cada um tem seu papel

Muitas vezes é a mãe quem conta assim à menininha como ao garotinho de onde vêm os bebês. Mas cada um dos pais tem o seu papel a desempenhar. A mãe estará atenta às reações da filha. Suas atitudes serão decisivas para ajudá-la a aceitar sua feminilidade. Ser menina é ser uma futura mulher, *como* sua mãe.

Muitas vezes, é ela quem percebe a evolução do filho. Mas ainda que ela possa lhe falar, é do pai que o menino precisa. Ser menino é ser um futuro homem, *como* seu pai. O filho precisa tanto do exemplo como das palavras do pai para aprender com ele o que é ser um homem. Também para aprender o respeito pelo corpo que passa pelo domínio da linguagem, uma das dificuldades desta idade; porque falar grosserias fere o coração tanto de quem fala quanto de quem escuta, e distorce a consciência do amor.

Da mesma forma, a mãe é chamada a fazer mais especificamente a educação afetiva da filha, e o pai a do filho.[6] Pode ser preciso coragem para abordar assuntos que tocam em emoções profundas, em vulnerabilidades. Mas vale a pena e não é tão difícil.

O olhar benevolente do pai para a filha, a forma como ele se comporta como um homem na frente dela, o olhar da mãe para o filho, a imagem que ela lhe dá de sua feminilidade: ambas são necessárias para a criança.

## Que palavras dizer

Para fugir do infantilismo das fábulas ou por hábito familiar, às vezes escolhe-se abordar o assunto de maneira grosseira. Imagina-se assim que assim as coisas serão desmistificadas e se poderá iniciar um verdadeiro diálogo educativo.

### Grosseria ou humor?

A palavra "grosseiro" significa "incivilizado", "de material rude" — pode-se falar de um "tecido grosseiro" — ou ainda "vulgar". "Grosseria" é a *falta de delicadeza*, a palavra que *não convém*. Ela carrega a ideia de um desajuste.

---

6　Sejamos flexíveis; em certas famílias, é o pai que sabe abordar esses temas com as filhas, não a mãe. Esta tem um papel essencial para desempenhar na educação do coração de cada um dos seus filhos.

A preocupação com o realismo é positiva. Mas se falar-se de uma realidade que é bela de forma *feia*, com uma palavra que *não é conveniente*, como se fará ver a beleza e a bondade? A verdade exige uma linguagem *adaptada*, que *valorize* a sexualidade humana conectando-a ao amor.

A grosseria (e ainda mais a obscenidade) deveria ser banida, porque ela é depreciativa. Ela *não é conveniente* porque leva à *desvalorização da sexualidade*, a vivê-la de forma pobre, agressiva, brutal e, portanto, decepcionante. Ela fere a sensibilidade das crianças ao degradar o amor de onde elas se originam. Lança uma suspeita no coração e na ternura. Pela mesma razão, os *apelidos* com os quais disfarçamos os órgãos genitais não são a melhor opção para fornecer educação sexual à criança. Sem serem grosseiros, eles *zombam* das realidades que nomeiam e as desvalorizam.

É sobretudo o humor que pode nos ajudar a superar o constrangimento, colocando-nos como que à distância daquilo que toca na alma e em nossa própria vulnerabilidade.

## Comparar sexualidade animal e sexualidade humana?

*O instinto animal*: o instinto é um impulso irracional que não está sujeito à razão. Ele designa, no animal, um comportamento determinado por leis programadas para cada espécie. O animal, portanto, não é livre para escolher este ou aquele tipo de comportamento. O natural para macho e fêmea, quando chegar o período devido, é acasalar, e o instinto desencadeia automaticamente o comportamento sexual, assim como automaticamente o regula e controla. Há um período certo para o acasalamento.

*O desejo humano*: para o ser humano, não existe período para o amor. O homem tem a capacidade de gerar que lhe permite garantir a continuidade da espécie. Contudo, ele não está determinado a fazê-lo por um instinto sexual, como o animal.

As evidências mostram-no: homem e mulher não se unem apenas durante o período *fértil*. Esta possibilidade também existe no período *infértil*. Por que isso?

Sabemos bem: há uma diferença específica entre homem e animal. A linguagem também reflete isso: no mundo animal, o macho e a fêmea *acasalam* para se *reproduzir*; a fêmea fica *prenha*. No mundo das pessoas humanas, o homem e a mulher que se escolheram e que se amam *unem-se*. Eles podem *engendrar* ou *procriar*. A mulher espera um filho que ela *dará à luz* — bela expressão que indica que gerar, na espécie humana, é trazer ao mundo, ao mundo das pessoas e sobre a Terra, uma nova pessoinha a quem se deve amar; é dar vida a um novo ser com quem os pais terão uma relação. E só pode haver relações entre pessoas.

A possibilidade de união fora do período fértil indica que a procriação não é a única finalidade da relação sexual entre homem e mulher. Esta relação é também essencial para a felicidade e comunhão das pessoas que a expressam e reforçam. A união dos cônjuges tem por fim a comunhão de pessoas e não somente a continuação da espécie.

Diferindo-se dos animais, o homem é uma pessoa. O desejo que empurra homem e mulher um para o outro não é apenas o chamado da natureza à reprodução nem o desejo de gozo. É uma atração pela pessoa do outro, por *esta* pessoa: o homem e a mulher também podem olhar um para o outro quando se amam. Este não é o caso dos animais, que não têm nada a se dizer. O amor entre homem e mulher é uma relação de dom recíproco.

O comportamento animal não pode ser dado como modelo à criança: ele não pode ajudá-la a adquirir maturidade humana. O ser humano não é determinado pelo instinto, e deixar a criança acreditar nisso equivaleria a oferecer-lhe uma vida *subumana*. A brutalidade e a rapidez do acasalamento dos animais têm algo de *inquietante* para as crianças.

O que é natural para homem e mulher é o que se adapta à sua natureza *humana*, isto é, à sua humanidade. Não é de ordem instintiva, mas da ordem da liberdade, da escolha, do dom e do amor.

## *O peso das palavras, o choque das fotos?*

Saída da escola. Jérémie, 7 anos, vendo um casal se abraçando na parada de ônibus, exclama: "Olha só, eles estão fazendo amor".

Uma criança desta idade parece conhecer o peso das palavras. Mas para ela "fazer amor" muitas vezes significa se aproximar e se abraçar. É hora de esclarecer as coisas para ela!

Poderia se pensar que a solução seria recorrer a uma linguagem biológica. Chamar as coisas pelos seus nomes, usando termos *científicos*, fornecer *diagramas* precisos de órgãos sexuais masculinos e femininos, parece objetivo e, por isso mesmo, tranquilizador.

## Linguagem biológica, qual seu impacto educacional?

A experiência da criança com o corpo é logicamente a da sua idade. Os termos "espermatozoides", "óvulo", "útero", "trompas de falópio", "ejaculação" etc. não lhe dizem nada e seguem abstratos. É como se se conversasse com a criança sobre algo que não lhe diz respeito. Esta abordagem abstrata não corresponde à sua experiência concreta do corpo.

Além disso, a criança sente o corpo... como *seu* corpo. A aparente neutralidade de uma linguagem médica, a frieza dos termos científicos e diagramas técnicos sobre o papel frio deixam-na desconfortável. É como se ela estivesse despojada do seu corpo. A criança não vivencia seu próprio corpo como um *objeto de estudo*, como algo externo a si.

A linguagem biológica tem escopo educacional *limitado* porque não é suficiente para transmitir a sensação de beleza e intimidade do corpo nem a do mistério do amor e do dom à criança de 5 a 8 anos. É por isso que não se pode se ater somente à biologia da "reprodução", ignorando a dimensão do coração e do amor que une as pessoas e que é a fonte da vida. No mundo das pessoas humanas, a sexualidade é inseparável do amor; é por isso que o assunto é de ordem ética, personalista e espiritual, não técnica, médica e profilática. Ficar apenas no nível biológico seria como contar uma mentira à criança.

Último ponto: o *conhecimento* dos mecanismos do aparelho genital masculino e feminino não nos diz como ou por que vamos usá-lo. O conhecimento das funções do fígado não basta para "beber com moderação" nem para evitar a indigestão ou a ressaca! Lembrar-se disso mais tarde, quando do anúncio da puberdade, permitirá ir além da simples abordagem biológica.

Essa abordagem será útil para indicar o significado correto das funções do corpo, sempre em proporção às capacidades da criança. Cabe a nós dominá-la, usá-la com sabedoria e mostrar à criança que o corpo em sua masculinidade-feminilidade é maravilhosamente projetado para o amor. Existe uma biologia da geração: no corpo da mulher, uma parte muito específica deste corpo, a *vagina*, está reservado ao amor e à vida — esta é a *sua função* e não há outra. Usar este termo técnico à hora justa, no entanto, a protege antecipadamente de qualquer "pornografização" e recorda a dupla finalidade da sexualidade: não é qualquer orifício do corpo que é feito para ser penetrado, e conhecer a função de cada membro do corpo faz com que isso seja compreendido.

## Revelando o segredo do amor, linguagem corporal

Como revelar tal segredo à criança? Buscando sustentação em sua psicologia e em sua experiência do corpo e da vida.

A admiração pela natureza e pela vida é grande nesta idade. A imaginação é viva, o gosto pelo maravilhoso é acentuado. Os pais poderão contar com essas habilidades de seus filhos. Isso é típico espírito escoteiro. Ela associa o senso de natureza e gosto pelo maravilhoso, alegria de viver e abertura para outros, através do espírito de serviço, oferecendo às crianças modelos que imitar.

À hora de *conversar* com seu filho, os pais poderão usar palavras poéticas e dar-lhe imagens simbólicas. A linguagem analógica ainda tem o seu lugar. Aqui vão dois exemplos:

## A imagem da semente da vida

Ela segue com valor pedagógico, especialmente se não se esquece de que a mamãe também tem uma. E se a criança perguntar como "o pai dá sua semente para a mãe"? Digamos a verdade com palavras que ela possa entender. Isto permitirá que se evite imagens falsas, hipóteses super-elaboradas pela criança que não sabe: "As sementes fazem todo um caminho embaixo dos lençóis antes de se encontrar"; "a semente da vida do papai entra na barriga da mamãe pelo umbigo".

Contudo, a sua experiência do corpo ainda é limitada; há o risco de ela simplesmente *esquecer* a explicação. Cabe a nós pais voltarmos ao assunto e completá-lo gradativamente. Mas é essencial que uma primeira explicação tenha sido dada, com palavras *simples* e *verdadeiras*, de coração a coração com um dos pais.

## A imagem da linguagem

Os gestos corporais são como uma linguagem, a linguagem do corpo, que complementa e substitui a linguagem das palavras quando elas não são mais suficientes para expressar o amor. Esses gestos dizem o amor que transborda dos corações dos amantes em todo o seu ser, em seu corpo. A sexualidade liga a vida ao amor, e isso nos ultrapassa.

As primeiras explicações, longe de serem definitivas, serão repetidas pelos pais, que gradualmente introduzirão os termos precisos que correspondam às realidades de que falam. Mas lembremo-nos: antes começar muito cedo do que muito tarde. Isto devido às pressões que são exercidas hoje sobre a criança.

## E se falta um dos pais?

A tendência hoje é reconhecer essa situação banalizando-a. Muitos livros infantis o testemunham, inclusive os livros escolares: apresenta-se à criança uma "família" incompleta ou então se elimina por completo qualquer referência familiar. A imagem da família constituída por pai, mãe e filhos é borrada. Porém é de um pai e de uma mãe que se origina a criança, e ela tem o direito de saber essa verdade. Os termos "Genitor 1" e "Genitor 2", em sua platitude, também não a expressam. A sua aparente neutralidade apaga a alteridade que, no entanto, é fundadora (sem ela não há filiação) e introduz, além de uma mentira, uma desigualdade: quem é o "1", quem é o "2"?

### Conhecer a imagem completa da família

A intenção é *situar a criança num universo que se assemelha ao seu*, talvez também estabelecer a ideia de que existem tantas vidas familiares quanto projetos individuais.

Mas toda criança precisa internalizar a imagem de uma família completa, composta de um papai, de uma mamãe e dos filhinhos nascidos de seu amor.

Primeiramente, para internalizar uma imagem que lhe fale das suas origens e a tranquilize sobre sua filiação. Depois, para que ela saiba que seus pais se amaram e que ela nasceu desse amor. De que outra forma ela poderia amar a vida e *amar a si mesma*?

## A criança nasce do amor

Pode ser difícil dizer à criança que ela nasceu do amor de seus pais. Às vezes isso não é verdade e a criança o sabe. No caso particular da criança adotada, pode-se dizer-lhe que seus pais naturais lhe deram vida, mas *não puderam, sem dúvida alguma*, assumi-la. Eles não a abandonaram, mas a confiaram à adoção. Quanto aos pais adotivos, eles a esperaram em seu coração por muito mais de nove meses. É o momento de revelar à criança que ela foi desejada e amada por Deus, seu criador, e que ela é preciosa aos seus olhos.

> Antes mesmo de te formar no ventre materno, eu te conheci; antes que saísses do seio, eu te consagrei. Eu te constituí profeta para as nações.[7]

Conhecer a imagem da família humana completa permite à criança se projetar no futuro. De que outra forma fazer isso senão sonhando, se tudo parece mostrar que se trata de um *ideal* impossível?

---

7    Jr 1, 5.

### CASOS ESPECIAIS

Que dizer à criança nascida de um estupro? Ele não foi um ato de amor. Mas hoje tornou-se fácil livrar-se de um filho indesejado: o simples fato de nascer já é, em tais casos, é sinal de que a criança foi amada por quem a carregou; e Deus tem um plano de amor para essa criança, mesmo que ele não quisesse que ela fosse concebida de forma violenta. Este é o depoimento da Miss Pensilvânia: "Saber que nasci de um estupro não me impediu de crescer" (cf. aleteia.org/2014/06/16/nee-dun-viol-elle-est-aujourdhui-miss-pennsylvanie). No mesmo tom, há o testemunho do Padre Léon; ele se deu conta de que "Deus permitiu que ele se tornasse sacerdote não para julgar, mas para perdoar" (cf. aleteia.org/2014/03/11/pretre-ne-dun-viol-il-pardonne-a-sonpere-et-le-confese).

Quanto ao filho de uma reprodução medicamente assistida, ele recebeu a alma humana de Deus, como toda criança. Ele é tão amado por Deus quanto os chamados embriões "supranumerários" suprimidos ou congelados. (Isso não pode ser dito a ele, mas pode fazer com que nós, adultos, reflitemos: cada criança não é um dom, como pessoa absolutamente singular, imagem de Deus única e insubstituível, impossível de repetir?). Será particularmente importante enraizá-la no amor: crianças concebidas por reprodução medicamente assistida têm o início de suas vidas na neve, no gelo, num frio polar, *como se lhes faltasse a experiência primeira do amor original e do seu calor.* A criança de uma reprodução medicamente assistida era desejada por seus pais e querida por Deus, mas Deus não quis

> que ela fosse concebida em tal *frio*, nem que se sacrificasse todos os seus irmãozinhos e irmãzinhas.

## Na ausência do pai

Se o pai morre, a dor é grande, mas o amor do pai ainda está vivo no coração da mãe e dos filhos: o amor não foi traído.

Este é o testemunho de Émilie, que criou sozinha três filhos após a morte do marido. Ela sempre soube falar dele de modo simples e o fez *existir* no coração de seus filhos, que puderam assim continuar a identificar-se com este pai amoroso. Ela também pôde contar com um tio que, pela proximidade com os sobrinhos, ajudou a dar-lhes uma forte imagem masculina, a um só tempo paternal e benevolente.

Mas que fazer quando o pai foi embora?

## Assumir todos os papéis?

No que diz respeito às crianças sob seus cuidados, e além disso, no seu papel como mulher com vida profissional, as mulheres divorciadas, separadas, solteiras ou em parentalidade socioafetiva, só podem exercer a função de mãe e mamãe.

É uma tentação frequente que elas sofrem e pela qual às vezes se deixam levar, querendo acreditar que conseguirão ou que devem ser capazes de substituir o pai em sua ausência de pai e paizão. Uma tentação que é fonte de múltiplos mal-entendidos e que acarreta muitos riscos para o desenvolvimento das crianças. Elas assumem a responsabilidade de preencher as lacunas desta necessidade real da criança por um pai e um paizão... É importante que elas saibam deixar ao ex-companheiro o seu espaço, ainda que simbólico.[8]

O menino não consegue *se identificar* com uma mulher, ainda que ela seja forte e combativa, para se tornar um homem. A menina não consegue *se identificar* com um homem, ainda que ele seja terno e compreensivo, para se tornar mulher. O risco também é o da rejeição de uma mãe que se tornou *abusiva* ou *restritiva*, ou de um pai tão amigável que *cede* aos caprichos da criança.

Denegrir o ausente, forçar a criança a escolher é, para ela, uma situação terrível. Para o seu bem, antes sublinhemos as qualidades de quem partiu, ele necessariamente as possui, sem, no entanto, justificar seu comportamento. A criança deve saber que pode imitar um pai falho (por uma razão ou outra) em todas as suas qualidades, mas não em seus defeitos.

Para que a criança cresça nas melhores condições, apesar da dor do divórcio, cada pai desempenhará seu próprio papel complementarmente. Se ele não o cumpre, há de se buscar uma outra figura do mesmo sexo da criança, como no caso da morte do pai.

## Cumprir seu devido papel

O papel devido a cada um: ser mãe e mamãe, para a mãe, ser pai e papai, para o pai. "Associo as funções mamãe, papai, à capacidade de dar e receber, e as funções pai e mãe à capacidade de ordenar e recusar".[9]

---

8    Jacques Salomé, *Dis Papa, l'amour, c'est quoi?* [Me diz, papai, o que é o amor?] Albin Michel, 1999, p. 97.

9    Ibid.

No entanto, muitas vezes acontece isto:

> Uma mulher tem dificuldade em ser mamãe se ela se sente obrigada a se comportar como uma *super-mãe* por causa da falta do pai! Já o ex-cônjuge, "despojado" de seu filho (em sua própria experiência), vendo-o apenas dois fins de semana por mês, apresenta-se a ele como um *super-pai*, recusando-se a assumir a função mais repressiva e restritiva de pai, a pretexto de que o tempo que passam juntos seria desperdiçado com exigências, diretrizes ou comportamentos frustrantes.[10]

Ele é o pai-coruja apresentado em *Três homens e um bebê...* Um pai que ora é progenitor, ora companheiro ou camarada da criança, mas nunca um "pai". A paternidade, no entanto, não se resume à repressão. Ela é uma questão de amor:

> É o pai quem ajuda o filho a se superar, a sair do casulo materno onde busca segurança, é ele que dá autoconfiança e coragem para enfrentar obstáculos e entrar no mundo adulto. Se ele falha em sua missão, seja por deixar a criança sob superproteção da mãe, seja esperando dela mais do que ela pode dar e colocando-a constantemente diante de sua incapacidade, seu filho terá dificuldade em se tornar homem, e sua filha continuará sendo a "menininha" obediente ou rebelde, mas não se tornará mulher.[11]

A filha precisa se identificar com uma mãe que seja mulher, esposa, mãe e mamãe; o menino, a um homem que seja homem, marido, pai e papai.

---

10    Ibid.

11    Jo Croissant, *La femme, ou le sacerdoce du coeur* [A mulher, ou o sacerdócio do coração]. EdB, 1992, p. 59.

## *E em caso de divórcio?*

Em caso de falecimento do pai ou da mãe, aquele que permanece pode mostrar à criança que ainda vive uma aliança fiel. Em caso de separação, o sofrimento e o ressentimento do coração tornam isso muito difícil e até mesmo, humanamente, quase impossível. Mas se quem foi abandonado vive o processo de perdão dado, ou pelo menos desejado, ajudar os filhos a entrar neste perdão, ele removerá todo o ódio do seu coração. Eis o testemunho de uma mulher que perdoou a amante de seu marido:

### TESTEMUNHO

"Trata-se desta pessoa que havia entrado na vida do meu marido... Quantas vezes pensei que eu já o tinha perdoado! Só para descobrir nos dias seguintes como era superficial esse perdão... Mês após mês, descobri que, para ser sincera, meu perdão deveria ser mais profundo em mim... Quando me dei conta de que ainda não tinha realmente perdoado a Nadia, finalmente entendi que não tinha outra opção a não ser começar a orar por ela a bênção cotidiana em todas as coisas.

O caminho foi longo. Mas a prece acabou caindo dos meus lábios no meu coração. Minha visão sobre a Nadia mudou. Eu realmente desejava que Deus a abençoasse em todas as coisas, material e espiritualmente. Precisei de exatamente nove meses. [...]

Nosso perdão 'do fundo do coração' liberta misteriosamente e sem palavras aquele a quem lhe damos, permitindo-lhe acolher o perdão de Deus".[12]

---

12  Paulette Boudet, *Ce combat n'est pas le tien* [Esta não é tua luta]. Fayard, 1988, p. 136.

O cônjuge abandonado dessa forma atrai a graça de Deus a si mesmo, a seus filhos e àquele que deixou. Ele testemunha diante de seus filhos sua fidelidade à aliança e manifesta esta realidade *objetiva*: o vínculo sacramental ainda existe. Ao prestar tal testemunho, ele pode continuar a criar seus filhos no amor. Se falta o pai, a mãe confiará a um padrinho, tio, amigo da família que confirmará a criança, através da sua palavra e do seu exemplo, na sua própria dignidade de homem, desempenhando o papel de *pai iniciador*.[13] Se faltar a mãe, o pai também buscará uma figura feminina substituta que confirmará a filha na sua dignidade de mulher. Confiar-se espiritualmente no auxílio de São José e da Virgem Maria será de grande ajuda para o pai que cria sozinho os filhos.

Não tomar as crianças como reféns não é fácil, perdoar também não. Os efeitos do perdão não são "mágicos". Mas esta atitude do coração permite permanecer no amor, encontrar aos poucos a paz e transmiti-la às crianças.

## Seu pai e eu queremos te contar...

Uma mulher pode se tornar uma super-mãe... Mesmo se o pai estiver presente, ao tomar para si todas as prerrogativas em matéria da educação, ou deixando o pai "à margem" da intimidade familiar... A mãe corre o risco de formar uma espécie de "clã" com os filhos, especialmente as filhas, compensando assim uma vazio afetivo ou falta de confiança no marido.

---

13    Segundo o psiquiatra Guy Corneau.

No entanto, a mãe é quem pode conduzir os filhos para o seu pai. Tanto pelas suas atitudes como pelas suas palavras, ela age como "mediadora".

> Se as crianças não sentem a constância deste "sim" amoroso da mãe para o pai, elas terão suspeitas e medo dele. Elas não poderão ter por ele este amor filial, feito de confiança e admiração, necessário para o seu crescimento afetivo e espiritual.[14]

Cada um dos pais pode compensar o silêncio, a ausência ou as falhas do outro. É do interesse da criança! Se o pai for muito distante ou não ousar falar com o filho, a mãe pode dizer: "Teu pai e eu queremos te contar uma coisa". A criança sentirá assim a *aprovação do pai* por trás das *confidências da mãe*.

## A urgência de falar

O corpo serve para "fazer amor"? (Quando a criança não diz de outro modo...).

A criança faz perguntas; ele poda estar espantada com imagens, pedidos de toques, linguagem pornográfica que tendem a impor como novas normas os *comportamentos de prostituição* do corpo. (A palavra "pornô" vem do grego "porné", substantivo derivado do verbo "pernemi" [vender]. Ela designa originalmente aquelas que vendiam seus corpos, as prostitutas). A criança pode pensar que certos assuntos são tabus, que não são para se falar com os pais, porque "o amor é sujo". É urgente falar com ela.

---

14    Philippe Oswald, *Debout les pères* [De pé, pais!]. Le Sarment Fayard, 1996, p. 34.

A aparição ou desenvolvimento da modéstia, o interesse por piadas duvidosas ou palavrões, mesmo que ela não os entenda, são todos sinais de alerta. Às vezes a criança simplesmente faz perguntas. Mas se ela estiver preocupada, se ela sentir que os pais não querem tocar no assunto, ela não vai perguntar nada. Caberá, portanto, a eles tomar a frente, suscitar confiança e falar francamente. Garantindo que, em primeiro lugar, a criança seja comunicada sobre o significado do respeito, da admiração pelo corpo sexuado, e que ela desenvolva a delicadeza do seu coração.

## *Com a criança que se toca:*
## *não banalizar nem fazer drama*

Alguns pais não prestam atenção a isso ou o encaram como coisa pequena. Às vezes é dito à criança que ela pode fazê-lo, mas "quando está sozinha", em seu quarto. Hoje banaliza-se o que é erroneamente chamado, no caso de uma criança pré-púbere, de "masturbação". Até se lhe encoraja a tentar essa prática alegando... que isso a ensinará a amar.

Outros pais se preocupam e repreendem severamente o filho, bramindo proibições que lançam opróbrio no corpo e que enclausuram a criança na culpa e na dificuldade de que gostariam de libertá-la. Como fazer?

> Por que o garotinho [isso o preocupa mais, mas não unicamente] faz isso? Porque é agradável. É um prazer de órgão que não tem nada a ver com masturbação: nesta idade a criança não sente prazer sexual. Além disso, ela tem curiosidade por esta

parte do corpo, a única que é diferente do corpo da menininha, e é uma descoberta natural. Mas se isso acontecer com muita frequência, que fazer? Em primeiro lugar, jamais dizer que isso é sujo ou impuro. Não vale a pena criar culpa onde não ela não tem razão de ser! Muitas vezes comentários duros dos pais refletem um desconforto. Da mesma forma, está fora de questão punir, é claro. Simplesmente dizer para a criança parar também seria como pedir para que ela não colocasse os dedos no próprio nariz. Pode-se impor uma proibição desde que ela não seja supervalorizada, sem raiva nem tensão. E, sobretudo, falemos quando nos sentirmos à vontade, caso contrário a criança o perceberá.[15]

Se isso não for o suficiente, verifiquemos se a criança está com alguma irritação ou infecção que a incomoda. Perguntemo-nos se ele está procurando por esse prazer do órgão para sentir seu corpo e assim se tranquilizar. Ela tem uma preocupação, uma ansiedade latente que a levaria a essa procura? Procuremos a causa, porque é essa ansiedade que deve ser apaziguada para ajudá-la. Em certos casos será necessário ainda se perguntar se a criança poderia ter sido vítima de toques que a teriam levado a um hábito. É importante saber disso para que ela possa ser libertada do trauma original.

Zelemos que ela tenha outras fontes de alegria sensível e relaxamento no cotidiano, além de uma boa autoestima. Eu me preocupo em dar gestos ternos, palavras gratificantes, atenção concentrada para minha

---

15 Pas Ide, entrevista publicada em FC nº 1072, p. 61.

criança para que ela *se sinta* amada? Eu faço de vez em quando... pequenos elogios para aumentar-lhe a moral? Eu procuro melhorar o ambiente da casa?

Desenvolver o hábito de respeitar seu corpo desde a infância facilitará a transição para a adolescência e vida futura. Porque a masturbação, ao fechar a pessoa em si, não pode ensiná-la a amar: o amor é uma relação de dom recíproco que exige subordinar-se ao outro e às suas expectativas. Para isso, é bom ter aprendido a dominar seus próprios desejos.

## Com as menininhas

A menina não tem a experiência de um corpo masculino. O sexo masculino, mesmo conhecido, permanece diferente, algo curioso. Ele serve sobretudo para urinar, aparentemente. Talvez ela quisesse urinar como seus irmãos, por bravata ou (suposta) conveniência. Ela precisa entender, aprender a amar seu corpo de menina e de futura mulher. Saber que ela não tem nada onde seus irmãos têm alguma coisa. Descobrir de maneira simples e verdadeira, mas despreocupada, o papel do homem na relação sexual. As meninas podem se imaginar sujas ou degradadas pelo ato sexual. Primeiro, porque o pênis também serve para urinar e porque elas podem ter ouvido reflexões de gosto duvidoso. Também porque os conteúdos obscenos mostram o homem como violento, brutal e dominador no ato sexual, e a mulher como escravizada, possuída e submissa. Todo sentimento, toda ternura e todo amor estão excluídos dessas relações de dominação-submissão.

A obscenidade que acaba atingindo a imaginação das crianças transmite a ideia de que a sexualidade masculina é ameaçadora e preocupante.

Por todas essas razões, é preciso tomar cuidado com a revelação do amor. Os segredos do amor e da vida vão causar grande admiração na menininha. Ela recebe-os com mais profundidade e intensidade que o menino; isso está relacionado com uma expectativa do seu coração, mesmo que ela não saiba formulá-la. Sua sensibilidade feminina será receptiva à educação para o pudor e para o respeito de sua intimidade. Eis um bem de tão grande valor que a própria natureza o protege: a entrada da vagina, essa passagem reservada à vida e ao amor, está quase fechada por uma fina membrana, o *hímen*, destinada exclusivamente a esta proteção. O que a natureza quis tão bem proteger é, pois, um tesouro inestimável. Ela pode se orgulhar e aprender a proteger este bem tão precioso, que é a sua intimidade. Ela vai manter o segredo de sua feminilidade em seu coração e fazê-lo brilhar no mistério e na beleza ao seu redor.

> "És jardim fechado, minha irmã, noiva minha, jardim fechado, uma fonte lacrada" (Ct 4,12). Tais expressões designam a mulher falando do que parece mais profundamente guardado na estrutura do seu "eu" feminino, que também constitui o mistério estritamente pessoal da feminilidade. [...] Pode-se dizer que as duas metáforas, "jardim fechado" e "fonte lacrada", expressam toda a dignidade pessoal do sexo — desta feminilidade que, pertencendo à estrutura pessoal da posse de si, pode, portanto, decidir não

só a profundeza metafísica, mas também a verdade
essencial e a autenticidade do dom pessoal.[16]

Cabe a nós ajudar, assim as meninas como os meninos, a descobrir o mistério da inviolabilidade da pessoa. Para que a menina tenha consciência de que é *senhora do seu próprio mistério*[17] e sempre se apresente desta forma aos olhos dos outros. Para que o menino experimente em seu coração o respeito e admiração por esta *inviolabilidade interior da pessoa*[18] da mulher, de toda mulher. Para que cada um deles aprenda a dignidade pessoal do homem e o significado da masculinidade para o amor, longe de conteúdos obscenos. Ele também é inviolável, porque senhor do seu próprio mistério, e será bom dizê-lo a nossos meninos.

## "Fazer" amor?

Essa antiga expressão ainda tem seu valor: se a palavra "fazer" é trivial, ouve-se esta outra palavra que se tornou rara: "Amor". Usá-la irá trazer de volta todo significado à expressão e dizer à criança que ainda mais do que "fazer", o amor se dá e se recebe.

> Veja uma segunda proposta de conversa
> com a criança no caderno prático, p. 305.

---

16  TDC, 110–7.

17  Ibid., 110–7.

18  Ibid., 110–8.

III

# O QUE DIZER AOS NOSSOS PRÉ-ADOLESCENTES?

*O corpo humano orientado internamente para o
"dom sincero" da pessoa revela não só a sua
masculinidade e feminilidade no plano físico,
mas também um valor e beleza tais que ultrapassam
a dimensão simplesmente física da "sexualidade".
Deste modo, completa-se, em certo sentido, a consciência
do significado esponsal do corpo [isto é, do dom],
ligado à masculinidade-feminilidade do ser humano.
Por um lado, esse significado indica especial capacidade
de expressar o amor em que o homem se torna dom;
e, por outro, corresponde a capacidade e profunda
disponibilidade para a "afirmação da pessoa", isto é,
literalmente, a capacidade de viver o fato de o outro
— a mulher para o homem e o homem para a mulher —
ser, por meio do corpo, alguém querido pelo
Criador "por si mesmo".*
— João Paulo II, TDC, 15–4

FALAR DE AMOR COM NOSSOS FILHOS

> ## CENAS DA VIDA COTIDIANA
>
> "Émilie ficou surpresa com a reação do seu filho Antoine, 10 anos, que, frente à irmã que dava cambalhotas de camisola e sem calcinha, acabou explodindo: 'Chega, Alice! Pare, você está enchendo o s...'.
>
> Os caçulas são por vezes mais pudicos que os mais velhos, como David, de 11 anos, que quis ficar de camisa durante toda a sua estadia num acampamento naturista; ou Marion, que se lembra de ter se sentido desconfortável quando seu pai zanzava nu pelo apartamento.
>
> As crianças, a uma certa altura, já não querem ficar nuas na frente dos outros; elas desejam se lavar sozinhas, especialmente os rapazinhos, muito mais pudicos do que meninas".[1]

O aparecimento ou desenvolvimento do pudor é muitas vezes o sinal de que a criança está entrando na puberdade, mesmo que remotamente. Este período de aproximadamente três anos se dá numa faixa etária bastante variável de criança para criança, e mais cedo nas meninas do que nos meninos. Ela fica entre, aproximadamente, os 11 e 14 anos para a menina, e 13 e 16 anos para o menino, com variações dentro desses períodos. Mas as transformações do corpo começam antes, e alguns sinais as anunciam de longe: desenvolvimento das glândulas sudoríparas, do sistema capilar. Trata-se da pré-puberdade, essa última parte ou etapa da infância que caracteriza os pré-adolescentes.

---

1  Myriam Ogier, "L'âge de la pudeur" [A idade do pudor], em *Vies de famille* [Vidas de famílias], fevereiro de 200, p. 24.

## EVOLUÇÃO DA IDADE DA PRIMEIRA MENSTRUAÇÃO

"'Hoje [na França] observa-se entre as meninas um claro avanço na idade da primeira menstruação: 17 anos em média em 1850, e 13 anos hoje (8 anos em certas populações). Esta evolução e a grande disparidade observada estão ligadas a genética, nutrição, origem étnica e socioeconômica, mas também a influência significativa dos xenoestrógenos fornecido pelos ftalatos contidos em plásticos, esmaltes e xampus'. Este avanço na idade da puberdade poderia ser explicado também pela maior precocidade e instabilidade da atividade sexual de adolescentes muito jovens. Pode-se ler no *site* onsexpress.fr testemunhos de meninas de 12 anos falando sobre suas dificuldades sexuais"...

Cf. "Pré-adolescência, mito ou realidade?", em *Soins pédiatrie/puériculture,* nº 260, maio/junho de 2011, p. 5.

Esse período da vida da criança é caracterizado por transformações significativas. No nível *físico*: a criança cresce muito e isso a deixa cansada. No nível *hormonal* e *genital*: ela muda e seu corpo gradualmente se tornará o de um adulto. As perturbações hormonais a tornam mais instável. No nível *afetivo*: ela experimenta a solidão e começa a ter desejo de amar e ser amada. Finalmente, no nível *intelectual*: ela se sente mais confortável com o pensamento abstrato e ganha independência. Seu senso crítico se desenvolve, ela discute e racionaliza.

Compreenda-se que a criança não passa por essa fase sem percalços. Este período de crescimento também é para ela um período de crise do crescimento. A psicologia do menino e da menina não sendo idênticas, vamos observá-las separadamente.

## A menina de 9 a 13 anos

O corpo da menininha muda e se transforma com o aparecimento do sistema capilar e o crescimento do busto. Seus irmãos não deixaram de fazer comentários que ela não necessariamente apreciou... Ela ainda brinca com a irmã, mas passa mais tempo em seu quarto, lendo, ouvindo música, sonhando. Ela escolhe horas impossíveis para tentar conversar com os pais, sem nunca conseguir. Suas escolhas de roupas mudam, para desespero da mãe, que às vezes a vê pedindo ora suéteres pretos disformes, ora camisetas e calças justas. Ela começa a fazer dietas, que abandona para saborear sorvetes ou cereais carregados de açúcar enquanto assiste à sua série preferida. Suas amigas se tornam confidentes, e a conta telefônica aumenta. O banheiro torna-se um forte inexpugnável em certos horários, não é mais possível compartilhá-lo.

Tantos sinais inconfundíveis: a puberdade está próxima. Para amar a si mesma, tornar-se responsável pelo seu corpo, a jovem precisa entender os sinais da feminilidade inscritos em seu corpo. Caso contrário, poderia ser tentada a *escapar* dessa feminilidade em vez de *realizá-la*: a pressão da moda e da cultura do entorno é forte, e isso tem se refletido, por anos, numa queda da autoestima durante a adolescência.

60% das adolescentes se dizem muito gordas e somente 20% entre elas estão satisfeitas com seu corpo. Aos 14 anos, um terço já fez dietas. Entre os 14 e 23 anos, enquanto a autoestima média aumenta entre os meninos, diminui entre as meninas.

Por que tais números? Um estudo sobre a satisfação dos jovens com sua aparência física é revelador sobre o tema: a partir de uma certa idade (por volta dos 8 anos), constata-se que a satisfação das meninas desaba, enquanto a dos meninos permanece estagnada. As meninas não são mais feias que os meninos, a explicação não vem das modificações físicas, mas da perspectiva que o indivíduo tem de si. E esse olhar depende largamente das pressões do ambiente social.[2]

As alterações hormonais e o estabelecimento do ciclo menstrual, a crise de personalidade que se aproxima, a fadiga frequente neste período da vida (astenia, falta de sono, perda de tempo com telas, ritmo escolar mais intenso) explicam o estresse de uma menina nesta idade. Tal estresse pode resultar num desequilíbrio alimentar, entre anorexia e bulimia. Uma tendência reforçada pela obsessão com dietas entre meninas cada vez mais jovens. Todas essas mudanças explicam sua nova instabilidade, entre sonhos de amor, planos para o futuro e dúvidas ou desânimo.

Uma visão *positiva* e justa do próprio corpo e de si vai ajudar a pré-adolescente a desenvolver uma boa autoestima. As primeiras menstruações, a evolução da sensibilidade e da afetividade, o significado de sua fertilidade, tantas realidades às quais se deve prepará-la. Sem esquecer a

---

2 Christophe André, François Lelord, *L'estime de soi. S'aimer pour mieux vivre avec les autres* [Autoestima: ter amor próprio para conviver melhor com os outros]. Paris: Éditions Odile Jacob, 1999, p. 145.

questão do desejo e da responsabilidade de si, da pureza do coração e do corpo... Nesta idade, a educação sexual permanece uma educação do coração da menina, ainda que haja mais informações biológicas ou práticas para lhe dar.

## O menino de 10 a 14 anos

O menino que está entrando na adolescência já não é mais inteiramente criança. Ele começa a ter a força muscular do homem, e isso se vê! Ele carrega mais pesos elevados, o que é bem útil para sua mãe. Mas isso não o impede, quando regressa a casa, de enfurecer os mais novos e chamar a atenção para si da maneira mais estranha possível. Ele ainda não é um homem.

Ele começa a ter anseios reais de independência. Assim como a garota da mesma idade, ele quer ter sua vida privada, a sua liberdade, a sua forma de decidir. Mas ele ainda é, ao mesmo tempo, muito dependente. Dependente da mãe para suas montanhas de roupas sujas, dependente do pai para a mesada, dependente dos professores e dos resultados escolares...

Ele se sente a um só tempo genial e limitado, visionário e algo preguiçoso. Genial, ele está cheio de ideias para refazer o mundo. Mas ele é facilmente desanimado por dificuldades reais que ele encontra nas aulas. Ele tem problemas para se concentrar, para trabalhar. Esse garoto é tantas vezes desleixado, ao passo que antes era tão zeloso. E nós o culpamos! À fadiga física desta idade muitas vezes se ajunta o estresse das exigências escolares, quer venham dos professores ou dos pais. E isso justamente na época em que as meninas, mais precoces, são melhores que ele.

O menino tem talentos, ele sente isso. Ele muita vez tem projetos ou desejos generosos, entusiasmantes. Mas ele ainda não chegou a desenvolver seus talentos. Como essa condição de impotência o humilha, ele procura se afirmar... se opondo.

Assim como a menina, ele precisará compreender as transformações do seu corpo; para aceitar sua masculinidade, a evolução da sua sensibilidade e da sua afetividade, além de tornar-se responsável. Também para o menino uma educação afetiva e sexual é inseparável de uma educação do coração.

## Qual é a experiência corporal do pré-adolescente?

Antes dos 8 ou 9 anos de idade, a criança faz com relativa facilidade perguntas sobre a origem dos bebês. Quando ela pergunta: "De onde vêm os bebês?", geralmente espera muito mais que se fale a ela sobre amor do que sobre sexualidade; ela tem a experiência de um corpo de 6 ou 7 anos, não mais, e capacidade de se maravilhar. Mas logo as coisas evoluem.

Aos 8 ou 9 anos, a criança começa a mudar. Ela manifesta um pudor mais vivo, especialmente pelos cuidados com o corpo ou funções de excreção. Isso é fruto da sua educação, mas não só. Ela *sente* que seu corpo está mudando, e tal percepção causa o desejo de intimidade. Cabe a nós, pais, estarmos atentos a esta mudança — o aparecimento de desejo de privacidade — e respeitá-la. Ela indica que a criança entrou na pré-puberdade; ela tem uma nova consciência de sua masculinidade ou feminilidade.

## Sua experiência de vida

Existe uma conexão especial entre o amor e o corpo, ela o sabe. Muitas perguntas passam por sua cabeça, mas ela quase não pergunta mais nada nem ri feito besta, o que é uma outra forma de pudor. Ela pode ter visto ou ouvido que o amor é *sujo*, e não toca mais no assunto.

> 14% das crianças de 11 a 12 anos já assistiram a filmes pornográficos num *smartphone*, computador ou *tablet*. [...] Em 2017, é na *internet* que os adolescentes, alimentados com esses vídeos pornográficos gratuitos, acessíveis via *smartphones*, obtêm sua educação sexual. No silêncio culposo dos adultos.[3]

Agora é hora dos pais tomarem a iniciativa de falar; preparar a menina para a aproximação das suas menstruações e outras transformações de seu corpo *antes* que elas ocorram, e preparar o menino para as primeiras ejaculações e a evolução de seu corpo *antes* que elas se produzam. Para evitar um sentimento de medo, culpa ou rejeição, é claro. Paro fazê-los compreender de forma positiva o significado das transformações que vivem.

---

3  Fonte: dossiê do *Figaro* do sábado 25 de novembro de 2017, "Pornographie, ce terreau des violences" [Pornografia, terreno fértil para a violência], p. 2.

# A era da educação sexual na escola

O conhecimento preciso do *significado* do corpo é ainda mais importante nesta idade porque é nela que começa a educação sexual na escola — um choque para a criança que nunca tiver ouvido falar de nada.

## Educação "para a sexualidade"

No seu início, na França, em 1974, a educação sexual era apresentada acima de tudo como informação biológica. A década de 80 foi a do surgimento da AIDS. Em nome da luta contra a AIDS, a promoção do preservativo é a oportunidade de apresentar aos jovens as diferentes "práticas sexuais" em tantas situações que exigem o preservativo, e isto *ao arrepio da proibição de veicular mensagens de natureza pornográfica*. Uma circular ministerial, "Prevenção da AIDS nas escolas: educação para a sexualidade", publicada em 1996, dá um passo à frente: não se trata mais de informar os alunos, mas de difundir uma nova visão; a sexualidade humana é declarada "inseparável de dados biológicos", mas sua visão está num "ajuste constante" não às realidades da pessoa humana e do seu corpo sexual, mas às "situações vividas". Esta visão inclui todas as práticas sexuais possíveis. Gradualmente, a expressão "práticas sexuais" ou "vida sexual" suplanta o termo "sexualidade", mais próximo da realidade da dupla finalidade *objetiva* do sexo que ela expressa: a união em uma só carne (dom do amor) e a fecundidade (dom da vida).

> A palavra "sexualidade" designa, com efeito, o caráter do que é sexuado, o conjunto de características específicas de cada sexo, que diferenciam os sexos, os indivíduos masculinos e femininos; o fato de ser sexuado, os mecanismos fisiológicos que contribuem para a aproximação dos sexos e para a reprodução da espécie.[4]

A "vida sexual" designa o conjunto dos comportamentos que permitem atingir um prazer sexual. É um termo *sociológico* mais distante do "fato de ser sexuado" do que o termo "sexualidade". Essa expressão serve à integração de novas categorias que tendem a se impor como tantas novas "normas" de comportamento sexual: bissexualidade, heterossexualidade e homossexualidade, transexualidade, que não se enquadram mais na diferença sexual (masculinidade e feminilidade, *categorias binárias* declaradas ultrapassadas), mas são apenas *relativas umas às outras*. Assim, por exemplo, ser heterossexual é ser não-homossexual e vice-versa.

De educação para a sexualidade, passa-se a fazer uma educação para "as sexualidades"; tornou-se frequente nas aulas do colégio se ouvir perguntar se alguém é *bi*, *homo* ou *hétero*.

2013 marca a chegada da ideologia de gênero às escolas. Esta teoria não visa somente *distinguir* o sexo, dado biológico, do gênero, modo cultural de encarnar a realidade do seu sexo num dado tempo e lugar. Ela visa *dissociar* o gênero do sexo para, em última

---

4    Ver cnrtl.fr.

análise, *desfazer o sexo*. A educação para a sexualidade tornou-se o instrumento (a ponta de lança) da luta que quer conduzir a educação nacional [da França] para a igualdade meninas-meninos e contra as discriminações. "É preciso modificar a divisão sexual dos papéis na sociedade".[5]

Essa visão deveria ser imposta a todos os níveis das nossas escolas; notícias dão contas de crianças do primário que pedem para mudar de sexo, mais precisamente, pedem para ser tratadas como se fossem do outro sexo; escolas instalam banheiros transgêneros etc. A maior parte dos países do Ocidente estão preocupados com uma "educação para a sexualidade" que deve ser imposta a todos,[6] e querem promovê-la em todo o planeta por meio das instâncias internacionais (UNESCO, OMS).

2018: a circular de 22 de setembro de 2018 do Ministério da Educação Nacional [da França] representa um avanço positivo, embora tímido, no que diz respeito à criança e à escola elementar. Em princípio, não se trata de *uma educação explícita à sexualidade*, informa-nos o portal Éduscol de instrutores da Educação Nacional:

> Esta educação visa o conhecimento, o *respeito* por si, pelo seu corpo, e o respeito pelo outro, *sem dimensão sexual stricto sensu na escola primária*. [...] *A criança e a intimidade são plenamente respeitadas*. [...] Na escola primária, as modalidades inclusas para pôr a mão na

---

5 Segundo convenção interministerial, "para o êxito de todos".

6 Essa filosofia é afirmada com clareza em *Standards pour l'éducation sexuelle en Europe* [Padrões para a educação sexual na Europa] da OMS; ver sante-sexuelle.ch.

massa na educação para a sexualidade *são apresentadas aos pais dos alunos na reunião de volta às aulas*, no quadro de apresentação do currículo.[7]

Os aspectos que abrangem a biologia podem ser objeto de estudo no curso de ciências, os outros (a relação humana, a intimidade da pessoa), da educação cívica. O papel primário dos pais é reconhecido. Cabe a nós, pais, desempenhá-lo e exercer nossa vigilância desde o início do ano letivo, e perante todo conteúdo ou proposição que aborde a sexualidade de maneira explícita. Infelizmente, para os estudantes do fundamental II, dos quais os mais jovens do 6º e 7º são crianças que ainda não chegaram à puberdade, nada muda.

## Na escola, o sexo banalizado

Na grade curricular: desde que haja consentimento, vale tudo!

A pretexto de rigor científico, de material pedagógico de qualidade, apela-se aos interventores externos qualificados (os *especialistas*). A escola estaria em melhor posição para "a formação de indivíduos para a vida contemporânea".

A abundância de meios utilizados não pode iludir: sob o louvável pretexto de prevenir e tornar a juventude responsável, é uma sexualidade de prazer que é oferecida às crianças desde o ensino médio: o único limite para uma prática é a *consentimento mútuo*.[8]

---

7    Circular de 22 de setembro de 2018. Itálicos nossos.

8    Ver onsexprime.fr.

## PELO MÉTODO:
## FALAR DE INTIMIDADE... SEM INTIMIDADE?

Esta educação fornecida por um professor ou palestrante cuja qualificação não garante *necessariamente* a maturidade pessoal nem a clareza das ideias, frequentemente transmitidas a grupos numerosos, ou mesmo para uma turma inteira num tempo bastante curto, às vezes sem consulta aos pais, *não pode* levar em conta a maturidade, nem a história, nem o estado de conhecimento, nem as suas expectativas, nem *direito ao respeito pela intimidade* de *cada uma* das crianças presentes.

> Foi assim que um dia, ao voltar da escola, Benoît, 11 anos, perguntou bastante preocupado à mãe: "Mamãe, é verdade que você perde sangue todo mês? E, quando se faz amor, se corre o risco de ter um bebê ou pegar uma doença?". Quanto à Léa, ela escreveu, na ficha de avaliação, ao palestrante que foi à sua turma de 5º ano: "É demais jogar toda a sexualidade na nossa cabeça em uma hora e meia, senhora".

Cabe a nós, adultos, pensarmos a respeito da privacidade e do tempo de cada criança, de *desejá-lo* e promovê-lo firmemente. Mesmo que seja mais complicado. Nós levamos espontaneamente as crianças sozinhas para casa, para fazer perguntas íntimas. Como podemos deixá-las, na escola, nas mãos de palestrantes ocasionais, alheios às suas vidas diárias, que recebem em grupos (às vezes grandes) crianças com contextos de vida muito diferentes, para lhes falar, sem ter intimidade, sobre os assuntos mais íntimos?

> O problema não é só falar. [...] Perguntemo-nos: procuramos entender "onde" estão deveras os filhos no seu caminho? Sabemos onde realmente está a sua alma? E sobretudo: queremos sabê-lo? Estamos convictos de que eles, na realidade, não estão à espera de algo mais?[9]

Não podemos educar as crianças "por atacado", mesmo se houver urgência, mesmo que elas estejam indefesas contra nós. Não podemos fazer experiências educacionais com elas. *Cada criança é única e devemos encontrar uma maneira de alcançá-la se sem correr o risco de ferir-lhe o coração.*

## Nossos "pré-adolescentes" também são crianças: eles precisam de nós

A palavra "pré-adolescente" é uma armadilha para nós, porque ouvimos "adolescente"! Além disso, a adaptabilidade desses "pré-adolescentes" nos engana. Deixamo-nos levar pelas nossas impressões. Exigimos muito deles e os colocamos em perigo tratando-os como adolescentes que ainda não são.

> Sua realidade fisiológica muitas vezes mascara sua imaturidade psíquica: eles podem ter um corpo de jovem adulto, uma notável precocidade linguística; mas são só quimeras! Com um adolescente, que pode se colocar em posição de sujeito, é possível estabelecer contratos ("Vou deixar você sair no sábado à noite se você fizer toda sua lição de casa da

---

9     Papa Francisco, catequese de 20 de maio de 2015.

semana"), por outro lado, com esses pequeninos não há negociar ("Não, você não vai não para balada; você tem só 12 anos!"). Isso vem da "superestimulação ambiental", diz o Doutor Chambry, chefe do centro para adolescentes do Hospital Universitário do Kremlin-Bicêtre em Paris. "*Videogames*, imagens de todos os tipos e várias telas excitam constantemente suas mentes. Talvez, como resultado, a calma fica como que impedida de se instalar dentro deles. E então a disponibilidade dos pais é reduzida. Logo a tendência é associar as crianças à vida adulta quando, por exemplo, os pais levam os filhos para jantar com eles na casa de amigos... Às vezes até se coloca escolhas muito difíceis nos ombros dessas crianças, que variam de: 'O que você quer comer hoje à noite?', até: 'Você quer para esse moço venha morar em casa com a mamãe e você?'". Então esses pré-adolescentes ficam presos entre a reivindicação da escolha e a ansiedade da responsabilidade que isso necessariamente implica.[10]

Antes da puberdade, nossos pré-adolescentes ainda são crianças: eles têm direito à infância. Cabe a nós, pais, velar esse direito à infância sem nos deixar impressionar. Por eles serem engenhosos, confundimos sua aparente autonomia com liberdade. Mas a verdadeira liberdade é *interior*. Os pré-adolescentes ainda precisam dos pais e são plenamente capazes de estabelecer com eles uma relação de confiança.

---

10 Essa hiperestimulação retarda o amadurecimento e o desenvolvimento dos lóbulos frontais de reflexão e de decisão da criança, deixando-a por mais tempo sob o poder da amídala, zona de emoções no cérebro que se desenvolve naturalmente durante a adolescência.

O movimento de autonomização desses "quase grandes" só pode ser feito com base em um apego tranquilizador com os pais, especifica o Professor Antoine Guédeney, psiquiatra infantil do Hospital Universitário Claude Bernard em Paris.

> É ele que serve de base à regulação emocional e às relações interpessoais que os pré-adolescentes enfrentam.[11] [...] Suas ferramentas cognitivas ainda são as da infância, diz o Doutor Chambry. Para dar um passo para trás, pensar na sua situação, a eles ainda faltam algumas habilidades reflexivas. Então eles não veem suas contradições.[12]

Em casa, os pais podem falar com cada um, num momento de cumplicidade, de confiança de coração. Dizer o significado, o porquê, ter uma atitude compreensiva, tantas maneiras de comunicar à criança o orgulho de seu corpo, de ajudá-la a adquirir a maturidade afetiva e psicológica de que ela precisa; para poder amar é preciso, com efeito, aprender a *passar de "os outros para mim" para "eu para os outros"*.

É claro que, após a puberdade, ela precisará conhecer outros testemunhos com os quais se identificar. A escola pode ser o lugar desses encontros, com o devido consentimento dos pais.[13] A coletividade pode preencher certas lacunas; ela não pode *substituir* os pais. Se a

---

11   Ver o dossiê do *Figaro* de 28 de março de 2011, p. 20, e o colóquio da AFAR sobre a pré-adolescência (2011).

12   Ibid.

13   Sobre o assunto, ver as proposições sobre a escola em *Les parents, l'école et la sexualité. Qui dit quoi?* [Os pais, a escola e a sexualidade: quem tem que dizer o quê?], p. 151.

escola hoje se sente investida de uma missão em matéria de educação sexual, isso vem, grande parte, do *silêncio ou ausência dos pais nesse terreno*; esta é a observação de um Ministro da Família:

> Todos sabem que não é fácil abordar esse assunto com um adolescente. Muitas vezes os pais não se dão conta de que o diálogo pode começar muito cedo, desde que a criança tenha idade suficiente para entender. Então vem a adolescência, mas a ausência de diálogo prévio torna a troca ainda mais difícil.[14]

## Três paradoxos, três chamados desta idade

### *Conectado, mas sozinho: ser e saber que você é amado*

Uma criança sempre seguirá a pessoa que parece lhe dar mais amor. Isso é algo para meditar. Meu filho está super equipado, super conectado... Mas ele tem boa autoestima? Ele está tranquilo em relação ao amor? O tanque afetivo do meu filho está cheio? Aprende-se o que é amor sendo amado. Meu filho sabe que é amado? Ele sabe por que recebe um amor incondicional? O dom do amor incondicional é vital porque não pode haver confiança sem garantia de amor. Aquele que foi enganado no amor desconfia dos outros e não tem autoestima.

---

14 Entrevista publicada em *Famille et éducation* [Família e educação], nº 427, p. 42.

FALAR DE AMOR COM NOSSOS FILHOS

A verdadeira necessidade da criança está aí. Precisamos protegê-la desde dentro, e não apenas de fora, com o amor.

Isso explica o sucesso de *Harry Potter* entre as crianças. Harry, quando bem pequeno, foi salvo da morte que queria lhe dar Voldemort — a encarnação do mal — pelo amor de seu pai, que se pôs ao pé da escada que levava ao seu quarto, e mais ainda pelo amor de sua mãe: porque após ter matado o pai, Voldemort sobe as escadas, entra no quarto, e encontra a mãe protegendo a criança na frente do berço. Ele a mata, mas não pode fazer nada contra a criança, exceto marcá-la com um sinal. Porque *o mal não pode fazer nada contra o amor de mãe, contra o amor sacrificial de uma mãe.* Que achado da autora! Harry, agora órfão, carregará dentro de si a garantia do amor de seus pais, especialmente de sua mãe. Ele será capaz de crescer e enfrentar o mal ao longo de sete volumes.

Esta é a "musiquinha", o tema que se repete ao longo dos livros. É o tema, a música que cada criança, cada pessoa humana, quer ouvir, porque somos feitos para o amor. Cabe aos pais fazer que essa música de amor seja ouvida por seu filho. Um amor total, gratuito, incondicional, que é a base da confiança. Um amor que dura para sempre e se desdobra em amor paterno e materno, ainda que o amor conjugal não vá bem, mesmo que os pais tenham se separado, mesmo que a criança pareça "ingrata". A criança interiormente *assegurada* pela certeza do amor poderá crescer confiança e projetar seu futuro.

166

> ## A MAGIA NÃO É ASSIM TÃO INOFENSIVA
>
> Os achados de J. K. Rowling não interditam um julgamento crítico sobre os aspectos sombrios de sua obra: crueldade gratuita, retomada quase blasfema de palavras de consagração e, sobretudo, apologia à magia branca; ora, a magia, quer seja branca (em vista de um fim "bom"), quer seja negra (bruxaria), nunca é banal pois sempre recorre a poderes oculto. É por isso que *todas* as práticas mágicas são firmemente condenadas pela Igreja, da mesma forma que o são a adivinhação, o espiritismo e a idolatria; são desvios do culto ao Deus verdadeiro. Ver CIC, nº 2117.

## *"Eu sozinho"? ser ajudado, guiado, encorajado*

Um segundo paradoxo da pré-adolescência é a demanda por autonomia, atrás da qual é preciso saber discernir um pedido de ajuda. O recém-adolescente assemelha-se ao pequeno que dá seus primeiros passos e diz: "Eu sozinho, eu sozinho!". Aí se afirma a pessoa da criança. Mas muitas vezes nós erramos a resposta e a deixamos sozinha justo quando ela precisa ser acompanhada, guiada, encorajada, parabenizada. Ela precisa de nós, da nossa estima, do nosso encorajamento, *da nossa simples presença*, da nossa ternura.

Meu filho se sente encorajado? Ele conhece suas melhores qualidades ou apenas seus defeitos? Quando foram os últimos elogios que lhe ofereci? Procuro estar em casa, tanto quanto possível, para acolhê-lo, para estar com ele? Para tecer laços de confiança, é possível se comunicar à distância, é claro; mas também é preciso estar presente, junto, para partilhar momentos de cumplicidade.

Muitas crianças são abandonadas à própria sorte, a pretexto de uma autonomia... que às vezes é muito conveniente para nós os pais. Elas reclamam desesperadamente ajuda, estrutura, guias de que precisam para crescer.

Se for deixado a deus-dará, o pré-adolescente irá procurar essa estrutura, testando os limites por todos os meios. Ele envia sinais de alerta: estes serão os chamados "comportamentos de risco" dito positivo, como esportes radicais, ou negativos, como "a prática de jogos perigosos (jogos de asfixia, agressão e morte) específicos da pré-adolescência. Estes referem-se às dificuldades da criança em suportar o encontro com o outro e a falta da segurança dos adultos e, mais amplamente, da nossa sociedade";[15] na adolescência, também se verão as fugas, os comportamentos de prostituição, álcool, drogas e suicídio, que serão testes e desafios lançados ao mundo adulto — apelos ao mundo adulto, em verdade.

## Autonomia ou liberdade? Ser educado e crescer em maturidade e liberdade interior

No pedido de autonomia da criança, o pai, o educador, tem que discernir o chamado ao crescimento *interior*

---

15 "La préadolescence, mythe ou réalité?" [Pré-adolescência, mito ou realidade?], em *Soins pédiatrie/puériculture* [Tratamentos de pediatria/puericultura], nº 260, maio/junho de 2011, p. 5.

da criança do chamado ao seu amadurecimento. Mas muitas vezes confundimos autonomia *exterior* com liberdade que é *interior*. Todo mundo tem um celular? Com *internet* ilimitada? A maioria das crianças fica sozinha em frente à tela? Isto não impede a reflexão sobre o que se quer para o seu filho, com alguns critérios simples: "É para o bem dele? Ele tem suficiente capacidade de julgamento e livre arbítrio para assumir essa autonomia?". As regras de uso, a maior ou menor autonomia dada à criança, poderão mudar conforme as circunstâncias. As habilidades de informática da criança não devem nos enganar: elas são somente de ordem técnica e não de ordem ética, da ordem da liberdade e da escolha.

Quanto mais a criança crescer em maturidade, em liberdade *interior*, mais autonomia *externa* ele poderá ter. "Fazer como os outros" não é um lema educacional que baste por si só. Depende do que os outros estão fazendo!

A criança com mais de 8 anos já ultrapassou a idade da razão. Nesta idade muito ativa, ela tem curiosidade por tudo. Ele começa a avaliar o que lhe acontece, a pensar sobre as ligações de causa e efeito; ela tem uma capacidade de abstração maior e, portanto, de raciocínio. Ela se nota no tempo e no espaço, e muitas vezes a história a deixa apaixonada. Ela está mais interessada nos problemas do mundo que a rodeia e começa a argumentar. Ela se situa em meio aos outros e desenvolve um grande senso de justiça. Ela não gosta da mentira e exige a verdade. São várias as qualidades que podem nos ajudar.

## Puberdade, nova etapa rumo à responsabilidade

É chegada a hora de preparar as crianças para a adolescência. A menina se aproxima das primeiras menstruações, o menino, por sua vez, vai descobrir as manifestações concretas ligadas à ejaculação. É o momento de prestar esclarecimentos e de chamar nossas crianças, meninos e meninas, a uma nova responsabilidade sobre seus corpos, não somente das suas intimidades, mas das suas capacidades de amar e ser fecundos. Mas de que responsabilidade falaremos a eles?

### *"Sexo seguro": normas sanitárias para fruir sem limites*

> Quando se está apaixonado ou apaixonada, para evitar angústias inúteis, é bom ter consigo um pacote de camisinhas e uma caixa de pílulas do dia seguinte.[16]

> Nota: os bons conselhos não são só para a primeira vez! Para que o sexo permaneça sempre prazeroso, eis do que é preciso lembrar: sempre ter preservativos e um lubrificante adequado. Fazer exames para detectar ISTs regularmente e em caso de risco de contaminação. Encontrar um método [...] de contracepção que seja conveniente para você.[17]

Os documentos e cartazes expostos aos pré-adolescentes desde os primeiros anos do ensino fundamental II falam

---

16 Revista *Direitos dos jovens* [Direitos dos jovens] do Ministério da Juventude e dos Esportes, nº 1.

17 *Les premières fois* [A primeira vez], brochura do Ministério da Saúde para uso dos estudantes de ensino médio, encontrado no *site* onsexprime.fr.

de proteção e de responsabilidade, garantias de serenidade; neste contexto, o comportamento "de risco" não é o comportamento sexual derivado da escolha da pessoa, mas o esquecimento ou a recusa do uso da pílula e do preservativo. Ser responsável seria tomar as medidas para se *proteger*: diversos métodos contraceptivos, contracepção de urgência, isto é, aborto com a pílula do dia seguinte, preservativo, ou ainda vacinas contra a hepatite B e o HPV (papillomavirus). O objetivo é evitar as consequências dos atos feitos: as infecções sexualmente transmissíveis, principalmente a AIDS, e uma possível gravidez.

Respeito ao outro? É o aprendizado de como pôr o preservativo. A responsabilidade individual e social é utilizar a contracepção para evitar as ISTS, a AIDS e as gestações não desejadas. As normas *sanitárias* substituíram as regras morais. Trata-se de poder praticar *o sexo sem riscos e de fruir sem limitações*.

Ninguém negará que, se se multiplicam os parceiros segundo a filosofia do "teste, da aventura de uma noite com um amigo, com um ficante, com um desconhecido",[18] o preservativo é o mal menor, o último dos problemas.

Mas o sexo seguro não garante a segurança da pessoa. Primeiramente porque incita a multiplicar as experiências arriscadas, as que colocam em perigo justamente no momento em que julga estar "protegido". Depois, porque o preservativo não é 100% confiável e, portanto, não é totalmente livre de riscos.[19] Por fim, porque a

---

18  Campanha publicitária de cartazes em locais públicos feita na França em novembro de 2016.

19  Ver a demonstração trazida por Matthew Hanley, e Jokin de Irala, em *L'amour face au sida* [O amor perante a AIDS]. Éditions de L'Oeuvre, 2011.

cultura da fruição leva a utilização da pessoa e do seu corpo nessas experiências. Porque essa cultura se volta contra o homem e torna-se uma *cultura do provisório e do descartável.*

## E a segurança da pessoa?

No contexto da cultura da fruição, a segurança não é garantida a ninguém. O bebê torna-se um empecilho, um indesejado, *um risco* — a menos que ele não seja *um dever?* A criança que cresce é fragilizada pela instabilidade de uma família que está sofrendo.[20] Jovens e adultos sofrem com a precariedade dos relacionamentos. E que dizer da ferida do abandona daquele ou daquela que foi repudiada[21] pelo outro? As mulheres sofrem o sexismo e as violências que a pornografia banaliza. Muitas sofrem com a ferida do aborto e da negação desse sofrimento.

Somente o amor verdadeiro, desinteressado, incondicional, é fonte de segurança; neste amor autêntico, a pessoa não é utilizada mas escolhida, respeitada e querida *pelo que ela própria é.* Nosso corpo não foi feito para a fruição; foi feito para o dom. 100% confiável e digno do corpo é guardá-lo, não fazer dele um objeto de experiências. Refletir antes de agir, escolher o que se faz, porque se é "o piloto do avião", velar seu corpo

---

20  Segundo pesquisa do Centre français d'éducation à la santé [Centro francês de educação para a saúde], realizada junto a 4115 adolescentes de 12 a 19 anos, citada na carta da APPF de abril de 2000.

21  Os sinônimos da palavra "repúdio" são: *rejeição, negação, ruptura, divórcio, separação.* Este último é o termo mais neutro e factual. Ele é usado com maior frequência e permite uma "relativização", mascarando a brutal e dolorosa realidade do abandono.

com respeito, aprender a respeitar o outro também, eis a verdadeira responsabilidade a que se deve chamar os pré-adolescentes.

> ### PROMOVER AMOR, ACOLHIMENTO E DOM, NÃO NARCISISMO
>
> "Frequentemente a educação sexual concentra-se no convite a 'proteger-se', procurando um 'sexo seguro'. Estas expressões transmitem uma atitude negativa a respeito da finalidade procriadora natural da sexualidade, como se um possível filho fosse um inimigo de que é preciso proteger-se. Deste modo promove-se a agressividade narcisista, em vez do acolhimento. É irresponsável qualquer convite aos adolescentes para que brinquem com os seus corpos e desejos [...]. Assim, são levianamente encorajados a utilizar a outra pessoa como objeto de experiências para compensar carências e grandes limites. É importante, pelo contrário, ensinar um percurso pelas diversas expressões do amor, o cuidado mútuo, a ternura respeitosa, a comunicação rica de sentido. Com efeito, tudo isto prepara para uma doação íntegra e generosa de si mesmo que se expressará, depois dum compromisso público, na entrega dos corpos".[22]

## Um corpo feito para amar e dar vida

Dos 10 aos 12 anos, geralmente se sabe como nascem os bebês, mesmo que alguns lembretes possam ter lá sua utilidade. Trata-se agora de ajudar o pré-adolescente

---

22    Papa Francisco, *Amoris laetitia* [Alegria do amor], nº 283.

a compreender a evolução do seu corpo e as duas realidades com as quais agora vai lidar: desejo e fecundidade. Seu coração está fatigado ou escandalizado por conteúdos obscenos: "É nojento", ele diz. É sujo, mas é satisfatório... Como viver o respeito pelo corpo que muda? A questão da pureza e do pudor vem à baila. Cabe a nós ter uma palavra verdadeira, mas também encorajadora, para além do mero anúncio da puberdade, sobre o amor e sobre a sexualidade.

## Por que o controle dos desejos não acontece naturalmente?

Nossa natureza humana é *inexplicavelmente fraca e como que ferida*, segundo a razão humana: "Dá-me um conselho a paixão, outro dá-me a razão; vejo, penso, aprovo o melhor", constatava o latino Ovídio, "mas fazer, faço o pior".[23]

Nós também temos a experiência de *ver o bem e aprová-lo, mas fazer o mal*. A luz bíblica nos faz ver a causa de tal fraqueza: nós somos *feridos pelo pecado*; herdeiros do pecado original e capazes de pecados pessoais. Nós sentimos essa fraqueza humana particularmente no domínio da sexualidade. Somos tentados por uma sexualidade do prazer, correndo risco de usar o outro, de reduzi-lo e escravizá-lo em comportamentos de dominação-submissão, correndo risco de reduzir a si próprio a coisa utilizável. Isso vem da concupiscência, ou cobiça, que entrou no coração do homem após o

---

23 Ovídio, *Metamorfoses*, t. II, l. VII, 20.

pecado. Nós não vemos mais o significado de "dom" do corpo e perdemos com ele o autocontrole pacífico e simples. O *cavalo negro* dos nossos desejos e pulsões desmedidas, como diria Platão, dispara a galope. Somos tentados a procurar um tipo de infinito de gozo que não preenche o coração. É tal concupiscência, tal atração insaciável pelo prazer que a educação para a sexualidade e a cultura da fruição tanto "gabam", nos desviando do amor que nosso coração anseia.

## Integrar aos poucos sua sexualidade

Para agirmos como seres livres, não podemos viver *na dependência nem na escravidão das nossas pulsões sexuais*; não podemos chamá-las "instintos" com uma espécie de fatalismo, para nos isentar: diferentemente do animal, não somos determinados (nem limitados) pelo instinto. Somos pessoas chamadas a exercer sua liberdade. Para viver de maneira *plenamente humana*, nós somos chamados a nos dirigir, a nos governar; não se trata de reprimir nem de domesticar nossa sexualidade, como na visão puritana, mas de integrá-la.

> Integrar a sexualidade é compreender a pulsão sexual; apaziguá-la, dialogar com ela, colocá-la em seu devido lugar. Não se pode domesticá-la nem dominá-la com força de vontade. Trata-se de integrá-la aos poucos numa verdadeira amizade por uma outra pessoa e utilizá-la somente nas condições bem precisas de uma aliança bendita por Deus... A sexualidade é integrada e assumida numa obra de amor e de comunhão em que se procura o bem de uma outra pessoa, ou de

outras pessoas. A energia vital, a energia do amor é, pois, orientada para os outros não através da união dos corpos, mas de outros gestos de bondade, de verdade e de ternura.[24]

Tornar-se capaz de comunhão, dom e amizade, em vez de se deixar levar por suas pulsões, de procurar em todas as coisas o prazer *por si só*, só é possível quando a sexualidade da pessoa é progressivamente integrada. Facilitar essa integração da sexualidade faz parte da educação afetiva e sexual.

Essa integração da sexualidade é facilitada pela educação anterior da criança.

Estar bem radicado no amor (autoconfiança recebida da mãe, autoestima recebida do pai) permite ter um mundo interior mais estável e pacífico. Permite não encontrar um "vazio" no fundo de si nos momentos de solidão, mas amor, e permite viver melhor essa solidão, de amansá-la em vez de fugir dela nos vícios que nos tornam escravos. Estar bem radicado no amor torna-nos capazes de entrar num relacionamento e de amar. É por isso que temos que educar nossos filhos no amor e na confiança.

Aceitar as frustrações, aprender a ir na direção dos outros, a fazê-los passar à frente, desenvolver sua generosidade permite superar o narcisismo infantil do "tudo para mim" e começa a amadurecer. Aí está a base para o aprendizado do dom de si.

---

24 Jean Vanier, *Homme et femme il les fit* [Homem e mulher os fez]. Fleurus/Bellarmin, 1984, 1ª ed., p. 112.

> A pessoa humana deve ser educada, desde a infância, com a ajuda da graça de Cristo e sem temores, para o domínio da concupiscência nascente e para estabelecer com os outros relações de amor genuíno.[25]

Eis o porquê de devermos educar nossas crianças nas virtudes humanas (a fortaleza, a justiça, a prudência, a temperança) para favorecer seu amadurecimento afetivo. Assim sua personalidade se unifica aos poucos. A criança aprende a se "autodominar", o que é necessário para se doar.

Não se pode ganhar sozinho esta batalha íntima pela integração da sua sexualidade. Porque a afetividade e a sensibilidade foram *sensualizadas* pelo pecado, que introduziu em nós o egoísmo da concupiscência e assim nos "desfigurou". Sob a moção do Espírito Santo, elas são pouco a pouco *espiritualizadas*. O poder de Deus se desenvolve na fraqueza humana, unifica a pessoa e a pacifica; é ele que lhe dá *a beleza e a dignidade da semelhança* à imagem de Deus. Seria uma pena privar as crianças e adolescentes de tal luz e tal poder! Aproximemos nosso pré-adolescente dos sacramentos, para que ele receba e viva a seiva da graça. Assim ele poderá orientar suas faculdades a serviço do amor e respeitar e viver o significado de "dom" do seu corpo representado pela sexualidade.

> As palavras de Cristo exigem que neste domínio, que parece pertencer exclusivamente ao corpo e aos sentidos, isto é, ao homem exterior, ele saiba ser

---

25    João Paulo II, *Familiaris consortio* [A comunidade da família], nº 80.

verdadeiramente homem interior, saiba obedecer à reta consciência; saiba ser autêntico senhor dos próprios impulsos íntimos, como um guarda que vigia uma fonte escondida; e saiba, por fim, tirar de todos aqueles impulsos o que é conveniente para a "pureza do coração", construindo consciente e coerentemente aquele sentido pessoal do significado esponsal do corpo ["de dom"], que abre o espaço interior da liberdade do dom.[26]

## Que palavras dizer

Pode-se comparar essa etapa à sexualidade animal?

Apresentando a sexualidade humana como *natural* no sentido *instintivo*, corre-se o risco de incitar os jovens a viver uma sexualidade compulsiva, na qual eles seriam, com a ajuda do hábito, dominados por suas pulsões sexuais, prisioneiro do "sempre mais", isto é, de exigências crescentes do desejo que não é regulado por nenhum instinto do homem. Reduzir o desejo humano ao instinto animal seria um empobrecimento de sentido: isso não é a verdade sobre o amor entre as pessoas humanas.

A linguagem biológica seria mais adequada?

As primeiras menstruações se aproximam; é o momento de informar sua filha sobre os mecanismos da fecundidade. Mas somente o conhecimento sobre o aparelho ovariano não lhe basta para aceitar suas menstruações, nem para captar a beleza da vida e da sua nova fecundidade. Para ajudá-la a descobrir o sentido do seu corpo, sua experiência será um bom ponto de apoio.

---

26    TDC, 48–3.

Assim sendo, o sangue é a vida. A natureza prepara, todos os meses, o útero para o acolhimento de um eventual bebê, para a nidação. Ela o empapa com um sangue precioso e vital, portador dos nutrientes necessários à vida da criança que poderia se instalar ali. Como não maravilhar-se? Que responsabilidade do corpo, tão perfeito, para dar a vida!

A mocinha pode assim aceitar as menstruações, um evento que seria absurdo e ainda mais penoso sem a finalidade do ciclo que tudo muda. É o sentido que mergulha num maravilhamento e leva à aceitação e à responsabilidade de si.

Somente o conhecimento do aparelho genital masculino não indica ao pré-adolescente a maneira de reagir e de se comportar quando os primeiros sinais da puberdade surgem no seu corpo.

A linguagem biológica segue insuficiente, *inadequada* para formar uma consciência madura do corpo e chamar à responsabilidade de si. Ela pode impressionar e até desqualificar os pais, que não se sentem *experts*, se for demasiado técnica. Não esqueçamos a experiência concreta e pessoal da criança com seu corpo; ela não se exprime em linguagem científica. O ponto é, antes de mais nada, fazê-la descobrir e admirar o significado do seu corpo.

> O sexo, isto é, feminilidade e masculinidade, característica do homem — varão e mulher — que permite aos dois, quando se tornam "uma só carne", submeter contemporaneamente toda a sua humanidade à bênção da fecundidade. Todavia, o contexto

completo dessa formulação não permite determo-nos na superfície da sexualidade humana, não nos consente tratarmos do corpo e do sexo fazendo abstração da "origem" e da "comunhão das pessoas", mas obriga-nos desde o "princípio" a descobrir a plenitude e a profundidade próprias desta unidade que o homem e a mulher devem constituir à luz da revelação do corpo.[27]

## O papel do pai com a filha, o da mãe com o filho

O menino aprende com seu pai a respeitar a mulher; tanto por sua atitude pessoal como por suas exigências feitas às crianças neste domínio. Com sua mãe, ele aprende o que é a mulher, sua psicologia particular, sua necessidade de respeito e segurança. Ele descobre assim o respeito que se deve às mulheres, começando por sua mãe e irmãs.

A menina aprende com seu pai qual é a fragilidade do menino e que ela não pode brincar com ela. Com sua mãe, aprende a inspirar respeito por sua maneira de ser, por suas roupas. Se ela é inconsciente ou manipuladora, ela terá um comportamento imprudente ou claramente sedutor que será fonte de *dificuldades* para os meninos. Há uma responsabilidade mútua, mas a da mulher perante o homem é, de certa forma, a primeira.

Nesta idade, assim o menino como a menina têm necessidade de ser tranquilizados quanto ao que estão

---

27  Ibid., 10–2.

se tornando, de sentir a afeição dos pais para melhor se aceitar. Não é o momento de privá-los de ternura a pretexto de que eles se tornaram ingratos! Mas é preciso encontrar o meio apropriado para dar tal afeição. Não se pode tratá-los como bebês; também não se pode adotar com eles um comportamento de sedução, um *equívoco*.

Como ajudar a criança a se aceitar, como fazê-la sentir *até que ponto se deve aceitar a si mesmo*?

O pai fica muitas vezes desconfortável com sua filha porque ele não pode mais fazê-la sentar-se no seu colo. Ela, porém, tem necessidade da sua ternura masculina-paterna e de contatos físicos afetuosos neste período particular para ela. Eis o exemplo de um pai que compreendeu como dar, de maneira apropriada a seus pré-adolescentes, toda a afeição de que eles precisavam durante as partidas que eles assistiam juntos.

Com o filho:

> Muitas vezes seu menino corria até ele para lhe contar alguma coisa. Era evidente que havia entre eles um laço afetivo fortíssimo. Quando eles se falavam, seus olhares se cruzavam mutuamente, sem hesitação, e seus bate-papos eram acompanhados de muitos contatos físicos adequados, em particular quando algo engraçado era dito. O pai colocava frequentemente sua mão no braço do filho, ou seu braço ao redor dos ombros e, por vezes, dava-lhe um tapinha nos joelhos. Às vezes ele lhe acariciava as costas ou o puxava para si, principalmente quando ia fazer um comentário engraçado.[28]

---

28   *Comment aimer vraiment votre enfant?* [Como amar sua criança de verdade?], p. 54.

## Com a filha:

> De quando em quando o pai vinha com sua filha adolescente ver o rapaz jogar. Ela sentava-se ao lado do pai ou logo à frente dele. Uma vez mais, esse pai amoroso e cheio de *know-how* se comunicava com a filha de modo adequado. Ele fazia muitos contatos visuais e físicos, mas, devido à idade dela, não a colocava no colo nem a beijava como faria se ela fosse mais jovem. Frequentemente ele a tocava ligeiramente nas mãos, nos braços, no ombro ou nas costas. Ocasionalmente lhe dava um tapinha nos joelhos ou se inclinava na direção dela, principalmente quando acontecia algo de engraçado.[29]

Talvez tenham esta ideia falsa de que o contato é "pervertido". Mas nossas crianças têm necessidade de um *toque de ternura* para se sentirem amadas e aceitas.

Nesta idade, as crianças participam mais das conversas dos pais. É a ocasião de abordar vários assuntos, de escutar e respeitar seus pontos de vista. Elas serão muito sensíveis ao fato de serem reconhecidas e valorizadas. Permaneçamos próximos e afetuosos, mas não intrusivos. Isso facilitará a *passagem* para a adolescência.

> Ver uma terceira proposição de conversa
> com a criança no caderno prático; com a menina,
> p. 327; com o menino, p. 340.

---

29  Ibid.

PARTE IV

# COM O ADOLESCENTE: MATURIDADE PARA AMAR

*O homem não pode limitar-se a pôr o coração
em estado de contínua e irreversível suspeita por
causa das manifestações da concupiscência da carne e
da libido, que, em particular, um psicanalista descobre
mediante as análises do inconsciente. A Redenção é uma
verdade, uma realidade, para a qual o homem deve sentir-
-se chamado pelo nome, e chamado com eficácia. [...]
As palavras de Cristo, pronunciadas no Sermão da
Montanha, não são apelo lançado no vazio. Não
são dirigidas ao homem inteiramente chafurdado na
concupiscência da carne, incapaz de procurar outra
forma de relações recíprocas no âmbito da eterna atração,
que aparece na história do homem e da mulher "desde
o princípio". As palavras de Cristo testemunham que a
força original (portanto também a graça) do mistério
da Criação se torna para cada um deles força (isto é, a
graça) do mistério da Redenção. Isto refere-se à mesma
"natureza", ao mesmo substrato da humanidade da
pessoa, aos mais profundos impulsos do coração.*
— João Paulo II, TDC, 46–4 e 5

Com a puberdade, a criança entra na adolescência. Mas a passagem torna-se difícil graças às fortes pressões que são exercidas sobre o recém-adolescente e o fragilizam *no momento em que ele está vulnerável.*

I

# DURANTE A PUBERDADE, GRANDES PRESSÕES

## A identidade em pauta

### Minha identidade é uma simples sensação?

No momento em que se torna mulher, a adolescente ouve que a identidade sexual não passa de um *sentimento* e que ela poderia escolher se estruturar na negação de si, de sua feminilidade. Seria melhor, numa sociedade mais dura, desenvolver qualidades masculinas para se impor e negar sua feminilidade? Então, tornar-se mulher, amar como mulher não passaria de uma opção nem tão pertinente? Sua feminilidade não passaria de uma arma para amarrar o menino cuja fragilidade ela percebeu e fazer dele um objeto? Como compreender, então, a nova e fortíssima experiência da adolescente com seu corpo, que descobre que ele é *seu*, e que ela tem uma intimidade? Que faz ela se perceber como uma e única, "alguém" que pode dizer "eu", que anseia por independência, que experimenta a liberdade? Que sonha, no coração, com amar e ser amada? A adolescente precisa interiorizar o que é tornar-se mulher para sê-lo na cabeça e no coração, não apenas no corpo.

O corpo do menino muda, torna-se o corpo de um homem. Mas que é um homem? Hoje, a masculinidade é muitas vezes sinônimo de dominação, uma dominação que a pornografia apresenta como extremamente violenta. O gosto pela luta, a manifestação de uma autoridade ou a lembrança do "princípio de realidade" são no mais das vezes percebidos como *agressivos* ou *repressivos*. Valoriza-se mais as qualidades femininas, como a empatia ou a busca pelo consenso. O adolescente poderá (deveria?) se estruturar na negação de si, na negação de sua masculinidade?

Também fala-se a ele sobre "bissexualidade", intimando-lhe a, como a menina, "tudo experimentar, para descobrir quem ele é"; é a imposição de ter experiências sexuais de todo tipo, desconectadas da dimensão do seu coração e do seu eu profundo. O menino interioriza o que é tornar-se homem para sê-lo na cabeça e no coração, não apenas no corpo. Essa interiorização se faz pela identificação, desde a infância, com seu sexo:

> A identificação é a operação central da construção da criança. Compreende-se que os pais, referências essenciais, constituem a base dessa construção. [...] Torna-se menina ou menino ao identificar, em cada um dos pais, sua parte masculina e sua parte feminina. Daí a necessidade de ter pais bem diferenciados um do outro, que, na sensorialidade de sua educação, afirmem seu sexo, para que a criança possa se localizar. Identificar-se é captar na

mãe e no pai tudo o que é da ordem da identidade sexual e tudo que não tem nada que ver com sua sexualidade.[1]

Um dos grandes desafios para os pais está aí, desde a infância: criar a confiança para ser imitável, escutado e seguido; dessa forma permitir à criança, depois ao adolescente, identificar-se com seu sexo através da imitação do pai do mesmo sexo, sob o olhar benévolo, positivo e vaporizador do pai do sexo oposto. Seu sexo não é um "sentimento", mas um dado real, recebido e pré-ético, inscrito por seu patrimônio genético em cada célula do seu corpo. Esse dado — ser do sexo masculino ou feminino — faz parte dela, a constitui desde sua concepção. A criança tem necessidade de descobrir o que esse fato diz sobre ela própria, de que significado ela é portadora.

## Ainda em formação, portanto homossexuais?

Nesta idade de grandes transformações, o menino e a menina são vulneráveis. Eles estão se procurando e ainda estão incertos afetivamente, incertos quanto à própria sexualidade.

---

1   Marcel Rufo, *Tout ce que vous ne devriez jamais savoir sur la sexualité de vos enfants* [Tudo que não te contaram sobre a sexualidade dos seus filhos]. Paris: Éditions Anne Carrière, 2003, p. 103. A expressão "sexualidade dos seus filhos", deveras freudiana, é contestável. A criança tem um corpo sexuado, mas não em sentido estrito de vida sexual antes das mudanças hormonais da puberdade. No sentido de desenvolvimento dos sentidos, poderia se falar em "sensualidade".

## "Bissexuais" ou incertos?

Dizer que o adolescente é *bissexual* é, hoje em dia, admitido para designar seu estado neste período transitório da vida: ele está em formação para ser homem ou mulher, ele está em meio à mudança. Mas isso traz uma confusão suplementar ao relativizar os dados do corpo sexuado; e deixa-se a menina acreditar que ela *seria* uma menina que pode amar um menino e/ou uma outra menina, e o menino acreditar que ele *seria* um menino que pode a um só tempo amar uma menina e/ou outro menino.

Na realidade, neste estado da vida, o adolescente está se procurando. Parece mais justo dizer que ele está incerto quanto à sua sexualidade nascente porque ele ainda está se tornando homem ou mulher. Ele não sabe exatamente aonde está indo; lhe é preciso integrar essa realidade que ele percebe de maneira nova, "eu tenho um corpo sexuado", e compreender o que isso quer dizer: ele está à porta de se tornar o que é, mas ainda não o é plenamente, em ato. A imitação do pai do seu sexo ou, à falta de um adulto de referência, de uma figura do mesmo sexo que ele, permitirá ao jovem adolescente se identificar, tornar-se plenamente o que é.

### MEDO DO OUTRO SEXO, POR ISSO BUSCA PELO SEMELHANTE?

A pessoa do outro sexo começa a atraí-lo, mas ao mesmo tempo representa o desconhecido. E o desconhecido amedronta! Daí a procura pelo igual, tão típica da adolescência. Mesmo se a menina vestir um *look menininha*, que indica sua vontade de agradar aos meninos, ela se refugia na bolha de amizade entre meninas. Ela investe nessa bolha de maneira exclusivíssima, chegando a se fundir com ela. O outro é o espelho de si, o duplo que ela vai procurar para se encontrar e se tranquilizar, de maneira narcisista. Essa procura do igual não é homossexualidade, mas homofilia:[2] *a amizade pelo igual*. Essa é uma etapa normal e transitória de seu desenvolvimento e é preciso dizê-lo ao adolescente.

Os adolescentes têm necessidade de entrar em relações de amizade autênticas que lhes ensinem a abrir o coração mais largamente, para aos poucos *se desfundir* de uma amizade demasiado exclusiva. Eles têm suficiente autoconfiança para fazê-lo? Eles têm boa autoestima? Eles são valorizados pelo que são? Eles são suficientemente amados, eles se creem amados? Trabalhar esses pontos com antecedência facilitará sua inserção entre os outros, os ajudará a amadurecer e a desenvolver amizades verdadeiras, mais abertas. Tais relações de amizade são ao mesmo tempo o antídoto aos vícios, principalmente ao vício em pornografia; ao preencher o coração, elas preenchem o vazio que leva à procura de compensações e contribuem para uma melhor autoestima.

---

2   A homofilia, amizade apelo igual, não é sinônimo de "homossexualidade", que designa exatamente o que a homofilia não é: uma atração, sobretudo sensível, pelo igual.

## EROTIZAÇÃO DAS RELAÇÕES HUMANAS E, PORTANTO, DA AMIZADE?

Com base em sua incerteza, em sua procura por si, a mensagem de que vale tudo e de que a maioria das relações humanas são *necessariamente sexualizadas* aumenta a confusão do adolescente. Freud quis reabilitar a sexualidade, mas exagerou a importância dela ao torná-la a chave de explicação de todos os nossos comportamentos. Ao sexualizar as relações humanas, ele introduziu uma suspeita sobre as intenções do coração do homem.[3] Esta é uma das causas da confusão em que se encontra nossa criança, da nossa dificuldade em fazer nossa parte e de reabilitar a dimensão do coração, do gesto desinteressado, da ternura. Essa dimensão é logo vista com suspeita, como errada.

A erotização das relações humanas pode acarretar duas consequências: que nossa criança, na adolescência, se fixe na homofilia que se torna homossexualidade. Se toda relação é sexual, a amizade também o seria? A homossexualidade, sobretudo a feminina, se desenvolve com base nessa confusão que contribui para a fixação do adolescente na procura do igual e de si, ao menos de quatro maneiras; com base numa imaturidade que a leva a se fundir com as amizades; com base na pressão que ordena os adolescentes a tudo experimentar para descobrir quem são; também com base num medo da sexualidade masculina, muitas vezes vista como brutal, dominadora e portanto ameaçadora, graças à

---

3   Cf., por exemplo, Freud, *Psychopathologie de la vie quotidienne* [Psicopatologia da vida cotidiana]. Paris: Petite bibliothèque Payot, 1986, p. 296.

impregnação de conteúdos pornográficos na mente. Com base, enfim, numa atividade fantasiosa e uma excitação sexual obtida com imagens pornográficas de pessoas dos dois sexos, inclusive *do seu*.

Outra consequência do *tudo-é-erótico* é o medo e até mesmo a recusa pela amizade com uma pessoa do mesmo sexo por medo de que ela seja sexualizada!

O adolescente precisa de ajuda para atravessar este estado normal e necessário do seu desenvolvimento; ele precisa ser tranquilizado sobre o que ele é para poder viver plenamente as belas amizades desta idade, com toda a tranquilidade, sem se fechar.

## Pornografia como iniciação sexual?

A idade média da primeira exposição à pornografia é hoje de 11 anos na França.[4] Ainda não se fala o bastante sobre o quanto uma pessoa ferida pela pornografia é potencialmente perigosa para o seu entorno, sobretudo para as crianças: sob o efeito de uma pulsão *como que irresistível*, ela pode se comportar como uma predadora sexual.[5] Uma criança que é vítima de imagens sujas ou de toques impróprios pode se comportar da mesma forma com outra criança do seu entorno. Assistir a conteúdos pornográficos não é somente "questão de escolha pessoal", é um flagelo que tem duras consequências sociais.[6]

---

4   Segundo H. Walther, fundadora do *site* ennocence.org.

5   Ver na quinta parte, "Perante agressões sexuais", a análise do impacto da pornografia. Ver igualmente *Les parents, l'école et la sexualité* [Os pais, a escola e a sexualidade], pp. 50–53.

6   Exclusão social, perda do laço conjugal, toques indevidos em outrem, atos de pedofilia e outros crimes sexuais...

FALAR DE AMOR COM NOSSOS FILHOS

A hipersexualização de mocinhas muito jovens é indissociável da banalização da pornografia como modo de educação para a sexualidade dos meninos. A banalização traz o princípio da dominação performática masculina; ela induz a comportamentos sexuais violentos e legitima o assédio. A hipersexualização participa do desenvolvimento de condutas arriscadas e sobretudo para a anorexia mental pré-púbere[7] (37% das meninas de 11 anos estão de regime). As menininhas hipersexualizadas desenvolvem sua feminilidade integrando comportamentos e atitudes de submissão, como os "fetiches sexuais". Para muitas delas, a primeira experiência sexual é a felação, a qual se submetem para *ter um namoradinho*, para *fazer como as outras*. O ambiente de certas escolas se torna pesado, com casos de assédio ou *web*-assédio de consequências graves, por vezes chegando ao suicídio.

> O pornô influencia a maneira como os rapazes veem as mulheres. Se ninguém lhes ensinou o que é consentimento, eles não podem descobrir sozinhos. Quanto às meninas, confrontadas com imagens degradantes das mulheres elas imaginam que é normal ceder a todas as práticas, aceitar tudo.[8]

A pornografia tende a normalizar o que se deveria chamar de "comportamentos de prostituição". Ela

---

7   Ver o relatório "Hyper sexualisation des petites filles" [Hipersexualização das meninas], no *site* social-santé.gouv.fr, p. 10.

8   Professor Israël Nisand, "Le porno véhicule une image désastreuse des rapports entre les femmes et les hommes" [O pornô transmite uma imagem deplorável das relações homem-mulher], artigo publicado em *Le Figaro*, 25 de novembro de 2017, p. 3.

mostra, com efeito, a prostituição do corpo. Tornar-se mulher é tornar-se uma mulher-objeto e submeter-se às necessidades sexuais do homem, numa espécie de renúncia de si? Essa tal feminilidade de que se fala, como compreendê-la e vivê-la de maneira humana e pessoal?

Tornar-se homem é tornar-se um macho dominador? Essa masculinidade de que se fala, como compreendê-la e vivê-la de maneira humana e pessoal? Que alternativa propor diante dos estereótipos *macho-fêmea*, estereótipos verdadeiramente problemáticos?

À hora em que o coração desperta e começa a ter sonhos de amor, de relação com o outro, a pornografia propõe como anti-modelo uma sexualidade predominantemente masturbatória, pulsional e totalmente desconectada assim do amor como da vida. Os adolescentes devem saber que têm acesso à essa oferta gratuita e aditiva e que caem como moscas numa armadilha. A sexualidade mostrada é falsa, exagerada, performática, impessoal, desumana. Ela promete um prazer que foge tão logo é atingido e torna-se cada vez mais difícil de obter. Ela fecha na solidão ao se isolar socialmente.

Cabe a nós alertar nossos filhos e agir *de antemão* através de uma educação afetiva bem feita, que comunique um maravilhamento perante a beleza e a verdade do corpo, e pela relação de confiança que o enraíza no amor e o torna, por isso mesmo, menos inclinado a procurar compensações. Cabe a nós ajudá-lo a curar-se também.[9]

---

9    Ver as propostas da parte v, p. 215.

## Minha fecundidade, uma ameaça?

Com a puberdade e as primeiras menstruações para a menina, as primeiras ejaculações para o menino, o adolescente descobre sua fecundidade. Mas o discurso sanitário se mostra urgente: "Atenção, se proteger, ameaças, perigo, riscos". Essa mensagem impede a descoberta positiva da fecundidade, que frequentemente permanece ignorada. Ela quebra o ímpeto do coração na idade em que ele se abre à vida e aos outros. O desejo da criança é legítimo? A menina tem direito de deter essa esperança nascente em seu coração? Já o menino, ele sabe que agora pode se tornar pai?

É o momento de chamar meninos e meninas a viver uma responsabilidade *humana* sobre suas escolhas e seus atos perante a criança tornada possível, perante o outro e perante si próprio. É o momento de redescobrir a beleza da feminilidade, e de recordar nossas meninas de que ela é uma *vantagem*. Pensar o futuro com a consciência dessa *vantagem* irá ajudá-las a preservar sua intimidade como um tesouro, irá ajudá-las a formar em seu coração um lugar para a criança. Elas poderão prepararem-se para se realizar enquanto mulheres, segundo sua feminilidade lhes indica. Não *contra* o homem, mas *com* ele. A fecundidade não é uma ameaça. Ela é, para todos, uma promessa.[10]

---

10  Desenvolver um novo feminismo de respeito *recíproco* é um desafio para os nossos tempos: nem *#Metoo* nem favorável a "uma liberdade de importunar, indispensável à liberdade sexual" (manifesto publicado em *Le Monde* de 9 de janeiro de 2018). Cf. o artigo "Le féminisme à l'épreuve de la maternité" [O feminismo à prova de maternidade], de M. Gabrielle de Loynes, publicado em *Aleteia* em novembro de 2017.

## Relações precoces e instabilidade

As relações sexuais precoces dos adolescentes se tornaram banais. Consideradas de fato como um direito e vividas muitas vezes como uma espécie de passagem obrigatória, como são decepcionantes! — segundo eles próprios confessam.

*Sonhar com amor...*

> GWEN, 15 ANOS: "A primeira vez? Foi durante um curso de música. Eu tinha 13 anos... Agora, eu espero a pessoa certa. Já saracoteei muito, quero fazer *amor de verdade*. Meus pais não sabem nada da minha vida".[11]
>
> GUILAIN: "Eu conheci a primeira menina com quem dormi no casamento da minha irmã. Eu tinha 17 anos, e ela, 15... Eu não tenho nenhuma lembrança extraordinária disso. Eu espero que com um pouco de sentimento seja melhor. Em todo caso, não poderia ter sido pior. Eu gostaria de amá-la de verdade... Eu me pergunto onde está aquela com quem viverei até o fim da minha vida".[12]

Tudo *parece* fácil, mas o discurso é enganador. Pode-se buscar suprimir as consequências físicas dos atos, com um sucesso aparentemente limitado; não

---

11   Extrato da pesquisa de Anne-Marie Revol, *Comment la jeune génération des villes et celles de cités vivent leur sexualité* [Como a nova geração de cidades e regiões vivem sua sexualidade]. "Réfléchir avant de donner" [Refletir antes de dar], publicado em *Le Figaro* de 4 de janeiro de 2000, p. 8.

12   Ibid.

se pode escapar das consequências humanas. O corpo não pode ser utilizado impunemente *como uma coisa* sem que a pessoa que é senhora do corpo sofra. É a própria pessoa que não está em segurança. Quem gosta de ser tratado e considerado como um meio? "É o desafio de contrastar a cultura do descarte, que hoje tem tantas expressões".[13]

Por que não escutar as aspirações de nossas crianças? Quando eles "formam casaizinhos", cada vez mais cedo (desde o ensino fundamental ii), eles mostram que estão à procura do amor. Eles também não querem estar sozinhos nem se parecer como este ou aquele que não tem ninguém. Mas não há nada além sofrimentos quando se vai de término em término: os adolescentes testemunham sua *decepção* perante a sexualidade banalizada que lhes é proposta.

"Paradoxalmente, à hora da pílula, do aborto, entre os 15 e 25 anos, o amor fica cada vez mais ligado ao projeto de vida que ele induz". Os jovens diferenciam o "sexo casual" do "amor", e sonham "em ser o escolhido ou a escolhida de um ou de uma só".[14] Não fazer *como os outros* exige caráter, um caráter que deve se formar em nossas crianças.

## ... e se desesperar

Em 2019, os jovens tendem a se desesperar do amor. Eles se dividem em porções bem definidas, que eles desejam tão estanques quanto possível: de um lado, a

---

13    Papa Francisco, Discurso à comissão italiana de bioética, 28 de janeiro de 2016.

14    *Le Figaro*, 4 de janeiro de 2000, p. 8.

sexualidade (muitas vezes um lugar de pulsões difíceis de controlar e por isso fontes de vergonha; do outro, uma vida estudantil, profissional, social, por vezes cheia de engajamentos, *salvo* o mais importante: o dom de si numa relação de amor durável. A idade do casamento se afasta, e muitos só viverão esse engajamento tardiamente, por volta dos 35 anos. Outros desenvolvem uma relação, mas dizem *"no sex"*, por medo de que a irrupção da sexualidade na relação estrague tudo, ou que se forme um arranjo temporário que dure demais. Outros, por fim, se fecham na pornô-dependência e no autoerotismo narcisístico, se satisfazendo estando sós, ao passo que experimentam um sofrimento abissal.[15] Amar verdadeiramente, ser o escolhido ou escolhida de alguém, isso se prepara com uma educação afetiva e sexual integral que seja *desde a infância* uma educação para o dom, para a gratuidade, para a amizade e para o amor.[16]

## As vulnerabilidades do adolescente perante a solidão

A puberdade é tempo de esperança, entusiasmo, generosidade, mas também de fragilidade, vulnerabilidade, dúvida. No momento em que ele está fragilizado pelas mudanças do seu corpo, pode-se querer fazer o

---

15 "O sujeito está diante de uma isca e encontra o mal-estar inicial, o vazio afetivo que está diante dele há muito tempo" (afirmação coletada por Manon Hombourguer); cf. atlantico.fr/decryptage/comment-devient-on-accro-au-porno-michelle-boiron.

16 O livro de Denis Sonet, *Découvrons l'amour* [Descubramos o amor], publicado por Mame/Edifa, segue uma referência para acompanhar os adolescentes.

adolescente acreditar que ele está "sem lenço nem documento", constrangendo-o a se fazer, a se inventar a si próprio. É o peso que queriam fazê-lo carregar o existencialismo ateu trazido pelo feminismo, pela educação "para a sexualidade" e pela teoria de gênero. O peso de uma liberdade *absoluta*.

> Dostoiévski escreveu: "Se Deus não existe, tudo é permitido". Eis o ponto de partida do existencialismo. Com efeito, tudo é permitido se Deus não existe e, por consequência, o homem está desamparado, porque ele não encontra em si nem fora de si nada a que se aferrar. Ele não encontra mais desculpas. Se, com efeito, a existência precede a essência, não se poderá jamais nada explicar tendo por referência uma natureza humana dada e fixa: [...] o homem está liberto. Se, por outro lado, Deus não existe, não encontramos à nossa frente valores ou ordens que legitimarão nossa conduta. Assim, [...] estamos sozinhos, sem justificativas nem desculpas. O existencialismo [...] pensa, pois, que o homem, sem arrimo nem socorro algum, está condenado a inventar o homem a cada instante. [...] O desamparo implica que nós próprios escolheremos o nosso ser.[17]

O homem estaria condenado a carregar o fardo de uma liberdade onipotente, esmagadora; estaria "condenado a se inventar"; a teoria do gênero se origina desse pensamento.

---

17 Sartre, *L'existentialisme est un humanisme* [O existencialismo é um humanismo]. Paris: Nagel, 1970, p. 36 e 49.

## A experiência da solidão, experiência de um "vazio identitário"?

A experiência da solidão é uma experiência forte e profunda da puberdade. Conceber a liberdade como uma independência absoluta torna essa experiência uma grande angústia: uma angústia de abandono.

> A criança, o adolescente, é vulnerável. Ele se procura, e se se lhe convence de que ele não tem identidade sexuada e sexual, ou que não há necessariamente estas naquelas em que seus pais o fizeram crescer — o que é o coração da mensagem desferida na escola — e que ele pode escolher à vontade uma outra identidade, até mesmo não escolher nenhuma e desempenhar todas, ele é conduzido a um vazio identitário totalmente desestruturante.[18]

Com, por consequência, a procura de compensações variadas para tentar preencher o vazio do coração e fugir à angústia de uma solidão sem esperança; e, para certos adolescentes, a parada do amadurecimento, o retraimento no narcisismo e a procura tranquilizadora do igual nas amizades homófilas que tornam-se homossexuais.

Negar ou recusar a diferença é desenraizar o adolescente muitas vezes já assentado sobre um ramo familiar frágil e instável. É lançar em descrédito o amor de onde ele se origina e impedi-lo de receber esse amor. É, ainda, privá-lo do orgulho de ser ele próprio, impedi-lo de sonhar com o amor e mesmo lhe interditar todas as esperanças. É enclausurá-lo numa solidão vivida na

---

18  B. Levet, entrevista publicada em FC, nº 2022, pp. 16–18. Ver também, do mesmo autor, *La théorie du genre ou Le monde rêvé des anges* [A ideologia de gênero ou o sonho dos anjos]. Paris: Grasset, 2014.

desolação do abandono: a solidão fragiliza quando o faz tocar o vazio em vez do amor.

> Em certo grau, a solidão é útil e mesmo "necessária" neste período da existência [a puberdade]. O que causa sofrimento, a patologia, é que essa solidão pode levar não a um encontro consigo, mas a um encontro com o vazio. Ela [a criança] encontra algo que não é suficientemente tranquilizador para lhe permitir se dizer que por si mesmo ele pode encontrar os suportes que desde a infância foram preparados como suportes suficientemente sólidos. [Os suportes] que lhe dão o sentimento de que ela pode ir de encontro ao outro sem desconfiança, sem agressividade, sem raiva, mas, ao contrário, com certa confiança, certa tranquilidade. [...] Se não há um mundo interior suficientemente tranquilo, *suficientemente apaziguado*, numa situação de dificuldades, se viverá sofrimentos, tensões que vão levar, paradoxalmente, a ciclos viciosos que não fazem senão repetir as situações iniciais.[19]

Como apaziguar o mundo interior? A experiência do vazio na adolescência é dolorosa porque é a experiência da ausência do (A)amor. Mas a experiência da solidão não se resume a isso.

## Se eu venho do (A)amor...

Se eu venho do (A)amor, minha vida tem sentido. Minha diferença também. O adolescente nasceu menino *ou* menina, salvo doença ou "anomalia" fisiológica, *e ele é chamado a sê-lo plenamente.*

---

19   Doutor Alain Braconnier, *Qui parle de solitude?* [Quem fala da solidão?]. Ver unesolitudeunblog.fr, artigo de julho de 2007.

A criança que vê sua vida como uma bênção, ou ao menos como uma oportunidade, pode passar do medo à aceitação da sua diferença e assim *abandonar a solidão pelo amor*. Recebendo-se no amor, ele é liberto da independência da solidão, da angústia do desamparo, da condenação de ter que se inventar infinitamente. Tranquilizado, seguro no amor, ele pode se "recolher em si" para se doar: esse "recolhimento" é necessário para o seu amadurecimento e faz parte da passagem da adolescência.

## Orgulhoso de ser quem se é

Para libertar a criança do medo e da angústia da solidão, também mostremos a ela o sentido da sua diferença e as promessas que ela contém. Orgulhosa da sua diferença, feliz por ser quem é, ela poderá superar a procura tranquilizadora por si mesmo para ir *rumo ao outro, inclusive rumo ao outro ainda mais estranho, que é a pessoa do outro sexo.*

> A educação sexual deveria incluir também o respeito e a valorização da diferença [...]. Para além de compreensíveis dificuldades que cada um possa viver, é preciso ajudar a aceitar o seu corpo como foi criado, porque "uma lógica de domínio sobre o próprio corpo transforma-se numa lógica, por vezes subtil, de domínio sobre a Criação [...]. Também é necessário ter apreço pelo próprio corpo na sua feminilidade ou masculinidade, para se poder reconhecer a si mesmo no encontro com o outro que é diferente. Assim, é possível aceitar com alegria o dom específico do outro ou da outra, obra de Deus criador, e enriquecer-se mutuamente". Só perdendo o medo à diferença é que

uma pessoa pode chegar a libertar-se da imanência do próprio ser e do êxtase por si mesmo, [...] de modo que a pessoa não pretenda "cancelar a diferença sexual, porque já não sabe confrontar-se com ela".[20]

Essa valorização da diferença pode se fazer desde a mais tenra idade, como vimos. Vale a pena crescer e se preparar para amar se as coisas têm um sentido. É incrivelmente prazeroso crer no amor. A falta de radicação no amor é, ao contrário, a base da angústia do abandono: essa angústia é reativada na experiência da solidão mal vivida, como experiência *do vazio, do "desamparo", da ausência do amor*, e não como experiência "original". Nós somos de tal modo feitos para o amor que essa experiência é insustentável. Longe de todo moralismo e do pode/não-pode, a educação afetiva e sexual é chamada a radicar a criança e o jovem *numa interioridade* (a dimensão do coração) e mais ainda no amor (que o coração reclama). Ela poderá assim ter a experiência existencial da solidão e *se receber para ser doar.*

> Essa experiência parece particularmente viva na adolescência, na idade em que a tomada de consciência do corpo, no momento do desenvolvimento das características sexuais da pessoa, acompanha o mesmo processo do eu. As descobertas do "eu" e do corpo estão ligadas, e o despertar do corpo contribui para a tomada de consciência de um eu *individual* [...]. Mas a descoberta dos valores sexuais do seu ser, das características da masculinidade ou da feminilidade, da sexuação da pessoa retoma também a consciência

---

20  Papa Francisco, *Amoris laetitia* [Alegria do amor], nº 285.

de se estar *separado*, de estar não só sozinho enquanto ser individual, mas de estar sozinho enquanto separado de um outro. Essa tomada de consciência da separação faz com que se comece a se dirigir para o outro. [...] Ela é a experiência de uma espécie de impotência, de uma falta fundamental.[21]

É vital para o adolescente que essa experiência seja a experiência de uma solidão povoada e que ele possa "se receber" como um dom. *"Eu sou alguém que foi querido pelo amor*, e por isso minha vida tem sentido. Se eu venho do amor, eu sou amável; eu posso me arriscar a dar minha confiança, a me preparar para amar. Quando me descubro sexuado, separado, compreendo que assim o é *para* que eu possa amar. Eu aprendo a *domesticar* minha solidão".[22]

A felicidade está em radicar-se no amor. A felicidade original fala-nos da "origem" do homem, que surgiu do Amor e deu seus primeiros passos no amor. E isso aconteceu de modo irrevogável, apesar do pecado que veio depois e da morte. A seu tempo, Cristo será testemunha deste amor irreversível do Criador e Pai, que fora já expresso no mistério da Criação e na graça da inocência original.[23]

---

21 Inès Pélissié du Rausas, *De la pudeur à l'amour (nouvelle édition de La pudeur, le désir et l'amour)* [Do pudor ao amor (nova edição de *Pudor, desejo e amor*)]. Cerf, 2016, p. 204.

22 "Domesticar tua solidão", cf. *Papa, s'il te plaît, c'est beau, l'amour?* [Papai, me diga, o amor é lindo?], p. 55. Para aprofundar a importância dessa questão, ver Aliette de Clebsattel, *La solitude chez l'adolescent* [A solidão do adolescente]. Paris: Saint-Paul Éditions, 2016.

23 TDC, 16–2.

11

# O QUE DIZER ÀS MENINAS?

## Valorizar-se ou se vender por migalhas?

As transformações que *sobrevieram* ao corpo da menina tiveram consequências sobre a sua fisiologia e sobre a sua psicologia. Eles também tiveram consequência sobre a sua afetividade. Porque a pessoa é una. Às eventuais doenças físicas, à instabilidade do comportamento ligada ao ciclo menstrual, se acrescem o afobamento da imaginação, principalmente com a exacerbação do sonho e do devaneio amoroso, e a aparição do desejo, o despertar da sensualidade.

No seu coração, a moça vê surgirem duas tendências opostas. De um lado, ela pode transbordar de aspirações generosas. Ela quer se devotar a uma causa, cuidar de crianças desgraçadas, dar jeito numa situação injusta. O ímpeto do seu coração, se ela não foi criada de maneira demasiado individualista, a leva a se doar aos outros com generosidade.

Mas ela também pode ter a atitude inversa! Como é tentador brincar com a credulidade do rapaz de quem ela gosta, ainda mais quando ele não percebe nada! Ela queria que ele se ocupasse somente dela, procura deixá-lo com ciúmes para tornar-se o foco *exclusivo* da sua atenção. Ele é sua paquerinha de *papel passado*, e ninguém deve se aproximar dele. Se for muito namoradeira, ela faz esse jogo com vários, para ter em torno de si sua corte. Que prazer conseguir fazer os outros orbitarem em torno de si! Ela vai *sentir prazer em ser a preferida*, de ser aquela que é olhada, e conta isso para si, com certo narcisismo, em seu diário íntimo. Ela é tentada a fazer da própria vida um filme, de interpretar nele a heroína, e de assim se deleitar no *devaneio amoroso*.

No coração da adolescente, coexistem dois contraditórios movimentos, com provável predominância de um sobre o outro, conforme seu temperamento, seu caráter mais ou menos ávido ou possessivo e a educação ela recebeu. Ela adora se devotar e pode ser generosa, mas acha agradável conduzir os outros para si, e sentir que os domina. Por um lado ela quer se doar, por outro é egoísta.

A difusão da sua sensualidade *sobre todo o seu corpo* pode enganá-la sobre si própria. Ao passo que o rapaz nota depressa que está em estado de desejo, isso é menos evidente para a menina, que nem sempre percebe que está pronta para se abandonar. E ela o percebe menos porque não se conhece. Também começa a se perceber que seu coração, suas intenções nem sempre são "puras". Ela se torna *provocante*, ela utiliza seu corpo e brinca com ele para atrair o menino, *sem saber o tamanho do problema em que está se metendo*. No entanto, ela é responsável por ele. Se ela trata seu corpo, conscientemente, como uma coisa, ela não mais o trata com o respeito que lhe é devido. O resultado dessas experiências?

O ferimento e endurecimento do seu coração, como testemunha este trecho de um diário íntimo:

> De tanto ser lisonjeada, cortejada, me tornei terrivelmente ambiciosa. Já não se trata do prazer trêmulo, maravilhado dos meus 15 anos. É uma espécie de embriaguez dura e fria, de me vingar da vida, de subir na vida. Eu flerto, brinco de amar. Eu não amo... Eu ganho inteligência, sangue frio, lucidez. Eu perco meu coração. Ele é como uma ferida... Em dois dias, deixei minha infância.[24]

## Escutar seu corpo para melhor responder por si

Tudo isso mostra a importância de se conhecer e de aprender a prudência. Prudência em relação a si e em relação ao outro... Se ela é imprudente, olhando imagens duvidosas, lendo histórias equívocas, aceitando carícias demasiado emocionantes, perdendo o domínio de si por excesso de álcool às vezes acompanhado de drogas, a adolescente vai perceber logo que *está colocando seu coração e seu corpo em apuros.*

Seu corpo mesmo a adverte. Porque ele funciona, ele começa a ficar em estado de desejo. Ela experimenta uma sensação de lubrificação íntima. Isso lhe "diz" que ela começou a se dispor, pela imaginação, aos olhares ou aos gestos, a experimentar o desejo de viver a relação sexual, ou a procurar por si própria o prazer que o acompanha.

---

24    Citado por Simone de Beauvoir, em *Le deuxième Sexe* [O segundo sexo]. Paris: Éditions Gallimard, 1976, t. II, p. 141.

Esse aviso a incitará uma vez mais a ter mais prudência. Para resguardar seu corpo e viver com um coração puro, isto é, *sem mistura*, é preciso escolher sua ambiência. Ela não é obrigada a *fazer como as outras*, sobretudo se se trata de se submeter a uma prática sexual e de ser instrumentalizada. A relação sexual não é uma passagem *obrigatória* para "entrar no grupo dos grandes". Ela também não é da mesma ordem das práticas sexuais. Ela é um ato humano livre, um dom total de si no amor que requer maturidade, capacidade de envolvimento.

Falemos às nossas meninas de maneira muito *aberta* (mesmo e sobretudo em horas impossíveis). Estejamos disponíveis.

## Sentir não é consentir

Muitos dos jovens que não sabem disso acabam se enganando. Não é porque o corpo sente alguma coisa que se *deve* passar ao ato. O que sentimos nos dá indicações, nos chama a ter mais prudência. Mas isso não nos obriga. Nós não somos determinados pelo que sentimos. Nós somos o que queremos, o que nós decidimos com nossa cabeça e nosso coração. O saber é libertador e protetor. É importante resguardar sua liberdade, não "pagar" para ver. Porque meu corpo sou eu, não uma caixa de ferramentas. E porque existe uma memória do corpo:

> A maior parte dos jovens adultos que vivem suas primeiras experiências homoeróticas, na minha opinião, não são homossexuais, mas creem terem se tornado por causa da pressão bissexual da mídia.

[...]. É importante sempre resguardar sua liberdade e não se deixar influenciar demasiado em matéria de sexualidade. Ninguém deve vos dizer que o sexo da pessoa com quem você quer viver o amor é secundário. Porque isso não é verdade! [...] No início, se faz "só para experimentar" porque se cria estar "apaixonado", sem se sentir profundamente homossexual... Depois, torna-se viciado e termina-se por se apegar a um papel que não se trata verdadeiramente de nós mesmos.[25] A memória do corpo é poderosa e deixa cicatrizes. Sejam prudentes.[26]

## Relacionar-se, ir até o outro, atitude ativa

Para se tornar uma mulher responsável, a moça precisa de ajuda para sair de si, para não mais se autocentrar. Se ela cresce e segue pensando infantilmente que tudo gira em torno do seu umbigo, suas cóleras e caprichos farão todos fugirem e ela tornará seu entorno infeliz.

Ela se prepara para "amar verdadeiramente", para, mais tarde, fazer a alegria do homem da sua vida, ao ir até os outros, ao se deixar, concretamente, ultrapassar pelos outros. Concretamente, isto é, de maneira ativa; tomar responsabilidades aos poucos, cuidando mais delas do que da organização da sua *vidinha* confortável, suas *saidinhas*, seus *exitozinhos*... Amar, se doar, fazer o outro feliz é uma atitude *ativa*, não passiva. Isso exige um treinamento.[27]

---

25  A associação Courage acompanha e dá apoio a pessoas atraídas por alguém do mesmo sexo. Cf. couragefrance.blogspot.com.

26  Philippe Ariño, *L'homossexualité em vérite* [A verdade sobre a homossexualidade], ed. por Frédéric Aymard, 2012, p. 40.

27  O *Petit manuel d'écologie humaine* [Pequeno manual de ecologia humana], de

## E se ela foi longe demais?

> A uma jovem que vinha de tempo em tempo me contar suas besteiras, às vezes graves, perguntei certa vez: "Por que é para mim que você conta isso tudo?". Ela respondeu: "Porque eu sei você me escuta e não aprova". Ela queria poder desabafar para si mesma. Mas ela também queria ouvir dizer, de uma adulta, o que sua própria consciência decerto lhe murmurava.[28]

Nós, pais, precisamos ter força interior; assim para antecipar como para encontrar soluções... *Nunca é tarde demais* para nos ocuparmos de nossas crianças, para amá-las. Nenhuma criança jamais está perdida, não importa quão longe ela esteja.

Minha filha está muito feliz ou muito triste? Ela tem amigos que querem viver como ela, ou ela está isolada num meio que geralmente lhe é hostil? Ela é frágil espiritualmente? Nós precisaremos de muita necessidade de força interior para ajudá-la, ternamente a reencontrar sua força espiritual e sua alegria de viver nos sacramentos, se ela for cristã; a romper com o meio geralmente deplorável, se necessário, a escolher outras atividades, a encontrar outros amigos. A aprender a imitar tantos exemplos de dom de si, de devotamento a uma causa ou a pessoas.

Porque o Amor com "A" maiúsculo exige muito, e uma das coisas que ele exige é usar o corpo *com o respeito (e a santidade)* que lhe são devidos.

---

René Ecochard e Isabelle, ajuda nesse treinamento (Paris: Le Centurion, 2016). Ver também grammairedelavie.fr.

28 Marie Madeleine Martinie, *Communiquer en famille* [Comunicação em família]. Le Sarment, 1998, p. 179.

O QUE DIZER ÀS MENINAS?

### A MATURIDADE É UMA CONQUISTA...

"É preciso de trabalho para alcançá-la. Ela exige esforço; ela exige lutar contra todas as potências que fecham nosso ser em si mesmo, no egocentrismo. Um dos sinais da maturidade é esta capacidade de amar o outro, de compreendê-lo, de se alegrar quando ele estiver alegre e de sofrer quando ele estiver sofrendo"...[29]

---

29  Jean Vanier, cf. revista *Ombres et lumière*, nº 124, p. 19.

III

# O QUE DIZER AOS MENINOS?

## As contradições

O corpo do adolescente indica-lhe que ele está se tornando homem, mas sua afetividade e sua vontade ainda não o são. Daí a contradição que por vezes deixa-o infeliz para si, noutras insuportável para os outros. Nesta idade de reviravoltas hormonais, ele fica estressado. Não aumentemos seu *stress* projetando sobre ele nossas dificuldades, comunicando-lhe nossa ansiedade pelo sucesso... (Nosso perfeccionismo pode fazer estrago: ele leva a criança a crer que sempre estará abaixo das nossas expectativas).

Seu pai irá *compreendê-lo*; ele já passou por isso. Ele está ali para lhe mostrar o caminho a se seguir, para tornar mais humanas as leis e regras de vida ao trazê-las à proporção devida ao seu filho. O pai é aquele que crê na criança, que sempre dá a ela outra chance. Ele a ajuda o melhor que pode no que pode, e *dá o melhor de si nisso*. De *melhora* em *melhora*, a criança poderá progredir sem perder confiança. Se não for assim, ela procurará subterfúgios para o *stress*, para a solidão vivida na angústia do isolamento (por falta de radicação no amor), nas compensações de ordem sexual ou outras.

O adolescente vive de uma outra forma as contradições desta idade. Por um lado, ele quer conquistar e mudar o mundo. Por outro, sente grande dificuldade para orientar sua afetividade, para decidir com sua vontade, para ser senhor do próprio corpo.

Apesar do ar indiferente que exibe, para ele é difícil não olhar para as meninas. E o que ele vê nelas? Por um lado, que elas são bonitas e atraentes, posto que libertas das dificuldades dos meninos. Perante elas, ele fica tímido e não sabe como agir. Ele se refugia num grupo de amigos que o deixa seguro. Mas ele começa a achá-las desejáveis, sobretudo se inconscientemente ou por serem namoradeiras elas se tornam provocantes. Nele desperta o que é desejo de posse e ele bem teria vontade de dominá-las de forma brutal e egoísta.

É difícil lidar com tal contradição, sobretudo numa ambiência erotizada. Ela lhe indica uma grande discrepância entre a quase maturidade do seu corpo e a imaturidade da sua afetividade, da sua inteligência, da sua vontade. Tal discrepância forma a crise da adolescência tanto no rapaz quanto na moça, cada um à sua maneira.

## Por que a crise?

Por um lado, o adolescente sonha em conquistar o mundo. Por outro, se desespera de conseguir fazer qualquer coisa por si. Por quê? Por causa dessa "discrepância".

Pois a maturidade do seu corpo não vem dele: ela depende da natureza. Mas a maturidade da sua vida afetiva, da sua vontade não dependem da natureza. Elas dependem dele. Desde que seu corpo tornou-se o de um homem, *ele lhe indica algo importantíssimo*: ele entra num tempo de preparação para a idade adulta, para uma vida de homem a se realizar. É tempo de maturação da sua personalidade. Compreender o porquê de ele se sentir tão instável pode tranquilizá-lo sobre si próprio: essa instabilidade tem causas neurológicas, e é assim com todos os adolescentes.

### ADOLESCÊNCIA DO CÉREBRO...

"Para interpretar uma informação, o adolescente não solicita a atividade da mesma região cerebral que o adulto. Este deduz os sentidos das coisas com os lóbulos frontais, sedes da lógica e da reflexão. [...] O adolescente recorre à amígdala, o centro emocional do cérebro. Essa exacerbação da emoção vai engendrar mil e uma situações de incompreensão e mal-interpretação da informação. O adolescente recém está adquirindo a leitura da linguagem corporal e da expressão facial, o que o leva, por exemplo, a ler nos olhares de um grupo de camaradas que eles não gostam mais dele. Pior, ele identifica por de trás da inocente pergunta paterna: 'Aonde você vai?' a mania de controle, que o leva a replicar com uma acusação embebida de cólera e por vezes de lágrimas: 'O que você quer é destruir a minha vida!'".[1]

Ao descobrir o seu corpo como corpo sexuado, ele experimenta um ímpeto, um chamado fortíssimo à

---

1    Sheryl Feinstein, *Cerveau em construction. Pourquoi les ados ne raisonnent pas comme nous* [Cérebro em construção: o porquê dos adolescentes não pensarem como nós]. Éditions Fabert, 2010, p. 21.

complementaridade, um desejo de amar *de verdade* que o faz pensar grande. É o *próprio* corpo que lhe traz esse apelo, que lhe faz experimentar a atração pelas meninas, mas também pelo mundo. Ele tem projetos ambiciosos e despreza tudo o que é comezinho e conformista. Por isso ele se opõe aos pais. Ele, que é cheio de ideais, não compreende a vida deles, que lhe parece, bem ou mal, organizada, ordinária, ou demasiado burguesa. Ele vai mudar o mundo.

## Perante o prazer

Seu corpo também lhe permite descobrir o prazer atrelado à vida e ao amor. Isso é normal e positivo. Como o prazer é intenso, surge nele um desejo pelo prazer no autoerotismo ou na dominação da mulher.

Nos dois casos, ele sente em si um egoísmo da afetividade e da carne que conduz à impureza. Ele será um homem quando a sua afetividade for estável e forte para servir de apoio aos outros e tomar responsabilidades; quando sua vontade, em vez de ser uma vontade de potência apontada para dinheiro, sucesso ou poder, souber honrar os compromissos firmados, e dar aos seus, dias após dia, amor com atos. Ele conhecerá a alegria do amor quando souber fazer sua mulher feliz ao doar-se para ela mais do que apenas buscar nela o seu prazer.

Avançar rumo à maturidade, assim para meninas como para meninos, é, portanto, passar de uma afetividade *sentimental e sensualizada* (os outros para mim) a uma afetividade pouco a pouco *integrada, unificada e espiritualizada* (eu para os outros). É um caminho que segue por toda a vida, porque somos fracos e permanecemos marcados pelo pecado.[2]

## Alcançar a responsabilidade sexual

Na experiência que tem da sua fragilidade, o adolescente é tentado a procurar prazer e excitação sexual em imagens pornográficas; se ele tomar isso como hábito, torna-se dependente, prisioneiro de um vício. Seu coração não encontrou o amor e se sente culpado.

Num plano meramente "mecânico", há pouca diferença para uma ejaculação noturna. O corpo reage da mesma forma. Neste último caso, ele elimina um pouco mais de esperma, e, mesmo que ele tenha se agitado na sua imaginação, ele não fez nada. Mas no outro caso é diferente. Muitas vezes ele *sente-se mal*. Com ajuda da fraqueza, havendo tensões, ele fez certas coisas e foi assistir a conteúdos obscenos. Logo depois se viu mais "sozinho" do que antes.

É preciso fazer do autoerotismo um drama? Não. Então é preciso banalizá-lo? Também não. Por haver culpa, hoje em dia se tenta desdramatizar o ato e torná-lo banal. Mas assim se cultiva a *irresponsabilidade*.

## Meu corpo e meu coração

Se o coração se sente culpado, é por não ter encontrado o amor. O desejo de fruir tirou dele o dom de si.

---

2   Quando não conseguimos *amar com atos*, quando contamos apenas com nossas próprias forças, somos tentados a seguir a *cultura da desculpa*... No entanto, com auxílio de Deus, nossa fraqueza pode ser transformada em força: "Pois quando sou fraco, então é que sou forte", disse São Paulo (2Cor 12, 10).

O coração queria amar de verdade, não ser preenchido pelo único *prazer do Paraíso de tristeza* (Rimbaud). E ele lhe "diz" na própria experiência do desgosto por si. Baudelaire o exprimia assim no poema *Uma viagem a Citera*:

> *Vênus, em tua ilha eu vi um só despojo*
> *Simbólico: uma forca, e nela a minha imagem...*
> *— Ah, Senhor, dai-me a força e insuflai-me a coragem*
> *De olhar meu coração e meu corpo sem nojo!*[3]

O corpo deveria obedecer às "exigências hormonais", como se diz por aí? Mas nós não somos dirigidos de um lado por nossa vontade, pelas grandes decisões de nossa vida, e do outro por nossas pulsões pela vida do corpo. A pessoa humana não é dupla; ela é *una*. Meu corpo é chamado a se permitir amar, e o amor faz parte das grandes decisões da vida. Em verdade, ele é a maior delas!

Expliquemos aos nossos adolescentes que, embora a pessoa humana seja una, a natureza humana é fraca... em todos nós. As dificuldades que ele enfrenta são sinais disso.

> É em razão do pecado que, desde o princípio, o homem está de certa forma "deserdado" de sua própria humanidade. O pecado tira do homem — de várias maneiras — o que determina sua verdadeira dignidade: a imagem e semelhança de Deus. [...] Quanto mais o homem torna-se "escravo do pecado" (Jn 8, 34), menos ele goza da liberdade de filho de Deus.

---

3    Charles Baudelaire, *As flores do mal*, tradução de Ivan Junqueira. Nova Fronteira, 2013 — NT.

Ele deixa de ser senhor da sua pessoa, conforme seria exigido pela própria estrutura da sua pessoa.[4]

Não nascemos livres; somos chamados a nos libertarmos. O domínio progressivo sobre o corpo é um caminho rumo à liberdade, rumo à plenitude da nossa humanidade.

## Libertar-se

O adolescente deve poder exprimir suas dificuldades. Para isso, ele precisa de esteios fortes. Eles o ajudarão a formar sua consciência para crescer de maneira verdadeiramente humana e tornar-se livre.

Descobrir as situações, a ansiedade ou o estado de tensão que provocam esse desejo de relaxamento através do prazer, aprender a relaxar de outra forma, se interessar no que se passa no mundo, irá muito ajudá-lo a sair de si. É possível libertar-se do vício em pornografia. Sobretudo saindo do isolamento através da abertura para os outros e do desenvolvimento de verdadeiras relações de amizade, um recurso frequente da graça de Deus.[5]

> É ele [o Senhor] que dá forças ao cansado, que prodigaliza vigor ao enfraquecido. Mesmo os jovens se cansam e se fatigam; até os moços vivem a tropeçar, mas os que põem a sua esperança em Iahweh renovam as suas forças, abrem asas como

---

4 João Paulo II, catequese sobre o pecado original, "O pecado, alienação do homem", audiência de 12 de novembro de 1986.

5 Cf. Parte IV, capítulo III.

as águias, correm e não se fatigam, caminham e não se cansam (Is 40, 29–31).

*Seja como for*, nossa criança precisa de um feixe de esperança. Nós que traremos essa esperança, porque "se o nosso coração nos acusa, Deus é maior do que nosso coração e conhece todas as coisas".[6]

Se o adolescente for sincero, perceberá que suas dificuldades se tornam menores. Ele aos poucos conseguirá ter domínio de si, não de maneira rígida, mas equilibrada e humana, integrando pouco a pouco seus desejos. Esse equilíbrio seguirá frágil, ele deverá velá-lo e estabelecer uma *guarda à porta do seu coração e dos seus sentidos*.

Esse domínio de si permitirá que ele também se *doe* àquela que ele desposará, se esse for seu caminho, que ele procure sua alegria na alegria *dela*. Ele precisa dominar seu corpo e seu desejo para conquistar isso. Não é automático, nem apenas *técnico*; não é uma questão de *performance*, mas de domínio de si, de amor e de ternura. Isso requer aliar à espontaneidade do desejo a maturidade da pessoa capaz de amar.

E se ele não casar? O domínio de si irá ajudá-lo a viver sua vocação específica, o *dom* da sua pessoa.

O adolescente que cresce ainda precisa do amor incondicional dos pais, precisa saber que é amado *sentindo* esse amor.

> Para que um *adolescente* possa se identificar com seus pais, para que ele possa manter com eles contatos

---

6    1Jo 3, 20.

estreitos e seja capaz de aceitar seus critérios, é preciso que ele se sinta sinceramente amado e aceito por eles.[7]

Cabe a nós acompanhar nossos adolescentes com a paciência e clarividência de um amor sempre cheio de esperança.

---

### CORAÇÃO, CAMPO DE BATALHA

"A dimensão do dom — isto é, *a capacidade de expressar o amor pelo qual o ser humano, mediante a sua feminilidade ou masculinidade, se torna dom para o outro* — nalguma medida não cessou de trespassar e plasmar o amor que nasce no coração humano. O significado esponsal [...] *não ficou nisso totalmente sufocado por pela concupiscência, mas só habitualmente ameaçado.* O 'coração' tornou-se lugar de combate entre o amor e a concupiscência. Quanto mais a concupiscência domina o coração, tanto menos ele experimenta o significado esponsal do corpo, e tanto menos se torna sensível ao dom da pessoa que é expresso nas relações recíprocas do homem e da mulher. [...] Quer acaso isto dizer que tenhamos o dever de desconfiar do corpo humano? Não! Quer somente dizer que devemos mantê-lo sob controle".[8]

---

7  Doutor Ross Campbell, *L'adolescent. Le défi de l'mour inconditionnel* [O adolescente: o desafio do amor incondicional]. Éditions Orion, 2000, p. 146.

8  TDC, 32–3.

IV

# APÓS A PUBERDADE

Após a puberdade, nossos filhos precisam de outros testemunhos do amor que não o dos seus pais. O cenário do anúncio será o do louvor e da adoração, da intimidade com o Senhor para os adolescentes crentes; o cenário da beleza para todos, crentes ou não. O louvor e a conversa de coração para coração lhe permitirão receber novamente o amor de Deus, seu Pai. Muitos jovens, demasiado feridos no amor, têm uma necessidade gritante por ele. Com base nisso, nesse cenário, pode em seguida se desenrolar o percurso da educação afetiva.

UMA PEDAGOGIA QUE APELA AO CORAÇÃO

Um tal anúncio, um tal cenário poderia ser proposto (de maneira adaptada) *desde o 8º ou 9º ano* nas escolas católicas, como um aperitivo antes do início de percursos específicos, sem esquecer de *seguir acompanhando* os jovens humana e espiritualmente após a revelação que eles terão recebido em ligação estreita com a catequese. *Retiros sobre a teologia do corpo* (finais de semana, férias de verão) ou *percursos específicos de "teologia do corpo"* para estudantes de ensino médio e superior assistirem durante o dia, no modelo

> já implementado há muito tempo nos Estados Unidos e agora no Canadá. É urgente fazer um chamado ao coração de tantos jovens feridos. É o que faz essa "teologia-pedagogia" inspirada: este cenário para os adolescentes poderia ser o dos Fórum Wahou!/liceus. Ver o *site* forumwahou.fr; ver em theologieducorps. com os encontros desenvolvidos no Quebec. Sobre educação afetiva e sexual, ver os percursos TeenSTAR, cuja pedagogia é a do maravilhamento. Um livro a propõe aos adolescentes (e aos educadores): *L'amour est une belle histoire, et le sexe aussi!* [O amor é uma bela história, o sexo também!], escrito por Marie Beaussant em colaboração com TeenSTAR, publicado em Marne em 2016.

## Mergulhar no coração, encontrar o amor

O coração é o centro mais íntimo da pessoa, o lugar das suas decisões, "no mais profundo das nossas tendências psíquicas. É a sede da verdade, onde escolhemos a vida ou a morte".[9] O coração é *o homem interior*, marcado pelo mal e pelo pecado, mas *capaz de ouvir o apelo ao amor pleno ressoar em seu coração.*[10]

Durante a puberdade, não se trata somente de descrever para o adolescente as transformações do seu corpo. Ele precisa descobrir o sentido profundo e a beleza delas. Mas também precisa, como vimos, compreender sua fraqueza, sua fragilidade humana. Para aprender a se portar, a se unificar progressivamente, ele precisa

---

9    CIC, n° 2563.

10   TDC, 24–4.

encontrar a bússola do amor. Onde a encontrará? No seu coração. É impressionante acompanhar os adolescentes nesta viagem, tão nova para eles, que consiste em mergulhar até o fundo do próprio coração. Que silêncio então! Silêncio profundo, eloquente, povoado. No fundo do coração, eles encontram o amor. Por quê? Por causa dos *significados eternos e indestrutíveis daquilo que é humano ali gravados por Deus*.[11] Eis o porquê da dimensão do coração, do apelo ao coração ser a melhor pedagogia para a educação para o amor e formar seu *cenário*. Sem tal dimensão, faltaria o essencial.

O amor de Deus foi mais forte que o pecado e nós estamos salvos. Com auxílio da sua graça nos tornamos capazes de amar e podemos nos realizar. Essa boa nova é o coração da educação afetiva e sexual e traz alegria e esperança aos nossos adolescentes e a todos nós que somos frágeis, mas fomos tornados fortes pela graça do Cristo.

---

### ATOS SEXUAIS, "PALAVRAS" QUE REVELAM NOSSO CORAÇÃO

"A maior parte de vocês seguirá a via do matrimônio. [...]. Sua vocação para a castidade é essencial para ajudá-los na preparação para o matrimônio. Eu sei que os jovens rejeitam a hipocrisia. Vocês querem ser honestos consigo e com os outros. Uma pessoa casta é honesta. Quando Deus nos criou, ele nos deu mais de uma maneira de 'falarmos' uns com os outros. Não somente nos expressamos por palavras, mas também

---

11  Ibid., 49–4.

> através do nosso corpo. Os gestos são como que 'palavras' que revelam o que somos. Os atos sexuais são como que 'palavras' que revelam nosso coração. [...] A honesta 'linguagem' sexual exige um compromisso com a fidelidade que dura toda a vida. Dar seu corpo à outra pessoa é se dar por inteiro a essa pessoa. Mas se vocês não forem casados, estariam admitindo que podem mudar de ideia no futuro. O dom total de si estaria, dessa forma, ausente. Sem o laço do matrimônio, as relações sexuais são mentirosas e, para um cristão, matrimônio significa matrimônio sacramental. [...] Não se deixem enganar pelas palavras vazias daqueles que ridicularizam a castidade e a capacidade que vocês têm de se dominarem. A força do seu futuro amor conjugal depende da força do seu esforço presente para aprender o que é o amor verdadeiro".[12]

A castidade reconhece que o corpo é o corpo da pessoa. Ela quer viver e manifestar, através dos atos e situações concretas, o respeito por si e pelo outro, e sempre realça *no nível pessoal* os valores sexuais do corpo. Toda atitude em que a pessoa amada seria, em verdade, *escravizada* através do seu corpo pelos desejos de posse e de fruição daquele que o "ama" seria egoísta e contra a castidade. O mesmo se dá com toda atitude em que uma pessoa, adolescente ou adulta, se torna *escrava* das pulsões do próprio corpo. A castidade liberta do egoísmo, da dominação, do medo da sexualidade e do desprezo do corpo. Ele não é um menos, mas

---

12 João Paulo II, Discurso aos jovens de Campala, Uganda, 1993.

um mais. Ela não é um não, mas um sim. Ela é uma atitude muito positiva da pessoa, ela é símbolo da sua liberdade. A castidade surge assim como uma virtude que nos "humaniza", que nos torna mais humanos, ao passo que seu contrário nos leva a comportamentos infra-humanos. É, antes de tudo, a fidelidade interior do coração ao "dom". Nós somos chamados a sermos pacientes — conosco e com nossos filhos — porque "uma andorinha não faz verão" e a compra dessa virtude exige tempo.

> ## "GLORIFICAI, PORTANTO, A DEUS EM VOSSO CORPO" (1 COR 6,20)
>
> "A pureza, como virtude ou capacidade de 'manter o próprio corpo em santidade e respeito', aliada com o dom da piedade, como fruto da permanência do Espírito Santo no 'templo' do corpo, realiza nele tal plenitude de dignidade nas relações interpessoais que o próprio Deus é nisso glorificado. A pureza é [...] a glória de Deus no corpo humano através do qual se manifestam a masculinidade e a feminilidade. Da pureza brota aquela singular beleza, que penetra toda a esfera da recíproca convivência dos seres humanos e consente que se expressem a simplicidade e a profundidade, a cordialidade e a autenticidade incomparáveis da confiança pessoal".[13]

---

13  TDC, 57–3.

PARTE V

# PERANTE AGRESSÕES SEXUAIS — ABUSOS, MENSAGENS PORNOGRÁFICAS —, QUE PREVENÇÕES, QUE RECONSTRUÇÕES?

*As acusações de "pornovisão" e "pornografia"*
*justificam-se quando se ultrapassa os limites do pudor*
*ou da sensibilidade pessoal a respeito do que está ligado*
*ao corpo humano, à sua nudez, quando [...] é violado o*
*direito à intimidade do corpo na sua masculinidade ou*
*feminilidade, e — em última análise — quando é violada*
*a intimidade da ordem do dom e da recíproca doação de*
*si que está inscrita na feminilidade e masculinidade em*
*toda a estrutura do ser humano. Essa inscrição profunda,*
*melhor, essa incisão, define o significado esponsal do*
*corpo, isto é, o chamado fundamental que ele recebe para*
*formar uma "comunhão de pessoas" e ser partícipe dela.*
— João Paulo II, TDC, 61–4

*A verdade inteira do homem [...] exige que se leve*
*em consideração tanto o sentimento da intimidade do*
*corpo como a coerência do dom conexo a masculinidade*
*e feminilidade do corpo em si, no qual se reflete o mistério*
*do homem, próprio da estrutura interior da pessoa.*
— João Paulo II, TDC, 62–2

### TESTEMUNHO

Rémi, 4 anos de idade, foi escolarizado no maternal. Ele há algum tempo mudou de comportamento. De alegre e despreocupado, tornou-se triste e medroso. Ele fica agitado no momento de ir para a aula, chora, se nega a vestir o casaco. Mas termina obedecendo e vai, de cabeça baixa, sem dizer nada. Dois meses depois, os pais compreendem. Um menino da turma falou, revelando que o novo professor muitas vezes punia as crianças deixando-as sozinhas e nuas no escuro. Um outro acabou revelando ainda outra coisa. A exigência de segredo, acompanhada de ameaças, fez as crianças se calarem até o escândalo explodir.

Os pais, ajudados por uma pessoa competente, puderam *ouvir* a criança e libertá-la do seu pesado segredo. Eles tomaram o tempo necessário para falar com ele, com paciência e delicadeza, *sem forçá-lo a esquecer o acontecido*. Sempre denunciando com firmeza o ato cometido, eles o fizeram compreender que o comportamento delituoso não era o que se espera de um adulto equilibrado e verdadeiramente responsável. Eles se asseguraram de tirar do coração da criança toda responsabilidade pelo mal cometido, porque a exigência de segredo imposta pelo predador instaura uma "cumplicidade" no mal. Mesmo passiva, essa cumplicidade traz consigo um sentimento de culpa. Eles fizeram uma denúncia à polícia e contaram ao filho, e pediram à direção um discurso esclarecedor, perante a turma inteira, denunciando o mal cometido perante todos os alunos.

O pai de Rémi lhe mostrou, pelo seu comportamento e por outros exemplos, o que deve ser um homem. Pacientemente, os pais ajudaram o filho a esquecer, na medida do possível, *no seu corpo*, o que aconteceu, manifestando-lhe com abundância respeito e ternura, assim pelo olhar como por toques delicados. Uma educação afetiva e sexual bem feita, de maneira progressiva, e *de ruptura total* com toda palavra que evocasse os toques a que a criança fora submetida, contribuiu para lhe dar uma consciência positiva do seu corpo e de si, para radicá-la novamente no amor e na confiança.

# PREVENINDO AGRESSÕES SEXUAIS

Cada vez mais casos de pedofilia ou incesto vêm à tona. A instabilidade afetiva e sexual de um número crescente de pessoas, o colapso das famílias e a perda de referências explicam, em parte, a imaturidade dos adultos que são os culpados por tais atos.[1] Também começa a se tomar conhecimento de que a pornografia pode levar a passagens ao ato quase irreprimíveis. Visto isso, a atenção dos pais está focada hoje em dia nos casos de pedofilia e na necessidade de ensinar a seus filhos comportamentos prudentes. Sim, mas como fazer? Que se pode dizer às crianças? Não é perigoso falar com eles sobre essas ações? No entanto, calar-se é condenável: hoje, mais de uma a cada dez criança na França será abordada por um pedófilo... Seja diretamente, seja por meio da *internet*, sobretudo em *sites* de encontros abertos a pré-adolescente de 11 anos, onde é facílimo se inscrever sob um pseudônimo.[2]

---

1 Cf. sobre o tema, Jacques de Poujol, *Les abus sexuels: comprendre et accompagner* [Os abusos sexuais: compreender e acompanhar as vítimas]. Éditions Empreinte Temps Présent, 2011.

2 Cf. europe1.fr/france/immersion-dans-les-sites-de-rencontres-pour-ados-1706017.

## Que dizer?

Se a criança já souber que os adultos não são perfeitos, poderá compreender que alguns não respeitam as crianças e querem olhar ou tocar seus corpos de uma maneira que as crianças não gostam, querem "brincar de amor", por exemplo, com elas, diretamente ou pela *webcam*... Quando as crianças, em suas cabeças, têm vontade de dizer não, elas devem encontrar o meio de dizer não.

A criança deve ser advertida com antecedência. A partir do momento que alguma coisa lhe *pareça anormal*, um olhar, um comportamento, *um pedido para guardar segredo*, e *de onde isso vem*, ela deve pronto contar o acontecido a um dos pais, à avó, à professora... A criança deve aprender a diferença entre os bons e os maus segredos. Tirar a culpa dela permitirá evitar que ela guarde segredos pesados demais de carregar. Como esta mocinha de 6 anos abordada por um exibicionista, perto de balanços, na sua casa, e que contara à sua amiga, após ter fugido: "Não foi preciso que ele dissesse nada, porque não estava cheirando bem".

É importante, hoje, indicar claramente à criança, sem falso pudor, as situações e circunstâncias *concretas* nas quais ela deve ser prudente e vigilante, em estado interior de alerta, por assim dizer (aulas de esporte, atividades associativas diversas, *seja qual for o meio*, mesmo confessional, no estacionamento de bicicletas, no elevador, sozinha na rua, no jardim de casa, no supermercado, ao visitar um amigo, em passeios de escoteiro). Ela não pode imaginá-los sozinha. Mas isso será dito com calma, com antecedência (não a cada vez que ela põe o pé fora de casa!), para não alarmar inutilmente sua imaginação e incitá-la... a fabular nem a instigar no seu coração uma desconfiança e uma suspeita generalizadas! Isso será dito de maneira positiva: "Lembre que você é o melhor guardião de si e do seu corpo"; ou ainda: "Lembre que seu corpo é precioso e que você é o guardião de um tesouro", por exemplo.

### DETER A PROPAGAÇÃO DO MAL

O ensino primário é, hoje, chamado a exercer uma vigilância particular junto às crianças, para melhor protegê-las. Uma criança pequena que testemunha obsessões sexuais e toca impropriamente seus colegas de turma não o faz por si mesma; ela é a primeira vítima, que repete o que alguém lhe mostrou ou fez. É importante portanto proteger a criança desse "alguém". E sabe-se que infelizmente a grande maioria dos casos de pedofilia são casos de incesto. *A criança vítima de um membro do seu círculo deve ser liberta do segredo que carrega, tanto por seu próprio interesse quanto pelo interesse das outras crianças, para que a propagação do mal cesse.* Essa atenção aos possíveis derivados, em tal ou tal família, não será, no entanto, um questionamento generalizado da autoridade paternal: habitualmente, as coisas correm bem.

## Dois erros que se deve evitar

*Não prevenir agressões sexuais ao mesmo tempo em que se faz a educação sexual da criança*

Como, com efeito, partir da feiura de certos comportamentos adultos para abordar logo em seguida a beleza da vida e do amor? É preferível *separar* cuidadosamente os dois tipos de conversa, e não confundir a necessária formação da criança na prudência com a educação para o amor.

Numa família cristã, o conhecimento da história da salvação, e, portanto, da existência do mal e do pecado, ajudará a encontrar as palavras para fazer a criança compreender o essencial, sem no entanto entrar em detalhes sórdidos inúteis ou em julgamentos arbitrários sobre as pessoas.

Falando assim, instrui-se a criança na vigilância e na prudência, sem dramas. Ao mesmo tempo, aborda-se a existência do mal, num dos raros domínios em que há um consenso contra ele: quando se trata da criança vítima de abusos sexuais. Nada de tapar o sol com a peneira. O mal existe e para defender-se dele a criança precisa ser informada.

---

### A HIPOCRISIA DO "DIREITO" DA CRIANÇA "À SEXUALIDADE"

Um terrível caso de pedofilia e a grande marcha branca que se seguiu, na Bélgica, em 1976, provocaram um certo despertar de consciências. Os anos 80 foram de grande complacência com atos de pedofilia, até

> mesmo com o incesto, reinvidicados com uma tranquila segurança à época em nome, por vezes, do *direito à sexualidade* das crianças "requerentes". Sobre esses temas, ver os arquivos do jornal *Libération* dos anos 70 a 80. Esse argumento poderia ressurgir se a idade mínima de consentimento para relação sexual, fixada recentemente em 15 anos de idade, fosse revisada para baixo. No contexto de hipersexualização atual, isso favoreceria as situações de abuso a menores ditas "consentidas".

## Não usar um vocabulário que banaliza a sexualidade, o corpo e o amor

Tomemos *um exemplo*: para fazer a criança tomar consciência de que não pode aceitar qualquer coisa da parte de um adulto ou de uma criança maior, tende-se hoje em dia a lhe dizer: "*Teu corpo é tua responsabilidade*, e por isso ninguém pode te constranger".

Mas esse argumento não é bom. Meu corpo não é minha responsabilidade porque ele sou eu. Eu sou guardião dele no sentido de que devo ser guardião de mim mesmo, de que sou responsável por mim, mas não o "proprietário": meu corpo não é uma coisa que comprei ou que compraram para mim. Meu corpo é um dom porque eu o recebi ao mesmo tempo em que recebi a vida, e ele me torna capaz do dom.

Dizer à criança "teu corpo é tua responsabilidade" seria enganá-la sobre si própria e deixá-la pensar que, se os outros não podem utilizar seu corpo, *ela poderia fazê-lo*. Utilizar o corpo é, sempre, utilizar a pessoa.

FALAR DE AMOR COM NOSSOS FILHOS

Ora, o *utilitarismo* é característico da cultura da morte. É importante cuidar do vocabulário empregado na prevenção contra agressões sexuais.

Perante os abusos sexuais, uma educação afetiva e sexual bem feita, de maneira precoce e progressiva, numa conversa franca com a criança, é a melhor das prevenções. Ela indica à criança o valor da sua intimidade e lhe ensina a se tornar guardiã.

---

### PREVENÇÃO:
#### PALAVRAS QUE RESPEITAM A CRIANÇA-CONFIDENTE.
#### FALAR AOS PEQUENOS, DESDE O MATERNAL, SERENAMENTE

"Crianças, vocês sabem que o mal existe. Vocês sabem que as crianças pequenas podem ser tentadas a fazer coisas ruins. Mas isso também pode acontecer com gente crescida. E, bem, às vezes, certas pessoas crescidas, que a gente pensa que são gentis, que parecem gentis, não são nada boas. É por isso que já disse para você que não se deve entrar no carro de alguém que não se conhece, ou que nunca se deve pegar o bombom dado por alguém que não se conhece... Essas pessoas crescidas que *parecem* gentis podem fazer coisas más para as crianças pequenas, por exemplo, não respeitar o corpo dos pequenos.

Você sabe como é importante respeitar o corpo, já disse isso para você. O corpo é bonito, não se pode fazer qualquer coisa com ele. Nós o tocamos com cuidado e cuidamos bem dele. O corpo nos permite

242

mostrar aos outros que os amamos do fundo do coração. É o que fazem a mamãe que faz um carinho na sua filhinha no colo, o papai que pega o filho nos braços, ou a criança pequena que dá um abraço apertado na vovó por estar feliz por revê-la.

Mas o que pode acontecer com certas pessoas crescidas ou com certas crianças maiores que 'não cheira bem'? Se um menino pequeno aproveita a hora do recreio para olhar por debaixo das saias de uma menininha, ou para lhe dizer baixinho coisas que ele não ousaria repetir em voz alta, não está tudo bem, e a menininha não fica contente.

Pois bem, pode acontecer que uma criança, mas não está bem nem se for uma criança grande ou uma pessoa crescida, faça esse tipo de coisa. Se alguém disser a você coisas constrangedoras sobre o corpo, se alguém quiser obrigá-lo ou pedir que você deixe tocar seu corpo ou o corpo dele, se ele disser que quer 'brincar de amor' com você, se ele pedir coisas bizarras para você, é melhor dizer 'não'. Se, indo além, ele pedir que você não diga nada à professora e a ninguém, é preciso dizer 'não'. Esses segredos são maus.

Quando, na sua cabeça, você ouvir uma vozinha que diz 'não', é muito importante escutá-la: essa vozinha quer te proteger. É preciso tentar escapar sem alarmar essa criança grande ou esse adulto que não está cheirando bem, e falar tudo para mamãe ou para alguém que você ama assim que puder".

Aqui pode se mencionar à criança os nomes de *várias* pessoas conhecidas e próximas a que ela poderia se dirigir.

FALAR DE AMOR COM NOSSOS FILHOS

# Reconstrução após um abuso?

*Pais, educadores, aprendamos a escutar o sofrimento das vítimas*

> **TESTEMUNHO DE LAURENT, 46 ANOS**
>
> "Que dizer? Como dizê-lo? E para quem? Essa questão há muito me assombrava... Essa interrogação demonstra bem [...] toda a ambiguidade das relações com o pai [Preynat]. Mas não se pode esquecer que, à época, ele representava a autoridade absoluta: a do adulto, a do chefe e a do padre. Então a criança que eu era se dizia: 'Enfim, eu não tenho sorte de que ele me mime?', *ainda que, em alguma parte do meu cérebro, um interruptor se desligasse...* Eis como se acaba se persuadindo de que é normal, de que ele nos ama (talvez um pouco mais do que os outros)... E a vida continua. Contei para minha mãe nos anos 90, com 21 anos; ela não quis me ouvir e pediu que eu me calasse. Obedeci... *Chance de libertação perdida*: eu havia aberto "a tampa" e ela se fechava prontamente para meu grande estupor, e mais hermeticamente ainda.
>
> Com efeito, se até minha própria mãe não queria me ouvir (ou não queria acreditar em mim?), o que eu faria? Então segui vivendo e me dizendo que nada havia acontecido. Tive que esperar mais catorze anos para ir à procura de um auxílio "exterior" e enfim me libertar... Meu pai, que jamais dignou-se a tocar no assunto, somente disse um dia: 'Laurent já era maior quando falou disso'. Congelante. Estou rompido com a minha família há doze anos por motivos cujas raízes todas estão nessa indiferença".[3]

---

3   Cf. laparoleliberee.fr/les-faits/temoignages; agradecemos aos responsáveis pelo *site* pela autorização da publicação desses dois testemunhos, tanto o de Laurent como o de Anthony, que contribuem para abrir os olhos dos pais para a proteção das crianças.

É possível se curar de um abuso sexual? O testemunho desconcertante de Daniel Pitter,[4] gravemente abusado, e o exemplo de Marcel Van mostram-nos que jamais se cura deles por inteiro, mas é possível se reconstruir. A condição é falar, ousar falar, *encontrar uma escuta*...

Algumas crianças vitimadas *não receberam crédito* dos pais quando tentaram lhes falar. Para muitas delas, à violência do abuso se acresceu a da negação. O trauma decerto foi reprimido, *enterrado* no fundo do inconsciente. Era impossível exprimi-lo por palavras: mas isso se traduz na superfície como maus formidáveis: angústia, crises de epilepsia, de espasmofilia...

### TESTEMUNHO DE THONY, 36 ANOS

"Desde minha saída da companhia Saint-Luc e da minha chegada na faculdade, senti coisas estranhíssimas como, no início, uma timidez e um constrangimento doentio em frente das garotas ou quando estava rodeado de uma multidão importante. Situações que, à época, eu colocava naturalmente na conta do mal-estar adolescente. Mas eis que esse constrangimento jamais ia embora e ia de encontro com a minha natureza expressiva e expansiva. Com o tempo, esse constrangimento terminou por se transformar numa doença extremamente traumatizante que se chama 'epilepsia' e 'espasmofilia'.

Minha epilepsia: em regra vinha à noite, após uma hora de sono. Eu me acordo súbito, suando em bicas,

---

4   *Mon père, je vous pardonne. Survivre à une enfance brisée* [Meu pai, eu te perdoo. Sobreviver a uma infância destruída], prefácio de Papa Francisco. Éditions Philippe Rey, 2017.

com um odor de transpiração muito inabitual e *muito* particular, que me faz pensar, e me anuncia... como que um debate entre eu e a *morte*. Um trauma tal que eu mal conseguia me controlar porque rápido grandes sobressaltos se apoderavam do meu corpo e me jogavam para todo lado! Contra as paredes, móveis, enfim, tudo que me rodeia. E neste momento, sinto a *morte* me balançar como uma boneca de pano para em seguida me arrastar... O que termina fazendo quando todos os meus músculos se contraem, posto que o coração para de bater, e eu já me sinto indo impotente junto *dela*... Até hoje suportei fisicamente essas crises traumatizantes, mas, no plano psicológico, entendi que eu nunca poderia me acostumar... Durante anos tentei esconder essas crises, de tanto que me sentia envergonhado por ser um verdadeiro legume, uma merda, um lixo humano. Porque sentir uma força superior se apossar do meu corpo para me infligir tantas dores e traumas não me permitiu avançar normalmente na vida. E hoje fiz a ligação entre essa impotência e aquela que eu sentia durante seus avanços contra mim".[5]

É preciso conhecer as consequências dos abusos sexuais para jamais "relativizá-los" nem calar a criança. Certamente algumas crianças amam fabular quando têm necessidade de parecer interessantes. Cabe a nós pais termos a necessária *finésse* para distinguir isso da necessidade vital da criança que realmente é *vítima* de se expressar. Cabe a nós pais detectar os outros sinais de uma vitimização da criança (mudança de comportamento,

---

5    Cf. o *site* de *La parole liberée* [A palavra liberta].

piora do desempenho escolar). A criança deve ser advertida e *saber que tem o direito de falar*.

## O exemplo de Marcel Van

Em *Les Larmes de l'innocence*,[6] Joël Pralong dá as chaves espirituais para ajudar as pessoas abusadas sexualmente a se reconstruir, quer se trate de vítimas de pedófilos religiosos (4% do total de predadores, segundo ele, mas 4% particularmente escandalosos), quer sejam vítimas de outros abusadores (notadamente os incestuosos, muitos dos pedófilos seviciam dentro das próprias famílias, como já vimos). Ele se apoia em dois escritos de Marcel Van.

> Van viu que se abusava de crianças, também tentou-se abusar dele, mas ele resistiu. Isso me interessou a procurar vestígios entre os 7 e os 14 anos de Marcel Van. Naquilo que ele escreveu, encontra-se os sintomas que há nas pessoas abusadas: cólera, retraimento em si, desespero, autodepreciação, impressão de ser um objeto, de não ser amada por ninguém. E, para Van, a sensação de ser rejeitado por Deus, visto que ele está num contexto espiritual. Van viveu esse sentimento de ir direto para o Inferno na sua história. Isso une-se à sintomatologia que se encontra em pessoas abusadas que estão em negação, que têm impressão de que foi tudo acordado, que se sentem sujas, rejeitadas, que se odeiam e que estão em negação do evento porque ele foi demasiado violento. [...] É a partir do momento

---

6   Cf. Joël Pralong, *Les larmes de l'innocence. L'enfant abusée et maltraitée. Un chemin de reconstruction* [As lágrimas da inocência. A infância abusada e maltratada: um caminho de reconstrução]. EdB, 2015.

que é dita que a palavra torna-se libertadora. Isso permite ajudar na separação do que aconteceu entre *agressor* e *agredido*. "Eu sou o agredido, eu sou a vítima, e há um agressor que é preciso designar para que eu possa deixar essas tentativas de culpabilização que levam à negação do evento". A negação pode fazer com que a pessoa não se lembre. A repressão, neste caso, desempenhou perfeitamente o seu papel. A vítima pode se dizer: "Nada me aconteceu mas eu não tenho vontade de viver, me sinto mal na minha pele, tenho vontade de me suicidar. Tudo que parece amor soa como perigo". Pois então encontrei isso nos escritos de Van, de maneira por vezes velada, isso me impressionou e eu me disse: "Aí está uma via para se investigar". Van viu também, à imagem de Teresa, uma conversão no Natal de 1942. Ele pode se reconhecer como uma criança fraca e frágil na criança do presépio. Ele vai poder ultrapassar esse passado no Cristo, mas não fará com negação, ele vai falar do que aconteceu. É neste momento que Marcel Van vai pôr marcos muito fortes de caminhos espirituais para poder encontrar a paz, e, depois, as palavras justas.[7]

É urgente que nós, pais, ouçamos; que os educadores, professores, terapeutas tenham formação para fazer frente às consequências dramáticas dos numerosos abusos de que são vítimas tantas crianças inocentes. Os acompanhamentos psicológicos, como o proposto por Jacques Poujol no seu livro *Les Abus Sexuels, Compreendre et Accompagner les Victimes* [Os abusos sexuais: compreender e acompanhar as vítimas], e espiritual podem ajudar a

---

7 Cf. radionotredame.net/2016/temoignage/les-larmes-de-linnocence-des-clefs-pour-guerir.

libertar e a restaurar a pessoa tão gravemente atingida na sua integridade e na sua dignidade pelo abusador. Para que ela possa novamente viver, amar e se realizar.

---

### DA TRISTEZA À GRAÇA: CURAR-SE DE ABUSOS

Os retiros de cura *Da tristeza à graça* (*Grief to grace*) vieram à luz nos Estados Unidos em 2005. Eles foram inspirados nos da Doutora Theresa Burke, especialista em traumas, que é a origem de *La Vigne de Rachel* (*Rachel's Vineyard*) [A vinha de Rachel]. Trata-se de uma obra de cura de toda pessoa que tenha sofrido a morte de crianças não-nascidas. Essa obra está agora implementada em vários países.

Os retiros de cura *Da tristeza à graça* foram aprovados pela Igreja em 2007, e chegaram agora à França. Eles se destinam às vítimas de abuso, incluindo abusos sexuais, negligência, disfuncionalidades familiares, e abusos de poder.

Acompanhadas por um padre, um psicólogo e um psiquiatra, elas têm, entretanto, como principal terapeuta o próprio Cristo. É Ele que se doa como caminho de consolação, de cura e de reparação às pessoas que foram vítimas; ele vem irrigar com sua graça o que nelas fora morto pelo abuso. O retiro é vivido como um caminho pascal, da Paixão à Ressurreição, sustentado pela Palavra de Cristo. Os testemunhos das pessoas que passaram por esses retiros são eloquentes.[8] Os retiros são destinados aos adultos maiores de 18 anos.

---

8 Cf. radionotredame.net/emissions/ecoutedanslanuit/22-03-2019/. As informações sobre os retiros podem ser acessadas no *site* lavignederachel.net.

II

# PORNOGRAFIA

## Mentiras, sofrimento, dependência: curá-los?

Nossas crianças e adolescentes são cada vez mais vítimas de imagens pornográficas que as agridem e violentam. Elas representam um *atentado grave* à dignidade, à intimidade e à inocência da infância, e precisamos adaptar nossa resposta educativa sem fingirmos que o problema não existe. Elas são vítimas da pornografia ainda de uma outra maneira: quando uma pessoa com quem cruzam ou convivem é transformada numa pervertida à caça de vítimas. Estes pervertidos podem tentar repetir os comportamentos que assistiram. Por essas diferentes razões, a questão do impacto da pornografia tem seu lugar no capítulo sobre as agressões sexuais à infância.

Pode-se relembrar que a educação para uma sexualidade de fruição tem ela própria um caráter pornográfico traumatizante assim pelos conteúdos como pela pedagogia; viola-se o coração da criança ao desnaturar o sentido do amor. Enfim, mesmo se o conteúdo for justo, uma palavra pública para um grupo numeroso de crianças sobre o que pertence ao campo do íntimo tem por si mesmo um caráter "obsceno".[1] Isso reduz o anúncio a ser não mais que uma "informação" sobre o amor, e não respeita a singularidade nem a intimidade da criança. São vários os testemunhos de crianças vítimas dessas formas de abuso que ficaram literalmente atordoadas pelas proposições do palestrante ou das outras crianças presentes, a ponto de terem de se consultar com um psicoterapeuta.

## Urgência educativa

A criança inocente tem, involuntariamente, acesso a imagens ao fazer uma pesquisa na *internet* para uma apresentação de trabalho em aula, por exemplo. Essas imagens violentas e perturbadoras vão suscitar curiosidade natural, com um efeito de atordoamento ou fascínio, apesar da repugnância inicial; ela por vezes é conduzida por uma outra que compartilha com ela conteúdos pornográficos; ela pode ainda ser vítima de pedidos de exibição do corpo, de toques ou de práticas sexuais diversas feitas *por uma outra criança, esta também vítima* (de imagens ou de um adulto), que repete os comportamentos de prostituição do corpo.

O adolescente tem indagações legítimas sobre suas emoções e um desejo de descoberta da afetividade. O acesso à pornografia é para ele facílimo e lhe oferece

---

1    A obscenidade consiste em "colocar em cena" o que não deveria ser colocado. Essa ofensa ao pudor é característica da pornografia. Ela é sinônimo de indecência, impudicícia, depravação, licenciosidade, lubricidade. "Antes de ser uma indústria da masturbação, a pornografia é a arte de mostrar o que é obsceno. À força de representar a obscenidade, ela é banalizada e termina-se por admiti-la como coisa normal" (Denis Robert, *Vue imprenable la folie du monde* [Vista impressionante da loucura humana]. Les Arènes, 2013, cap. IX).

uma resposta inadaptada. Esses conteúdos trazem uma oferta ilimitada para o jovem em busca de excitações, de transgressões e de compensação afetiva.

## Por que essa atração?

Isso toca em um ponto nevrálgico para nossas crianças maiores e adolescentes: seu coração e sua afetividade, no mais profundo, sua necessidade fundamental de amar, de ser amado e doar a vida. Em suas feridas também: a ferida do pecado original, as possíveis feridas narcisísticas.

- A atração pela sexualidade é importante para todo homem. O adolescente é chamado a compreender e a domar seu corpo que está evoluindo e sua sexualidade que está despertando e tomando cada vez mais espaço. Mas para além da sexualidade, ou melhor, através dela, está em jogo o desejo profundo de amar, desejo de dom, pela expressão do corpo em sua masculinidade ou feminilidade, e desejo de oferecer esse corpo e de receber "o outro" em sua complementaridade, desejo de comunhão e de amor.
- A atração pela imagem pornográfica atiça a curiosidade pela sexualidade e manifesta uma necessidade de tranquilidade quanto à sua própria sexualidade. Ela revela a nossa fragilidade nessa seara. Nós somos herdeiros do pecado original: a ferida do pecado faz entrar em nosso coração *a concupiscência da carne*.

## Um pecado de consequências dramáticas

> O homem, tentado pelo diabo, deixou morrer em seu coração a confiança em seu criador (ver Gn 3, 1–11) e, abusando da sua liberdade, *desobedeceu* ao mandamento de Deus. Nisto consiste *o primeiro pecado do homem* (ver Rm 5, 19). Todo pecado, por consequência, será uma desobediência a Deus e uma falta de confiança em sua bondade. Neste pecado, o homem *preferiu* antes a si que a Deus, e, por isso, desprezou Deus [...]. Constituído em estado de santidade, o homem fora destinado a ser plenamente "divinizado" por Deus na glória. Pela sedução do diabo, quis "ser como Deus" (ver Gn 3, 5), mas "sem Deus", e antes de Deus, não conforme Deus.[2]

> A Escritura refere às consequências dramáticas desta primeira desobediência: Adão e Eva perdem imediatamente a graça da santidade original (ver Rm 3, 23). [...] A harmonia em que viviam, graças à justiça original, ficou destruída; o domínio das faculdades espirituais da alma sobre o corpo foi quebrado (ver Gn 3, 7); a união do homem e da mulher ficou sujeita a tensões (ver Gn 3, 11–13); as suas relações serão marcadas pela avidez e pelo domínio (ver Gn 3, 16). A harmonia com a Criação desfez-se: a Criação visível tornou-se, para o homem, estranha e hostil (ver Gn 3, 17–19). [...] Enfim, [...] *a morte faz a sua entrada na história da humanidade* (ver Rm 5, 12).[3]

O homem perdeu o domínio de si e a liberdade. Ele agora é o homem da *tripla concupiscência* "que o

---

2 São Máximo, o Confessor.

3 CIC, n° 396–401.

submete aos prazeres dos sentidos, à concupiscência dos bens terrestres e à afirmação de si contra os imperativos da razão".[4] Dessa tripla concupiscência não vem o desejo, mas o desmedido desejo que tende ao mero gozo procurado por si mesmo, de modo insaciável. A pornografia é uma incitação à procura dessa insaciabilidade do prazer, pois suscita o olhar de cobiça sobre o corpo mostrado como "carne" e coisificado. Ao mostrar as diferentes "práticas sexuais", ela joga com a "cobiça da carne", esta raiz do pecado que está em nós desde a queda original. Mas ela é como que uma falsa sedução, uma falsa promessa: ela não procura mais que um prazer que não é o amor; e ela dá cada vez menos aquilo que obriga a procurar cada vez mais, conduzindo ao encarceramento no vício. Sua maior mentira consiste em nos enganar sobre a alegria e nos desviar da nossa realização no dom livre de nós mesmos pelo amor.

Essa atração também pode revelar as feridas narcisísticas que impedem o amar e o se deixar amar; a pessoa procura então um refúgio virtual. A falta de confiança em si e de radicação no amor provocam angústia e sensação de vazio; a imaturidade afetiva faz que a pessoa permaneça narcisista e fechada em si mesma na procura da única coisa que ela crê poder atingir seguramente: o prazer. Ajudá-la a se desdobrar, a se abrir aos outros, a viver uma relação com o mundo real, serão os meios de sua liberação, baseada num "re-enraizamento no amor".

---

4   Ver 1Jo 2, 16.

## Efeitos tóxicos[5]

### *Definição*

É pornográfica toda representação (escritos, desenhos, pinturas, fotos, espetáculos) de coisas obscenas sem preocupação artística e com intenção deliberada de provocar excitação sexual no público. Os conteúdos pornográficos representam por volta de 30% do tráfego da *internet*, sendo a idade média da primeira exposição a esse tipo de conteúdo de 11 anos na França, 9 na Grã-Bretanha. Eis um verdadeiro problema de saúde pública.

### *Efeito dopamina*

Ela é o neurotransmissor da emoção, da motivação, do prazer, do desejo sexual. Seu alvo principal é o "circuito de recompensas", que nos permite regular nossas emoções. Ora, os estímulos pornográficos são concorrentes desleais porque causam uma grande produção de dopamina (muito mais que uma bela imagem ou um bolo de chocolate). *A descarga de dopamina é proporcional à excitação, mas também à novidade, e não deve parar de ser renovada*, o que torna o consumo de pornografia particularmente viciante.

---

5    Essa análise deve muito ao Doutor Gwendal de Collart, a quem agradecemos. Médico, ele trata muitos adolescentes. Sua análise se baseia no relatório de David Reynié, *Porno addiction. Nouvel enjeu de societé* [Vício em pornografia: novo desafio para nossa sociedade] (cf. fondapol.org, março de 2017). Doutor Collart participa no percurso de formação *Apprendre à aimer* [Aprendendo a amar] do Instituto de Teologia do Corpo sobre educação e amor à luz da teologia do corpo.

## Efeito de sensibilização

É o fenômeno de aprendizagem do cérebro que vai criar, a cada vez que a pornografia é consumida, novas conexões neuronais cada vez mais interconectadas: o que torna o sujeito *cada vez mais sensível* e cada vez mais interessado nos estímulos.

## Efeito de dessensibilização

É o fenômeno de *defesa neurológica* que, à força de estar submetido à dopamina, vai diminuir a sensibilidade dos receptores. Então será necessário *procurar mais estímulos* para alcançar a mesma dose de emoções (*escalada* e conteúdos cada vez mais transgressores). Observa-se uma desvalorização dos estímulos ordinários, acompanhada de um desinvestimento e de uma perda de interesse pelos gostos iniciais (deterioração das relações).

É a "busca desenfreada e desesperada por uma satisfação que foge e que tira o brilho das outras coisas da vida" (trecho de um *post* no *blog* de um internauta).

A partir de que ponto deve-se falar em dependência? Algumas vezes por mês? Ao menos uma vez por semana? Ou todos os dias? A verdadeira dependência se instala insidiosamente. "Você consegue passar um mês sem?"

## Efeito perverso

A pornografia queima as etapas da descoberta e da domesticação progressiva, por parte do adolescente, das transformações do seu corpo e do profundo significado dos signos visíveis da sua masculinidade ou feminilidade, reduzindo a sexualidade a práticas técnicas que visam a performance e a busca hedonista por prazer.

- Ela encoraja a *masturbação* pela excitação, portanto o fechamento em si, que enfraquece os laços sociais.
- Ela encoraja o *olhar predador* que procura excitação no outro, que se transforma em *objeto* dos meus desejos e, portanto, eu *me sirvo* dele para saciar minhas pulsões (o consumidor de conteúdos virtuais transpõe para o real a sua procura).
- Ela favorece a *atração "homossexual"* porque mostra os corpos das pessoas dos dois sexos e, portanto, de uma pessoa do mesmo sexo do consumidor.
- Ela transforma a imagem da sexualidade em excitação rápida e maximizada, em oposição total com a linguagem do amor, suas preliminares e sua longa e paciente subida do prazer que leva ao ápice do amor, à comunhão dos corações pela união dos corpos)
  a) Na moça, ela traz consigo a submissão desse corpo-objeto aos fantasmas dos homens e, ao mesmo tempo, o medo dessa sexualidade percebida como agressiva e violenta. Um medo que pode chegar à rejeição)
  b) No rapaz, ela traz consigo uma "idealização" dos órgãos genitais externos masculinos (superdimensionados e alegadamente capazes de um ror de *performances*), podendo causar complexos de inferioridade e de desvalorização de

si. Ela arrasta o adolescente a um grande desconhecimento da sexualidade feminina, uma ignorância e um desprezo da mulher proprietária do seu mistério do "dom", e faz crer que, quando ela diz "não", ela pensa "sim", levando assim cruzar a proibição do estupro.[6] "O alvo perdido não traz nada além de insatisfação e insaciabilidade e assim mergulha na dependência", testemunha uma vítima desse vício.

## Como educar?

- Despertando, desde a primeira infância, o maravilhamento perante *a beleza e a simplicidade do corpo* feito para amar e se doar; reafirmando muitas vezes a criança desde o seu nascimento: "Você é uma maravilha".
- Desenvolvendo *a vontade* da criança (mais forte que suas fraquezas), as virtudes humanas (mais fortes que seus caprichos), as decisões da liberdade (mais fortes que a dependência).
- *Prevenindo* os perigos, posto que essas imagens são tóxicas e danificam a capacidade de amar e de entrar numa relação. Explicando como o consumo pode levar à dependência: saber por que eu resisto!
- Dando uma proibição, como se faz com a criança que põe os dedos na tomada, com firmeza e calma, para nomear o mal e indicar o perigo, mas sem

---

6 Ver a entrevista do Professor Israël Nisand com Agnès Leclair em *Le Figaro*, de 25 de novembro de 2017, p. 3.

uma atitude repressiva: a repressão não serve de nada, porque, se desejar, seu filho dará um jeito de ter acesso à pornografia. Essa atitude repressiva, ademais, favoreceria a transgressão.

- Tendo uma atitude positiva perante a experiência nova do desejo no adolescente. Mostrando a ele tudo o que essa nova capacidade indica e permitirá. Dando um olhar de esperança, um olhar pacífico e encorajador para o seu filho. *Para que ele saiba que os pais acreditam nele*, que ele é capaz de amadurecer, de se unificar aos poucos.

- Confiando no discernimento da sua criança ou adolescente para que ele detecte o que é feio e escolha o que "belo". Isso será possível desde que o seu espírito crítico tenha sido formado e que seu coração tenha sido chamado ao amor. "Eu vi que aquilo era feio, quero uma coisa melhor quando, mais tarde, for amar" (Antoine, no 1º ano).

- Favorecendo a produção nas crianças de... serotonina, o hormônio da alegria! Sua ausência provoca a procura de compensações e de dopamina, o hormônio do prazer, nas excitações de todo tipo, entre elas a pornografia. "O prazer é acionado pela dopamina; a alegria, pela serotonina. Ambos os dois são neurotransmissores, substâncias bioquímicas fabricadas pelo cérebro que pilotam as emoções. Que papel desempenha a dopamina? [...] Há a motivação para a recompensa, que determina nosso comportamento; e depois há a consumação dessa recompensa, o sentimento interior de satisfação. [...] E a serotonina? Seu componente

PORNOGRAFIA

primário é o aminoácido triptofano, que deve ser consumido, posto que o corpo humano não pode produzi-lo. [...] A luxúria alimenta a dopamina, o medo influencia a secreção de cortisol a partir das nossas glândulas suprarrenais. [...] O cortisol desinibe a dopamina e modifica nossos comportamentos".[7]

Para fazer baixar a demanda por dopamina e aumentar a serotonina, cultivemos a alegria! Viver uma relação de amor e de confiança com seus próximos e com Deus enraiza no amor e apazigua o mundo interior da criança. Aprender a servir, valorizar seus talentos, tudo isso permite encontrar realização e felicidade no dom de si. Fazer baixar o stress devido à falta do sono, ao ritmo do trabalho e às telas reduz o cortisol que arrasta à procura do prazer. Enfim, lutar contra as "besteiras" com refeições caseiras no estilo cozinha mediterrânea (fonte de triptofano, de ácidos graxos, ômega 3 e fraca em açúcares) contribui para um melhor equilíbrio psíquico da pessoa.[8]

## Como curar?

### Consumir "com moderação"?

1. O consumo em pequenas doses é uma ilusão, porque o conteúdo seguirá atrativo e viciante. Propor

---

7    Entrevista com o Doutor Robert Lustig publicada em *L'Obs*, n° 2800, de 5 de julho de 2018, p. 22.

8    Yuka: aplicativo gratuito que permite, através de escaneamento, avaliar a qualidade para a saúde de produtos alimentares e cosméticos.

um consumo reduzido, que seria "razoável", é tão ilusório quanto dizer a um alcóolatra que ele deve "beber menos" e limitar seu consumo.

2. O consumo de conteúdos pornográficos é uma forma de exploração sexual de pessoas que se prostituem pela tela. Enquanto tal, ela não é, portanto, "razoável", porque é uma participação na degradação das pessoas que estão sendo olhadas. Ele sustenta essa forma de prostituição e faz de quem consome esses conteúdos um "espectador-carrasco". Por essas duas razões, a pornografia não pode ser consumida, ainda que com moderação.

3. Esse vício leva a mais pulsões irreprimíveis visando a obtenção de um prazer que se escapa, funcionando por associação de ideias com um fundo obsessivo; compreende-se que ela é uma praga social; a pessoa dependente pode terminar se transformando numa predadora sexual. Eis uma terceira razão para tudo fazer pela cura antes de se tornar o carrasco do seu irmão.

A única solução verdadeira para se livrar de um vício é o desmame completo e voluntário. Pode ser doloroso, uma espécie de falta, mas será preciso encontrar compensações físicas e afetivas necessárias para a fase intermediária: esporte, arte, música, sair para ver o mundo... Buscar apoio nos amigos, na família, para reinvestir na vida de verdade!

## OUTRA TERAPIA

Sessões de hipnose *eriksoniana* (em que a pessoa permanece consciente) podem, por vezes, ajudar a libertar da dependência de maneira progressiva as pessoas viciadas em pornografia (adultas e adolescentes). Ela é uma desconstrução dos automatismos e um descondicionamento que deixam emergir outros recursos da pessoa. Na hipnose, a pessoa se solta. Outras respostas humanamente admissíveis (e não outros vícios) se apresentam a ela, nesse estado de retorno à presença de si em que ela se recebe novamente, em que ela se ajuda a se enraizar, a "voltar para o seu eixo". Exercícios de auto-hipnose permitem isso em situações de estresse. Essa abordagem se baseia no fato de que sempre há um potencial a se explorar no ser humano, *quer ele queira ou não queira*. A vontade é primordial. Será necessário acompanhar a pessoa e procurar com ela antecipadamente a ou as eventuais causas da sua necessidade por compensações, para não deixá-la sozinha com suas dificuldades que a levaram a procurá-las.

Por exemplo, ver o Institut français des pratiques psychocorporelles (IFPPC), Centro Camkeys, 7 rue des Cordelières, 75013, Paris. Ver os *sites* librepouraimer. com; em inglês: purityispossible.com.

## *Acompanhamento e misericórdia pelo pecador*

Ele tem necessidade de encontrar força e consolação na prece e na escuta junto a um padre, a um médico ou a uma pessoa de confiança. Esse acompanhamento é importante para trabalhar suas frustrações, as feridas interpessoais, o circuito de recompensas, e para poder ganhar confiança e autoestima. Pedir perdão, aceitar ser perdoado, curar as feridas, só é possível com a graça de Cristo. Facilitar o dom da graça e da misericórdia é uma prioridade. Dar às crianças desde muito cedo o hábito de ter recorrer a ele, facilitar o recorrer ao sacramento do perdão *desde antes da adolescência* é uma necessidade hoje em dia em face às pressões que as crianças sofrem. Da mesma forma, é preciso facilitar o encontro com Jesus presente no Santíssimo Sacramento exposto e o hábito da adoração.

---

### DOMINIQUE SAVIO, UM CORAÇÃO PURO

O modo de difusão de imagens obscenas mudou e a quantidade delas é abundante... Mas isso não é novidade... Sendo assim, Dominique Savio já devia se opor no pátio de Valdocco aos meninos que queriam mostrar aos outros desenhos licenciosos... Isso se passava em meados do século XIX. A pureza do coração de Dominique estava ligada à sua grande proximidade com Cristo. Ele amava sobretudo comungar e desejava evitar tudo o que pudesse distanciá-lo dele. Esse santo de 15 anos é um modelo e um intercessor para os nossos adolescentes, e a pedagogia de Dom Bosco é um modelo para nós, pais e educadores.

---

REDENÇÃO DO CORPO

Ele [o Cristo] [...] conduz o homem no caminho da "Redenção do corpo", [que] deve consistir em *recuperar esta dignidade* em que se realiza [...] o verdadeiro significado do corpo[9] humano.[10]

## A ORAÇÃO DE LIBERTAÇÃO

Essa forma de prece volta hoje aos holofotes, e mui felizmente, porque "o diabo não tira férias", mesmo que tente se fazer esquecer. Assim o Arcebispo de Paris, em abril de 2019, organizou uma tal prece solene em Paris... Essa oração é necessária para libertar uma pessoa infestada por um espírito maligno. Essa infestação pode se produzir por ocasião de um trauma contra o qual a pessoa nada pode, mas que provoca nela uma fragilidade, uma fraqueza pela qual o demônio virá atormentá-la.

Assim acontece com o rapazinho ferido pela visão de conteúdos pornográficos e por toques indevidos. Invadido por imagens obsessivas, ele é como que atormentado por um espírito mau, a ponto de expressar sua vontade de "fazer igual" e seu desespero perante um tal encarceramento. Ele sente e diz que a felicidade não é para ele. O acompanhamento psicológico da pessoa, nesses casos, não basta. É preciso *primeiro* expulsar o demônio e fechar a porta de entrada, para só depois reparar as potências psíquicas da pessoa. Uma tal oração de libertação pode ser feita por um padre, em virtude do seu ministério. Ele poderá usar a prece de exorcismo de Leão XIII, por exemplo, acompanhada de água benta.

---

9    Ver o livro *Protection, délivrance, guérison. Célébrations et prières* [Proteção, libertação, cura: celebrações e preces]. Service national de la pastorale liturgique et sacramentelle, Mame, 2017.

10   TDC, 23–6.

# FALAR DE AMOR COM NOSSOS FILHOS

Também podemos recitar com segurança, constância e fé a oração a São Miguel Arcanjo, também de Leão XIII, como nos convidou a fazê-lo o Papa Francisco em outubro de 2018.

> *São Miguel Arcanjo, defendei-nos no combate.*
> *Sede o nosso refúgio contra as maldades*
> *e ciladas do demônio.*
> *Que Deus manifeste o seu poder sobre ele.*
> *Eis a nossa humilde súplica.*
> *E vós, Príncipe da Milícia Celeste,*
> *com o poder que Deus vos conferiu,*
> *Precipitai no Inferno Satanás*
> *e os outros espíritos malignos,*
> *Que andam pelo mundo tentando as almas. Amém.*

## UMA PACIENTE REEDUCAÇÃO

- Reeducar a sensibilidade para imagens (escolhas artísticas e estéticas), a sensibilidade do corpo (ternura e afeição), a estima do próprio corpo (belo e feito para amar). Com o percurso *Apprendre à voir l'amour dans l'art* [Aprender a ver o amor na arte], especialmente para estudantes do ensino médio, também utilizável em faculdades e capelanias.
- Reencontrar o sentido do dom: o corpo feito para se doar no trabalho, construir projetos, doar-se no esporte, nas relações sociais e de amizade, no serviço, dom total e sincero de si.
- Reencontrar o sentido do "belo", reencontrar a pureza dos olhos (o corpo do outro é um templo

sagrado), a pureza do coração (desejo de se relacionar e de ter amizades). Contemplar os sinais visíveis da masculinidade e da feminilidade como expressão da força do dom, dom do amor e dom da vida.

Quanto mais esse olhar contemplativo e cheio de admiração for desenvolvido, mais a criança e depois o adolescente estará protegido interiormente de tudo o que pode degradá-lo e que é inumano (infra-humano, desumanizante). É evidentemente uma questão de educação para o amor.

### O ESPÍRITO SANTO E DOM DA PIEDADE

Entre as fontes espirituais de que dispomos para essa educação para o amor, há uma de peso: *a influência santificadora do Espírito Santo e seus dons especiais*.[11] Entre os sete dons, que são ajuda e suporte precioso para os pais, há um que facilita a pureza do coração: é o dom da piedade "parece servir de modo particular à pureza, adaptando o sujeito humano àquela dignidade que é própria do corpo humano em virtude do mistério da Criação e da Redenção".[12] O dom da piedade leva a respeitar profundamente o que é obra de Deus torna aquele que o recebe capaz da liberdade do dom. O Espírito Santo é a fonte do respeito:

---

11   Ibid., 131–1.

12   Ibid., 57–2.

FALAR DE AMOR COM NOSSOS FILHOS

O respeito por aquilo que Deus criou liberta desta restrição, liberta de tudo o que reduz o outro "eu" a mero objeto: ele fortifica a liberdade interior do dom. [...] A atitude de respeito pela obra de Deus que o Espírito Santo inspira [...] vai em par com a capacidade de satisfação profunda, de uma admiração, de atenção desinteressada para o "visível" e ao mesmo tempo "invisível" da feminilidade e da masculinidade, e, finalmente, uma apreciação profunda pelo dom desinteressado do "outro".

[...] O dom do respeito pelo que é obra de Deus "comporta uma profunda e universal *atenção à pessoa* em sua masculinidade ou feminilidade, criando assim o ambiente interior conveniente à comunhão pessoal".[13]

Sendo assim, a castidade, ou pureza do coração, é o fruto não somente da educação para a *virtude*, em qual cada um pode *se exercitar*, mas também *dos dons* do Espírito Santo *com os quais ele colabora.*[14] O olhar cheio de atenção pela pessoa é o melhor antídoto contra o utilitarismo que quer *profanar o templo* do corpo da pessoa, que também é templo do Espírito.[15]

O homem interior deve abrir-se à vida segundo o Espírito para se tornar partícipe da pureza evangélica de coração: para reencontrar e realizar o valor do corpo liberto pela Redenção das cadeias da concupiscência.[16]

---

13   Ibid., 132–4 e 5.
14   Ibid., 131–2.
15   Ibid., 56–3.
16   Ibid., 58–5.

## Conclusão

Para erradicar a pornografia, trabalhemos a pureza do coração e a educação do olhar. No fundo, a pornografia não passa de um meio a mais para a impureza, mas de tão fácil acesso...

O homem não deve ser reduzido apenas à secreção de dopamina; há muitas fontes físicas, intelectuais e espirituais para encontrar o equilíbrio das suas emoções. O papel do educador será acompanhar a criança e o adolescente para que ele cresça em liberdade tendo consciência dos perigos. A educação será antes de tudo um apelo ao coração para sempre fazer a escolha ética da verdade sobre a beleza do amor entre o homem e a mulher.

### UMA DIVISA: "POR UM AMOR MAIOR"

> Deus criou o homem para a incorruptibilidade e o fez imagem de sua própria natureza; foi por inveja do diabo que a morte entrou no mundo: experimentam-na quantos são de seu partido! A vida dos justos está nas mãos de Deus, nenhum tormento os atingirá.[17]

---

17  Sb 2, 23–3, 1.

III

# SOMBRAS E LUZ

## A educação afetiva e sexual da criança deficiente mental

*A base teológica da verdade sobre o homem
e sobre sua vocação particular [...]
provêm do mistério eterno da pessoa
como imagem de Deus, encarnado no fato
visível e corporal da masculinidade ou da feminilidade
da pessoa humana.*
— João Paulo II, TDC, 58–2

## FALAR DE AMOR COM NOSSOS FILHOS

> ### TESTEMUNHO
>
> "Nós tivemos uma reunião de pais na instituição do nosso filho, que sofre de uma deficiência mental, a respeito do acompanhamento dos residentes. O conteúdo foi principalmente relacionado ao 'direito' à sexualidade (sustentado por referências jurídicas) e à técnica de masturbação, com fotos de apoio. Em nenhum momento se mencionou a questão da vida afetiva das pessoas referidas, da necessidade que elas têm de se sentir reconhecidas em suas necessidades profundas de atenção e ternura. Para nossa grande surpresa, a maior parte dos pais não pareciam chocados. Somente duas famílias demonstraram reservas e nós nos sentimos muito sozinhos".[18]

Como educar afetiva e sexualmente as crianças feridas em sua inteligência? Nesse domínio também se enfrentam as culturas da vida e da morte.

Por um lado, a filosofia dos *direitos sexuais* se impõe e leva a considerar a sexualidade e corpo como meios de gozo. Nesta ótica, pensa-se que é preciso facilitar o direito à sexualidade reduzida à genitalidade. Na Alemanha, o ofício de *assistente* sexual é legalizado. Na França, o Comitê Consultivo de Ética afastou em 2013 essa possibilidade sob justificativa de que ela pressupõe a prostituição... Ela é por vezes encorajada, a despeito disso.

---

18 Revista *Ombres et lumière* [Sombras e luz], n° 203, p. 5. Revista do Office chrétien des personnes handicapées (OCH) [Ofício cristão para deficientes mentais] a serviço de pessoas deficientes mentais, suas famílias, seus amigos: 90 avenue de Suffren, 75738, Paris, Cedex 15.

Por outro, os pais, desesperados, perguntam-se que fazer com suas filhas que vivem em centros mistos. Da mesma forma que o preservativo é um paliativo ao qual é melhor se recorrer em caso de libertinagem sexual, os "inibidores de fecundidade" são um paliativo para jovens que vivem em situações inextricáveis a curto e médio prazo. Mas como se imaginar resignado que seu filho(a) poder ser violentado(a), abusado(a), e repetidamente, por um membro do pessoal, uma outra pessoa do seu CAT (Centro de Assistência do Trabalho), com garantia de impunidade *a partir do momento em que ela está usando um método contraceptivo*? Como ignorar que o grito por sexualidade guarda uma angústia, um apelo à ternura, ao amor, assim na pessoa que sofre de uma deficiência mental *como em toda a pessoa humana*? Como se resignar a imaginá-la fechado numa sexualidade sem compromisso, que despreza as expectativas profundas do seu coração, sua vocação ao dom, ao amor, à amizade que ela traz em si, como toda pessoa humana? Certos pais se associaram para criar para os seus filhos com síndrome de Down uma casa segura. Por sua vez, a TeenSTAR propõe um novo percurso adaptado aos jovens deficientes mentais, "TeenSTAR adapte", e recruta pais instrutores para alargar seu campo de ação...

## Questões sobre a "proteção sexual" imposta

### TESTEMUNHO

"Mãe de uma moça de 22 anos com deficiência mental moderada, alojada num CAT e voltando, à noite, para um lar adaptado, conheço bem um problema muito doloroso. Em poucas linhas, eis o nosso combate:

Primeira entrevista com a direção: 'Senhora, uma moça não deve entrar num CAT sem proteção sexual. Propomos a pílula, a laqueadura ou o DIU. Não há na França nem um CAT responsável que não imponha essa disposição'. Telefonei para os responsáveis da associação regional de gestão para saber o que está sendo feito em relação a esse problema em nossos centros. Eis as respostas: 'Qual a diferença entre uma pílula do dia seguinte e uma cartela de aspirina?'. Pensei que ia desmaiar... 'Sua filha terá que tomá-la'. Pensei que ia explodir.

De fato, soube que lá havia acontecido agressões dos rapazes às moças; é verdade que se entrava livremente nos quartos, andava-se nu pelos corredores. Houve até uma interrupção de gravidez...

Alguns pais têm medo dos profissionais, de mandar de volta suas filhas... Quinze famílias de moças estão aliviadas por não terem que temer nada, mas outras gritam por socorro: sobretudo não querem entrar no sistema porque se vai a caminho do 'não importa quem for', sem respeito pela pessoa".[19]

Uma outra mãe se pergunta se esterilizar sua filha não seria traí-la:

"A esterilização, ela diz, vai contra toda a educação que tentamos dar à Sabine para que ela adquirisse o seu máximo de autonomia e para torná-la cada vez mais responsável pelos próprios atos. Nós também temos uma grande transparência de coração, uma relação profunda. Nós sempre tivemos com ela uma linguagem verdadeira".[20]

---

19   *Ombres et lumière* [Sombras e luz], nº 107, p. 7.

20   Ibid.

SOMBRAS E LUZ

A dificuldade que faz considerar a possibilidade de "proteção sexual" através da contracepção, até a contracepção dita "irreversível", a esterilização, vem de que a maior parte dos lares são *mistos*, e de que essa mistura *não é controlada*. Há poucas atividades organizadas e um lazer onipresente: a televisão, que leva a considerar a relação sexual e as relações genitais como a norma das relações humanas. Testemunham esse fato inúmeros pais, e também educadores, como este que se interroga sobre sua formação:

> **TESTEMUNHO**
>
> "No estágio, durante minha formação de educador especializado, perguntei sobre o conteúdo das aulas sobre educação afetiva e sexual das pessoas com deficiência mental. Responderam-me que isso não estava previsto no programa e que com os métodos atuais praticamente não havia mais problemas.
>
> De fato, no centro, quase todas as mulheres usavam métodos contraceptivos, duas eram esterilizadas. As relações entre homens e mulheres eram muito livres. Poucos lazeres organizados, a grande ocupação à parte o ateliê era a televisão, com todas as incitações ao livre curso das pulsões sexuais e à violência. Eu me senti ultrapassado. O programa oficial de formação das escolas de educadores não deveria prever uma profunda reflexão sobre a educação afetiva e sexual das pessoas com deficiência mental (seja qual for a deficiência)?".[21]

---

21  Ibid., p. 10.

Sendo assim, o jovem deficiente, assim como os outros adolescentes, é hoje muito mais incitado a viver uma sexualidade pulsional, a satisfazer os instintos, do que a construir relações de pessoa a pessoa. O autoerotismo, como as relações sexuais sem compromisso, é banalizado.

Por um lado, quer-se promover tanto quanto possível a autonomia e responsabilidade das pessoas deficientes, sobretudo através do trabalho; por outro, demonstra-se desprezo ou indiferença pela integridade da pessoa: desprezo pelo corpo e negligência com a vida cotidiana — se não se ensina o pudor nem o respeito pelo próprio corpo, não se pode avançar rumo à maturidade afetiva —, desprezo pela capacidade de fecundidade e pelo *o que ela significa*, desprezo pelo risco que se corre de ser vítima indefesa de abusos sexuais: a partir do momento que há contracepção, um abuso sexual perde a importância... Desprezo, enfim, pelas aspirações mais profundas do coração, pois se engana as pessoas sobre "o amor" a que elas têm direito. Esse desprezo pela pessoa é proveniente da cultura da morte.

## Uma outra via?

### TESTEMUNHO

"'Encontrei alguém, ele é o meu melhor amigo', Claire diz muitas vezes à sua mãe. 'Quero ser igual aos jovens da minha idade', diz Laurence, 18 anos, à sua mãe. Ela acresce: 'É o normal'. 'Eu acredito', diz a mãe, 'que este é o maior sofrimento de Laurence: não poder ter o modo de vida, a liberdade e as relações que têm as

> meninas da sua idade'. E por trás dessa dor expressa, há uma bem mais profunda e mais esconsa, misturada à muita angústia: 'Será que um dia eu me casarei? Será que um dia eu terei filhos?'".[22]

Como respeitar e ajudar o jovem deficente mental? É preciso começar por *escutá-lo*. Ele *não pede* para ter direito a relações sexuais frequentes, sem compromisso, com múltiplos parceiros. Ele pede um "melhor amigo" ou um amor.

## Na idade em que ele muda

A passagem à vida adulta inquieta os pais. Eles têm medo de falar com o adolescente sobre as transformações do seu corpo durante a puberdade, das suas tentativas e erros em direção ao amor. O Doutor Réthoré, médico e amigo de pessoas deficientes mentais, dirige-se a elas com uma linguagem direta e viva.

> As metamorfoses da adolescência... Muitos pais queriam que tudo isso não chegasse a acontecer com seu filho ou sua filha. E, bem, isso acontece, assim como para todos e da mesma forma... O jovem vai ver todas as interrogações, todas as angústias, incertezas da crise da adolescência com mais dificuldades que os outros, porque ele terá dificuldade para expressar o que sente. Os temores, as angústias que ele provoca no entorno familiar, social, institucional, correm risco de agravar, por sua vez, sua fragilidade.

---

22   Ibid., p. 8.

Esses adolescentes precisam ser acompanhados com ainda mais benevolência, sem se esquecer que a estima, o respeito que se tem por si passa muito pela consideração que se percebe no olhar dos outros em relação a nós. Jamais humilhar, ridicularizar; respeitar o pudor inato, não culpabilizar. Ajudar o adolescente a tomar consciência das suas novas possibilidades, mas igualmente dos seus limites. O laxismo, neste momento, é muitas vezes a expressão de uma demissão dos pais e dos educadores. Não se quer tomar partido, então tenta-se encontrar soluções que não fazem mais que retroceder no tratamento dos verdadeiros problemas.[23]

## Educá-lo na verdade

Quer ele se veja como um chefe ou seja mais temeroso, ele terá que aprender a fazer o que pode.

Nos dois casos, teremos que acompanhar esse sofrimento, na verdade: "É verdade que você não pode fazer isso por ora... Mas você pode fazer essa outra coisa... Você não pode dirigir um carro, uma moto, mas pode andar de bicicleta".

Não deixar fazer qualquer coisa de qualquer modo, respeitar o gosto pelo risco, mas após ter delimitado, em conjunto, a margem de segurança razoável e ser intransigível no respeito a essa convenção feita em comum. Ajudá-lo a expressar suas angústias, seu sofrimento, seus desejos, com respeito ao seu segredo interior (jamais falar disso a terceiros na sua frente sem seu consentimento). Permitir-lhe encontrar-se

---

23 Dr. Réthoré, *ibidem*, p. 30. Agradecemos a redação de *Ombres et lumière* [Sombras e luz] por ter autorizado a publicação dessa entrevista.

a sós com este ou aquele em quem ele confia, com quem ele possa desabafar.

Permitir que ele se estime — não se pode amar os outros se se detesta a si mesmo. Não se trata de jeito nenhum de apagar, de mascarar a deficiência, de trapacear. O deficiente tem, porta, suporta e reivindica o direito e os meios de viver com ela... Cabe a nós não decepcioná-lo! Que ele sinta profundamente que, como todos e cada um na família, ele tem um lugar específico, seu, que ele é insubstituível. Para ajudá-lo, confiar a ele desde a infância uma tarefa de acordo com sua idade e seus gostos. Não fazer em seu lugar quando ele se negar ou esquecer de realizar sua tarefa. Fazê-lo sentir que, se ele não completar sua missão, alguém é lesado, a harmonia é quebrada... Em contrapartida, não deixar de lhe contar a alegria que se sente graças à sua participação na vida da casa.

Mas é sobretudo no coração dos seus pais e de todos os membros da família que ele deve se sentir amado, não por compaixão ou piedade, mas simplesmente pelo o que ele é: essa pessoa única e insubstituível.

Ele deve ter essa mesma certeza na sua relação com Deus, que exige um acompanhamento e um respeito profundo também ao seu foro íntimo, e aceitação, de antemão, de ver nossa "consciência limpa" posta em xeque.[24]

## A angústia é má conselheira

Negar a sexualidade é torná-la explosiva. É preciso domesticá-la, socializá-la.

---

24  Doutor Réthoré, op. cit.

É preciso dar às crianças, e desde a primeira infância, as regras de etiqueta, "as boas maneiras": não se abraça todo mundo nem qualquer um, não se tira a roupa em qualquer momento e em frente a qualquer pessoa [...].

A solução não está no fechamento no seio de um ninho selado, do casulo familiar. [...] Pode-se transformar, integrar as pulsões naturais desses jovens. Não digo que é fácil, que acontece sem sofrimento, mas digo que é possível porque essa energia é educável. No correr dos anos, ela muda de forma, de objeto. Ela pode ser direcionada para atividades valorizadoras (esporte, teatro, equitação, escalada, música, serviço ao próximo), atividades mais equilibradas em que os adolescentes encontram um prazer compartilhado com outros adolescentes. Aí eles podem tecer amizades verdadeiras. A energia vital, a energia do amor é então dirigida para os outros, não para as relações do corpo, mas para os gestos de delicadeza, de bondade, de solidariedade.[25]

## Acompanhar, escutar, consolar

Caso se zombe, se reaja brutalmente, se feche a porta, então o adolescente correrá o risco de entrar numa crise profundíssima. Seu sofrimento é verdadeiro, é o sofrimento de um adulto e não o de uma criança que logo esquecerá tudo.

O sofrimento dos pais, sua legítima inquietude, tudo isso é perfeitamente real. Cabe a nós, educadores, médicos, amigos, talvez avós, acompanhar esse sofrimento, escutar, consolar... e recomeçar! [...]

---

25  Ibid.

> Deixar o tempo trabalhar, acompanhar discretamente, e o jovem compreenderá progressivamente o que pode e o que não deve fazer, a partir do momento em que se souber respeitar nele o segredo que dá dignidade à sua personalidade, e que confere o direito de ser reconhecido como uma pessoa de pleno direito, capaz de amar e de ter seu lugar único na família humana.[26]

Assim sendo, a criança, o adolescente deficiente mental tem o direito à mesma educação para o amor que as outras crianças. Ele tem uma particular necessidade de saber que vem do amor, e também de aprender o valor da sua intimidade, para protegê-la. Mas essa educação será adaptada a cada um, e dada com ainda mais ternura porque a criança é ferida na sua inteligência, e sofre em razão disso. Iremos ajudá-la a apaziguar seu mundo interior, a encontrar o caminho da sua devida maturidade afetiva criando em torno de si um clima de amizade e de respeito profundo, que lhe permitirá descobrir que ela é alguém, que ela pode viver verdadeiras relações de amizade.

## Duas novas proposições

### As casas São José, casas de vida

Antes de procurar lugares nos centros médico-sociais superlotados, onde se põem os jovens, à revelia deles próprios, em regimes mistos, tornando suas vidas mais difíceis, os pais passaram a observar uma outra fórmula.

---

26   *Ombres et lumière* [Sombras e luz], nº 107, p. 32.

Há cerca de dez anos, sete jovens portadores de Síndrome de Down compartilham uma vida familiar e calorosa, em Versalhes, com uma intendente e uma governanta.

> Perfeitamente integradas à vida doméstica, as jovens criaram entre si laços de amizade fortíssimos. Relativamente autônomas, elas participam da preparação das suas refeições, cuidam das roupas, fazem projetos em comum e têm uma atividade a céu aberto durante o dia. A casa acolhe numerosos voluntários bem como pais e amigos das residentes.

O sucesso dessa moradia partilhada exemplar encorajou as casas São José e a FLS (Fondation pour Logement Sócial) a criar uma nova casa de vida, desta vez voltada para rapazes portadores de Síndrome de Down ou que sofrem outras deficiências mentais.[27]

## TeenSTAR adaptada[28]

A TeenSTAR adapta há alguns anos sua pedagogia do "maravilhamento" aos jovens com deficiências mentais através de um novo percurso que lhes é dedicado. Esse percurso dura dois anos a mais, e cada grupo compreende dois instrutores para de 5 a 10 moças. Só há um objetivo por sessão, com mímicas, histórias, muitas imagens. É explicado, principalmente às moças, que elas têm não só corpo, mas também um coração de mulher.

---

27  Fls-fondation.org/maisonnee-versailles.

28  Cf. teenstar.fr.

SOMBRAS E LUZ

Eu quero que as moças conheçam seus corpos, suas capacidades, mas também seus limites, que elas cresçam com autoestima, conhecendo o outro e com aptidão para escolher. Elas têm direito a uma linguagem verdadeira. [...] Nós elaboramos um código de amor, baseado nas imagens do código de trânsito. Se um menino quer fazer algo que eu não desejo, mesmo que ele tenha certa autoridade, eu devo ser capaz de dizer "pare". Nós destacamos suas qualidades pessoais, seus talentos. Como elas se alegram ao entender que são únicas![29]

---

29 Testemunho de Ódile Ducros sobre a origem deste novo percurso, em *Ombres et lumière* [Sombras e luz], nº 203, p. 14.

CONCLUSÃO

# ESCOLHER AMAR,
# UMA CULTURA DE VIDA

*Cristo redimiu-nos! O que significa que ele nos deu a possibilidade de realizar toda a verdade do nosso ser; ele libertou a nossa liberdade do domínio da concupiscência. [...] O mandamento de Deus é certamente proporcionado às capacidades do homem: mas [...] às capacidades do homem a quem foi dado o Espírito Santo; do homem que, no caso de cair no pecado, sempre pode obter o perdão e gozar da presença do Espírito.*
— João Paulo II, *Veritatis splendor*[1]

Queremos que nossas crianças descubram que a linguagem do corpo permite expressar o amor do coração. Dizer a elas que a sexualidade é o lar do dom e do acolhimento do outro, que a vida vem desse dom...

Buscamos *reforçar a comunhão entre nós, pais*, ou somos resignados, *derrotistas*, perante o que não está dando certo? A criança tornou-se para nós um "risco"? Nossa vida sexual é despersonalizada, insípida? Nossas crianças sentem que queremos nos amar e que, *apesar das dificuldades, amamos a vida*?

---

1     João Paulo II, *Veritatis splendor* [O esplendor da verdade], nº 103.

FALAR DE AMOR COM NOSSOS FILHOS

Um amor *condicional* pela vida traz consequências à nossa vida em casal. A relação amorosa deixa de ser o verdadeiro encontro amoroso de duas pessoas que se amam por tudo que são, e que vivem um acolhimento e um dom sem reserva de um ao outro, aberto, *mesmo que potencialmente*, a este outro dom, o dom da vida. Uma *certa mentira* se esgueirou entre eles: o ato sexual não é mais uma *linguagem do corpo* expressando um amor irrestrito.

Essa linguagem mentiria se deixasse de dizer: "Eu te recebo e me doo a ti totalmente", e dissesse: "Eu te quero para o meu prazer (e depressa)". Esta linguagem não responderia à expectativa profunda do coração de cada um, que anseia por amor. Quem gostaria de ser amado *sob certas condições*? Quem se considera *descartável após o uso*?

Outrora a mulher, constrangida sem atenção nem ternura ao "débito conjugal" por um marido certo dos seus direitos, via muitas vezes o amor transformar-se em ressentimento contra ele. Hoje, ela pensa ter ganhado uma espécie de segurança com a contracepção. Mas ela corre o risco de experimentar um ressentimento contra aquele que *a constrange* porque não a aceita em todas as dimensões da sua feminilidade, mas a quer sobretudo disponível sexualmente. Que talvez a obrigue a reprimir um desejo de infância, a adotar comportamentos de prostituição. "O que eu amo numa mulher é o desejo que sinto por ela", pôde escrever friamente um escritor célebre, resumindo as motivações que animam o desfrutador: aproveitar-se do outro.

A cobiça transforma as relações amorosas em relações de dominação e submissão. Apesar do aumento do número dessas relações, a qualidade delas se empobrece. Ela não é mais a fonte onde os esposos vêm beber e se revigorar para reforçar seu amor. A verdadeira segurança vem de se saber escolhido, amado *incondicionalmente e querido para sempre.*

Um amor *condicional pela vida* nos faz escorregar para um *amor condicional pelo outro.* Isso se reflete na família: surgem tensões, um clima de subentendidos que tornam o ambiente pesado. Insensivelmente, torna-se mais difícil transmitir às crianças o sentido do outro, o domínio de si e o respeito. Os pais correm o risco de se calar e de deixar as crianças abandonadas à solidão.

Sua educação nos coloca, um dia ou outro, diante dessas questões íntimas. Boa parte da educação para o amor e para vida que vamos lhes dar depende da nossa resposta. O combate entre o bem e o mal (entre a vida e a morte, entre o amor e o egoísmo) se dá primeiro em nosso coração.

## A coerência da vida dos pais

Podemos viver esse combate entre o amor e o egoísmo ou é difícil demais? Aceitá-lo prontamente não é *inumano.* O testemunho deste homem, dado durante uma temporada nas Antilhas, indica o contrário:

> Vejo um casal de pescadores. O rapaz tem um pequeno barco e se abriga numa cabana na praia. Ele já tinha oito crianças.[2] Tínhamos feito uma reunião com ele e seus vizinhos. Ele estava mais pra lá do que

---

2    O que é, em si, muito bonito... Mas nem todos são chamados a tal missão.

> pra cá... Bem, ajudado por uma equipe de amigos, esse casal passou a seguir a curva térmica.[3] Há dois meses o casal que os acompanhava e que os via todas as semanas lhes disse: "Na próxima semana, não se preocupem, nós não viremos porque vamos fazer uma viagem; mas não vamos abandonar vocês".
>
> E o rapaz deu esta resposta, que diz muito: "Não se preocupem; agora sinto estar me tornando um homem".[4]

Esse homem expressava com simplicidade, mas altivez, a que ponto é humano se controlar, se dominar.

*Nossa força? O amor* inscrito em nosso coração *pelo Espírito Santo, um amor* que alcança também nossos corpos.

Educar nossas crianças nos desafia. Por que não começar reconhecendo nossa fraqueza, nossos limites humanos? Isso pode nos permitir buscar força onde ela se encontra.

A necessidade de uma escuta pode se manifestar, e a ajuda de um conselheiro conjugal torna-se preciosa em certos momentos da vida. Mas o melhor, para os pais crentes, é acrescentar a esses meios humanos os meios espirituais: lutar com as *armas da luz*.

> Eis a força essencial e fundamental: o amor inscrito no coração pelo Espírito Santo. [...] Os esposos [...] devem haurir a graça e o amor na fonte viva da

---

3    É um dos métodos que permite conhecer e respeitar os ritmos naturais da fecundidade feminina, para ter um bebê ou espaçar as gestações. Outros métodos foram desenvolvidos com sucesso depois.

4    Alphonse D'heilly, *Aimer en actes et en vérite* [Amar com atos e em verdade]. Saint-Paul/CLER, 1996, p. 180.

eucaristia: eles devem, com humilde perseverança, superar suas falhas e seus pecados no sacramento da penitência.

Eis os meios — *infalíveis e indispensáveis* — para formar a espiritualidade cristã da vida conjugal e familiar. Com ajuda deles, *essa* "força do amor" essencial e *espiritualmente criadora* ganha os corações humanos e, ao mesmo tempo, os corpos humanos na sua subjetiva masculinidade e feminilidade. Esse amor permite edificar toda a coexistência dos esposos segundo a verdade do sinal da graça sob a qual o matrimônio se construiu em sua dignidade sacramental.[5]

# Os frutos do amor

A família não se tornará súbito "ideal", nem as dificuldades desaparecerão como que num passe de mágica. Mas haverá mais alegria e paz nos corações, mais simplicidade também. *Tentando* repelir o egoísmo, os pais poderão pedir a suas crianças que também o façam. Sem voluntarismo excessivo, no entanto.

> "Submetei-vos uns aos outros" (Ef 5, 21). Entre os cônjuges, esta recíproca "submissão" adquire um significado especial, devendo-se entender como uma pertença mútua livremente escolhida, com um conjunto de características de fidelidade, respeito e solicitude. A sexualidade está ao serviço desta amizade conjugal de modo inseparável, porque tende a procurar que o outro viva em plenitude. [...] Lembremo-nos de que um amor verdadeiro *também sabe receber do outro*, é capaz de se aceitar como vulnerável

---

5    TDC, 126–5.

e necessitado, não renuncia a receber, com gratidão sincera e feliz, as expressões corporais do amor na carícia, no abraço, no beijo e na união sexual. [...] Quem quer dar amor, deve ele mesmo recebê-lo em dom. Em todo o caso, isto supõe ter presente que o equilíbrio humano é frágil.[6]

Nós temos todas as fraquezas, uma fragilidade e grandes limitações: lutar para tornar-se melhor faz parte da condição humana. Isso facilitará nossa vida familiar e a educação do coração das crianças.

[O testemunho dessa luta dos pais] acarreta à vida familiar frutos de serenidade e de paz e facilita a solução de outros problemas; favorece as atenções dos cônjuges, um para com o outro, ajuda-os a extirpar o egoísmo, inimigo do verdadeiro amor e enraíza-os no seu sentido de responsabilidade no cumprimento de seus deveres.[7]

Assim poderemos cumprir nossa missão de "guardar, revelar e comunicar o amor"[8] a nossas crianças.

---

6    Papa Francisco, *Amoris laetitia* [Alegria do amor], nº 156–157.

7    Paulo VI, *Humanae vitae* [Da vida humana], nº 21.

8    João Paulo II, *Evangelium vitae* [O Evangelho da vida], nº 92.

# CADERNO PRÁTICO

## TRÊS PROPOSTAS
## DE CONVERSA PARA CADA FASE

Um caderno para compartilhar
com cada criança, sentados lado a lado,
avançando com calma, segundo
as necessidades e circunstâncias.
E voltando a ele se necessário.
E se ela não pergunta nada,
tomando a iniciativa de lê-lo.

# I

## COM A CRIANÇA DE 2 OU 3 A 5 ANOS

*"De onde eu venho?"*

*"Você vem do amor e sua história*
*é bonita e... verdadeira!"*

Você é único e insubstituível,
alguém escolhido pelo Amor Eterno.

— João Paulo II, TDC, 15–4

*A alegria é o enraizamento no amor.*
*A alegria original nos fala da "origem" do homem*
*que é proveniente do amor e deu seus primeiros*
*passos no amor. E isso aconteceu de maneira*
*irrevogável, a despeito do pecado que*
*se seguiu e a despeito da morte.*

— João Paulo II, TDC, 16–21

## Palavras simples para contar o belo segredo do corpo e do nascimento dos bebês

**Útero:** o berço do bebê, na barriga da mamãe, *pertinho do seu coração*; calor e segurança do amor: é o lugar de acolhimento da criança, abrigo seguro do começo da vida = o berço-santuário do amor, feito para a pessoa sagrada que é a criança-imagem de Deus e dom de seu amor.

**Endométrio:** é como que o protetor desse berço, um protetor nutritivo.

**Vagina:** passagem *reservada* para o nascimento do bebê que está na barriga da mamãe. E passagem *reservada* para o acolhimento do amor do papai e das suas sementes de vida.

**Cordão umbilical:** ligado ao corpo da mamãe, permite que a criancinha seja bem alimentada durante toda a gravidez.

**Umbigo:** lembre a criança de que ela estava ligada à sua mamãe e era alimentada por ela: sinal no corpo de que a vida é recebida como um presente, um dom. "Você é um 'dom'".

**Gravidez:** desenvolvimento de uma nova criancinha na barriga da mamãe, perto do seu coração, durante nove meses.

**Nascimento:** momento em que a mamãe traz sua criança ao mundo, traz uma nova pessoinha para amar. O nascimento encerra a gravidez.

**Amamentação:** feita para o bebê, bem aconchegado nela, mamar o leite da sua mamãe.

CADERNO PRÁTICO

**Intimidade:** o que está no interior do seu corpo, o que lhe é pessoal. O segredo do seu corpo.

**Palavras-chave:** berço, coração, *reservado*, calor, segurança, intimidade, amor, vida = presente, dom, alegria, sorte = belo, segredo, tua história, uma bela e verdadeira[9] história.

## A bela história da vida e do nascimento dos bebês

*"Antes de nascer, eu estava no coração de Deus"*

---

9 Expressão que deve ser banida por ser vazia de transcendência e poesia: "Como se 'fazem' os bebês?". Também não deve se servir da ideia da sexualidade como "fábrica de bebês". As crianças são pessoas humanas, portanto não podem ser fabricadas.

## AOS PAIS

Eis uma proposta de conversa com a criança. Ela pode ser conduzida pela mãe, muitas vezes mais próxima tanto dos pequenos quanto das realidades que serão abordadas. Mas o pai pode se envolver também, lado a lado da mãe, ou sozinho caso ela não possa fazê-lo. O essencial é fazer essa primeira iniciação tão cedo quanto possível e antes de toda socialização da criança, *sem deixar para depois*; começar a lhe revelar o segredo da vida de forma adaptada para ela, numa conversa franca, confiante e cheia de amor. Doando seu tempo e estando pronto para tornar ao assunto. Esse primeiro anúncio será o início de uma bela cumplicidade e da melhor das prevenções.

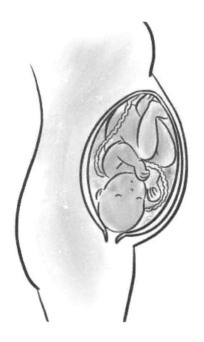

CADERNO PRÁTICO

# ÀS CRIANÇAS

## Como num bercinho

Você me perguntou por que vemos tantas mamães com uma barriga grande. Eu te respondo: é porque elas estão esperando um bebezinho, bem perto do coração

Eu fico contente que você tenha me feito essa pergunta. Agora vou poder te falar da vida e do nascimento dos bebês! Olha só, assim que um bebezinho nasce, a gente o coloca num bercinho bonito, bem do seu tamanho, que o papai e a mamãe preparam para ele.

Nesse bercinho que a mamãe dele preparou com amor, o bebê fica bem quentinho e seguro.

Então, na barriga de uma mamãe é parecido. Antes de nascer, o bebê fica lá, bem quentinho, em segurança: ele está como num bercinho, perto do coração da sua mamãe. Olha só, tudo foi bem planejado pela natureza — *e por Deus, que criou tudo* — para acolhê-lo. Você também, antes de nascer, você estava a salvo, em segurança, na barriga da mamãe, perto do coração dela. E você ouvia o coração dela bater, e era como uma música que te ninava e te acalmava.

## Bem alimentado pela mamãe, o bebê cresce

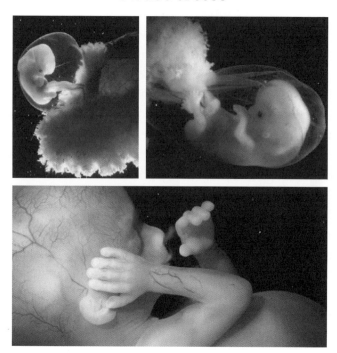

Olhe bem essas fotos! Elas te mostram como o bebê se desenvolve na barriga da mamãe. No início, ele é tão pequeno que nem dá para vê-lo. Mas ele está ali, ele cresce, e como ele ocupa cada vez mais espaço, a barriga da mamãe também começa a crescer cada vez mais e a ficar redonda.

Para crescer assim, o bebê é bem nutrido. Ele recebe a sua comida por um tipo de tubo que liga o seu corpo ao da sua mamãe. É o cordão umbilical.

CADERNO PRÁTICO

No nascimento, corta-se o cordão umbilical, que não serve para mais nada, porque a criança vai começar a mamar. E isso deixa uma pequena cicatriz, *o umbigo*. Olha para a sua barriga: teu umbigo te faz lembrar que você foi alimentado pela mamãe, quando ela te esperava pertinho do coração dela. Ele também te lembra de que você recebeu a vida como um presente, um dom, uma chance. Tua vida é um presente para ti, mas também para os teus pais, tua família, teu país. Isso quer dizer que você é você mesmo um presente, uma bênção, um dom! Porque você é absolutamente único. Você é maravilhoso, você é nosso único ... [aqui, dizer o nome da criança].

## Uma passagem no corpo da mamãe reservada para o nascimento do bebê

Um dia, quando o bebê está bem crescido, ele fica pronto para sair da barriga da mamãe.

Mas como ele vai sair, e por onde? Tudo foi previsto para ele no corpo da mamãe. Um caminhozinho liga o berço onde ele viveu e cresceu por nove meses a uma pequena abertura, na parte de baixo da barriga da mamãe. Esse caminho é reservado para a passagem do bebê. Ele chega até nessa abertura que está como que escondida entre as pernas da mamãe.

Todas as mocinhas e as mamães têm, na barriga, esse berço capaz de um dia abrigar um bebê. E elas todas têm esse caminho especial, reservado para o bebê, que vai do berço até a pequena abertura de que eu falei. Aliás, ela tem um nome preciso, esse caminho é a "vagina". Ela não tem nada a ver com a passagem usada para fazer xixi, não se pode confundi-las!

No corpo de uma menina ou de uma mocinha, essa passagem, que é ao mesmo tempo frágil e importante, é bem protegida. Ela está no interior do seu corpo e como que fechada. É o segredo do corpo, sua intimidade, que é bela e preciosa. (Ver com a criança o desenho da p. 296).

CADERNO PRÁTICO

# Teu corpo é preciso, proteja-o como a um tesouro

### À MENININHA

Teu corpo de menina é belo e frágil ao mesmo tempo. Um dia, quando você for grande, você poderá se casar e se tornar uma mamãe, esperar um bebezinho perto do seu coração. Hoje, você ainda é muito pequeninha pra isso, mas você pode desde já aprender a guardar o seu corpo. Guardá-lo é tomar cuidado dele, protegê-lo, respeitá-lo.

É também fazer que ele seja respeitado. Se um dia alguém quiser faltar com o respeito com o teu corpo, uma vozinha no seu coração vai te dizer: "Não, não, não!". Ouça essa vozinha, ela quer proteger o belo segredo do teu corpo, tua intimidade.

E você também respeite o corpo dos outros! O corpo das outras meninas, que se tornarão mamães, e o corpo dos meninos, que se tornarão papais.

> **AO MENININHO**
>
> Você, que é menino, é chamado a respeitar e proteger as meninas: elas se tornaram um dia mulheres e mamães. O corpo delas foi criado para amar e acolher, no quentinho, perto do coração, o bebezinho que elas poderão esperar quando forem casadas, e para permitir que esse bebê nasça pela passagem reservada para ele. Se você, um dia, ouvir meninos zombarem de uma menina, dizer a ela, em segredo ou com malícia, coisas feias e faltarem com o respeito com ela, você irá defendê-la, porque eles não entenderam nada: eles acham que o corpo das meninas é sujo, que ele tem um segredo feio! Mas você sabe a verdade.
>
> E o corpo dos meninos? O segredo do corpo dos meninos é sua força, que lhes permite dar socorro e proteção — como Akela, no *Livro da selva*, ou o Rei Leão —, não fazer o mal e destruir. Essa força também lhes permite tornar-se homens e papais. Voltarei a te falar disso mais tarde.

## O nascimento do bebê se aproxima

A mamãe sente que o bebê vai chegar. Ela preparou tudo em casa e o papai a leva para a maternidade. É o lugar onde nascem os bebês, porque lá tem tudo o que se precisa para ajudar as mamães e tomar conta delas. Ela e o marido só esperam uma coisa, enfim conhecer sua criancinha.

Quando o bebê está pronto para nascer, ele fica com a cabeça na parte de baixo da barriga da mamãe. Quando ele começa a se encostar na passagem por onde vai sair, isso quer dizer que ele está pronto para nascer. Como foi tudo bem planejado, essa pequena passagem muito maleável vai aumentar, se abrir para permitir que a criança passe. O bebê empurra com a cabeça, e a mamãe o ajuda fazendo bastante força, porque ela está impaciente para enfim ver o seu bebê.

CADERNO PRÁTICO

# No nascimento, os pais recebem seu filho. que maravilha!

Assim que o bebê nasce, ele é coberto para não pegar frio e é colocado nos braços da mamãe.

Os pais podem enfim conhecê-lo. Eles o batizam com o nome que escolheram. Eles ficam tão felizes por descobrirem seu menino ou menina! *Eles agradecem a Deus de todo o coração por ter lhes confiado essa criança.* Logo os irmãos e irmãs dele virão abraçá-lo.

Nós também recebemos você nos braços quando você nasceu. Que emoção, que alegria quando nós vimos teu rosto pela primeira vez! É um momento de que o papai e a mamãe vão se lembrar para sempre.

FALAR DE AMOR COM NOSSOS FILHOS

## O bebê tem sede e fome, ele quer mamar

Logo o bebê recém-nascido vai ter vontade de mamar. A mamãe sente que começa a ter leite no seu peito, para o seu bebezinho. Quando ela tem leite o suficiente, é o melhor leite para ele. Como ele fica feliz, aconchegado na mamãe, enquanto mama!

*"Tu formaste os meus rins,
tu me teceste no seio materno.
Eu te celebro por tanto prodígio,
e me maravilho com as tuas maravilhas!"*
(Sl 139, 14)

CADERNO PRÁTICO

## II
## COM A CRIANÇA DE 6 A 8 ANOS

*"Por favor, me fale de amor!"*

*O corpo humano, com seu sexo,*
*sua masculinidade e feminilidade, [...]*
*contém desde a "origem" [...]*
*a faculdade de expressar o amor:*
*justamente esse amor no qual o homem-pessoa*
*torna-se dom e — por meio desse dom —*
*realiza o sentido da sua essência e da sua existência.*

— João Paulo II, TDC, 15–1

## Palavras simples para falar do amor e da origem dos bebês[10]

| PARA ELE, DO SEXO MASCULINO | PARA ELA, DO SEXO FEMININO |
|---|---|
| O *falo* ou o *pênis* é o sexo masculino visível e exterior | A *vagina* é o sexo feminino, não visível e interior. Ela é bem protegida por uma membrana fina, o *hímen* |
| A *ereção*, capacidade do pênis de se levantar quando o coração e o corpo estão cheios de amor: tensão do corpo em vista do dom de si | Os *grandes lábios* estão ao seu redor e a protegem; parte do sexo feminino visível e exterior |
| Os *espermatozoides*, sementes de vida do papai | Os *óvulos*, sementes de vida da mamãe |
| Os *testículos*, bolsas onde eles são fabricados | Os *ovários*, bolsas onde elas amadurecem dentro do corpo |
| A *bolsa escrotal* envolve os testículos: parte do sexo masculino exterior, sensível e frágil | |

O *carinho* dos amantes, dom de amor, é a linguagem do corpo pela qual marido e mulher dizem e até mesmo cantam o amor que transborda dos seus corações. Eles se dão um ao outro; se amar e se fazer um só os deixa muito felizes.

---

10  Esses termos serão utilizados conforme as circunstâncias e a necessidade da criança.

CADERNO PRÁTICO

A *concepção* da criança, dom da vida, é o encontro do grão da vida do marido com o da sua mulher enquanto eles se amam. A partir deste momento, uma criancinha passa a existir. Do dom do amor vem o dom da vida.

A *criança* vem do amor do seu papai e da sua mamãe. Ela vem, antes disso, do amor de Deus: ao se tornarem *férteis*, seus pais cooperam na obra *criadora* de Deus.

## O amor é a linguagem do corpo, o seu segredo

## AOS PAIS

Eis uma segunda proposta de conversa para partilhar com a criança. Ela não perguntará sobre o "papel do pai" na "procriação" ou na "concepção" da criança. Ela, na maior parte das vezes, perguntará um pouco sem jeito: "Como o bebê entrou na barriga da mamãe?". Mas, se ela foi perturbada por conteúdos obscenos, se ela sente que os pais não querem tocar no assunto, ela se calará. Não esperemos para tomar a iniciativa, sejam quais forem nossos limites e medos. A educação para o amor faz parte da nossa missão como pais, e esses momentos privilegiados são de muita alegria.

Essa segunda conversa pode ser puxada pela mãe com todas as crianças. Mas o pai pode se envolver mais com o filho. O essencial é falar de modo claro, simples e natural, e sempre de coração aberto e confiante. Zelar pela qualidade da linguagem, usando palavras nobres (ver o quadro acima) e evitando as que depreciam o amor. Separar a maneira claríssima da revelação do amor, da sua beleza, da sua verdade, de todo conteúdo obsceno e degradante (feio e mentiroso): a feiura não pode levar à beleza, nem a mentira à verdade... Ser firme, na vida familiar, diante de toda expressão grosseira ou atitude machista, por coerência. E, se se deixou o tempo passar, lembrar-se de que, com uma criança, nunca é tarde demais!

CADERNO PRÁTICO

## À CRIANÇA

### O amor é para sempre

Quando um homem e uma mulher se amam muito, eles decidem demonstrar esse amor passando toda a vida juntos. Eles se escolheram e o grande momento, o casamento, chega. Um promete ao outro: "Eu te recebo como esposa(o) e me entrego a ti para te amar fielmente por toda a nossa vida".

*O sacramento do matrimônio dá aos apaixonados a graça de Jesus para se amarem dia após dia e cumprirem o que prometeram.*

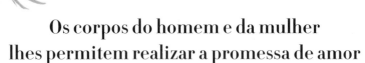

## Os corpos do homem e da mulher lhes permitem realizar a promessa de amor

Quando um homem e uma mulher se amam tanto que esse amor chega a ser abrasador, eles desejam se unir e se tornar um só corpo. Eles se abraçam e dizem que se amam. Mas as palavras não bastam. Felizmente, eles podem demonstrar o amor com seus corpos: é o que se faz quando se ama. Você sabe, você gosta tanto de carinho! Eles também fazem carinho um no outro, o carinho *reservado* aos apaixonados.

CADERNO PRÁTICO

# Graças à diferença entre "ele" e "ela"

Eles se amam tanto que querem se unir. Eles se apertam bem forte para virar um só. É por isso, para se tornar um só, à imagem de Deus, que eles foram criados com corpos diferentes. Esta diferença se vê bem cedo. Ela está inscrita desde o primeiro instante da vida e para sempre em cada célula do corpo. Ela se chama diferença sexual.

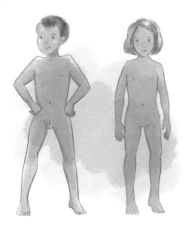

*O menino é do sexo masculino.
A menina é do sexo feminino.
A masculinidade e a feminilidade
são compreendidas quando comparadas uma à outra.*

No corpo dos homens está inscrito o sinal de que o amor é um *dom que está fora da pessoa*. Isso lhes permite amar como homens e se tornar papais. No corpo das mulheres está inscrito o sinal de que o amor é *acolhido dentro de si*. Isso lhes permite amar como mulheres e se tornar mamães. Para amar, também é tão importante doar quanto acolher.

## O carinho dos apaixonados, linguagem do corpo

Você lembra que, para nascer, o bebê passa pela vagina, o pequeno caminho reservado à vida e ao nascimento que está entre as pernas da mamãe. Então, a passagem reservada para o nascimento do bebê, no corpo da mamãe, também é a passagem do amor e das sementes da vida do papai.

Quando o amor que está no coração do papai transborda, torna o corpo dele cheio de amor. No seu corpo, o pênis fica como que inflado de amor. Ele pode então subir e se enrijecer, o que se chama de "ereção". Isso o torna capaz de entrar docemente na passagem reservada para o amor, a vagina, no corpo da mulher. Assim o homem pode dar todo o seu amor para a sua mulher e se unir a ela.

Quando o amor que está no coração da mamãe transborda, torna o corpo dela cheio de amor. No seu corpo, a passagem dedicada à vida e ao amor torna-se capaz de acolher o pênis do papai. A mulher se doa ao marido acolhendo em si o amor dele. Quando os dois se unem dessa forma, eles se tornam um. Esse carinho tão bonito os deixa muito felizes.

Eis o segredo do amor inscrito no corpo do papai e da mamãe! Essa é a linguagem dele: graças à diferença sexual entre "ele" e "ela", o corpo humano pode cantar as notas do amor que transborda do coração. Esse canto de amor é o canto do dom e do acolhimento recíprocos.

O amor faz com que o homem se realize através do dom sincero de si: amar significa dar e receber aquilo que não se pode comprar nem vender, mas apenas livre e reciprocamente oferecer.

## A criança vem do amor do seu papai e da sua mamãe

Mas isso não é tudo. O segredo tem outro segredo: no momento em que o papai e a mamãe se amam tanto que se unem, o papai deposita, com seu pênis, suas sementes da vida no corpo da sua mulher, na sua vagina. Se uma semente da vida do papai encontra uma semente da vida da mamãe e elas se fundem dentro dela, uma criancinha passa a existir.

## Um pequeno esclarecimento: no corpo dos meninos também há uma passagem reservada ao amor

No momento da passagem das sementes da vida, quando o homem se une à sua mulher, a bexiga, que contém a urina, fica fechada. Além disso, a natureza previu todo um sistema para preparar o canal por onde passarão os grãos da vida, para que ele esteja sempre bem limpinho (ver adiante o desenho da p. 316). Neste momento, seu pênis está totalmente reservado ao amor e à vida.

## Guarde o segredo do amor no fundo do teu coração

Agora você conhece o segredo do amor e da origem dos bebês. Este segredo é muito bonito, por isso te peço para guardá-lo. Como você vai fazer para protegê-lo? Pois bem, você irá guardá-lo no teu coração e o deixará rodeado de silêncio. É assim que se guarda os segredos bonitos. (Não é para confundi-los com os segredos feios, que são besteiras ou coisas feias, até vergonhosas, que você fez ou que alguém pode te pedir para fazer. O melhor é sempre contar esses segredos feios!)

Você não falará dele com ninguém além dos teus pais ou alguma boa pessoa em quem você realmente confia (a vovó, tua madrinha ou teu padrinho). Você sempre poderá falar comigo se tiver perguntas.

Mas de onde vem os grãos da vida? Olhe comigo este desenho que vai te mostrar o que há no interior do corpo.

CADERNO PRÁTICO

## NO CORPO DA MAMÃE

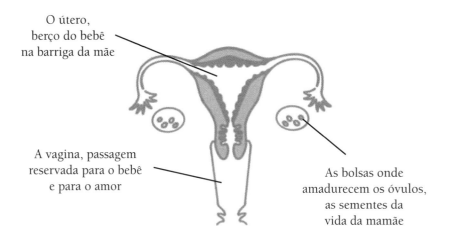

O útero, berço do bebê na barriga da mãe

A vagina, passagem reservada para o bebê e para o amor

As bolsas onde amadurecem os óvulos, as sementes da vida da mamãe

## Altiva por ser menina

Sua intimidade é tão bela e preciosa que a própria natureza a protege: a entrada da vagina, a passagem reservada à vida e ao amor no seu corpo, é quase fechada por uma membrana fina, o *hímen*, que serve para protegê-la. Veja só como a sua intimidade é um tesouro de grande valor. Você também deve proteger bem esse segredo da sua feminilidade no coração, agora que já tem consciência da sua intimidade. Você pode ter orgulho de ser menina! E continue se dando ao respeito.

## NO CORPO DO PAPAI

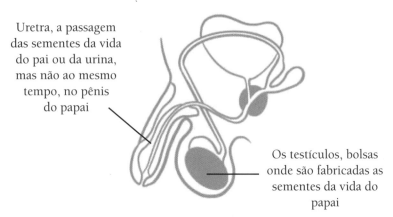

Uretra, a passagem das sementes da vida do pai ou da urina, mas não ao mesmo tempo, no pênis do papai

Os testículos, bolsas onde são fabricadas as sementes da vida do papai

## Altivo por ser menino

Você pode ter orgulho de ser um menino agora que compreende o que isso quer dizer. E você se recusará com tranquilidade a fazer piadas grosseiras, brincadeiras de gosto duvidoso que depreciam o corpo e o amor. Isso seria como zombar do segredo amor. Você não precisa disso para se sentir alguém!

Você também entende bem que é responsável pelas meninas. Tenha muito respeito, na medida em que conhece o sentido da feminilidade delas. Atitudes de machão, não! Tua força física não te dá nenhuma "superioridade" em relação às meninas. Elas são para os meninos como primas, amigas, irmãs. Elas são suas iguais. Sua mamãe é uma mulher. Se você se casar, uma moça se tornará sua esposa, não uma serva. Ela estará ligada a você. Vocês poderão se ajudar muito.

A força que tu sente em ti é destinada para servir, proteger, defender, dar a vida, *fazer viver*. Não para esmagar, bater.

A criança vem do transbordar no corpo do amor que os pais têm no coração. Não se *faz*, não se *fabrica* uma criança. Os pais recebem cada criança como um dom único e maravilhoso do seu amor.

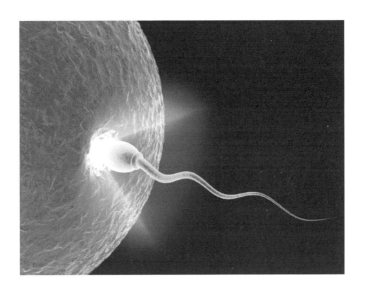

*A semente da vida do papai encontra a semente da vida da mamãe. É o momento da concepção: uma criancinha passa a existir.*
*Os pais ainda não sabem disso, mas já há muita alegria no Céu e no coração de Deus!*

*"Antes mesmo de te formar no ventre materno, eu te conheci; antes que saísses do seio, eu te consagrei"*
*(Jr 1, 5)*

CADERNO PRÁTICO

# III
# COM OS PRÉ-ADOLESCENTES: MENINA E MENINO ENTRE 10 E 13-14 ANOS

*"Tornar-se homem, tornar-se mulher: o que é isso?"*

*O corpo "fala", não só através de toda expressão
externa da masculinidade e da feminilidade,
mas também pelas estruturas internas do organismo,
da reatividade somática e psicossomática.*

— João Paulo II, TDC, 125-1

## Palavras simples para anunciar a puberdade

**A puberdade:** Passagem do corpo do estado de criança ao estado de adulto. Desenvolvimento dos órgãos genitais e do corpo (pelos, morfologia e tamanho) para adquirir a capacidade de amar e procriar, cada um conforme seu sexo.

**O sistema capilar:** se desenvolve para desempenhar um papel de proteção, hidratação da pele, sensibilização ao toque.

**Os hormônios** da puberdade são substâncias químicas liberadas no sangue durante a puberdade sob "comando" da hipófise, situada no cérebro, para fazer circular e enviar uma mensagem aos testículos, no homem, e aos ovários, na mulher. A mensagem é: desenvolva as sementes da vida para que o corpo torne-se fecundo.

| NO CORPO DELE | NO CORPO DELA |
|---|---|
| **Os testículos**, glândulas que fabricam o hormônio masculino e as células da vida do homem, **os espermatozoides** | **Os ovários**, glândulas que fabricam os hormônios femininos que regulam o ciclo e levam à maturação das células femininas da vida que contém em si, os ovócitos<br><br>**O óvulo**, ovócito tornado apto a ser fecundado |

## CADERNO PRÁTICO

| | |
|---|---|
| **A testosterona**, hormônio masculino que causa a **espermatogênese**, processo de fabricação dos espermatozoides **Esperma**, líquido seminal que contém as células da vida do homem **A ejaculação**, emissão de esperma pelo pênis: durante a união dos corpos, permite aos espermatozoides ir de encontro ao óvulo | 1. **Os estrogênios**, hormônios femininos que desencadeiam a seleção e o amadurecimento de um ovócito 2. **O lúteo**, hormônio que leva o ovócito a sair do ovário: é **a ovulação**, agora chamado **óvulo** 3. **A progesterona**, hormônio que prepara a **nidação** de um eventual bebê no útero, se houver fecundação |
| | Ciclo em três fases com duração de **em média** 28 dias, com variações normais. Resulta na gravidez ou nas menstruações. **Menstruações**, eliminação da mucosa uterina preparada para o acolhimento da criança, mas tornada inútil se ela não vier |
| | Desenvolvimento dos **seios**, que contêm glândulas mamárias destinadas ao aleitamento |

### FECUNDIDADE

| | |
|---|---|
| Permanente **desde as primeiras ejaculações** e durante toda a vida. | Periódica **desde ciclo que precede as primeiras menstruações** até seu fim, por volta dos 50 anos |

### RESPONSABILIDADE DE SI — GUARDAR SEU CORAÇÃO E SEU CORPO

| | |
|---|---|
| Aparição do desejo sexual, nova sensibilidade a imagens eróticas | Atraente na 1ª fase do ciclo, mais frágil logo antes das menstruações Na sua intimidade, **o clitóris**, pequeno órgão dedicado ao amor e sinal da igualdade homem-mulher |
| Responsável por sua capacidade de ser pai | Responsável por sua capacidade de ser mãe |

FALAR DE AMOR COM NOSSOS FILHOS

## NO CORPO DELE

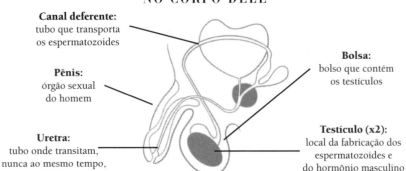

**Canal deferente:** tubo que transporta os espermatozoides

**Pênis:** órgão sexual do homem

**Uretra:** tubo onde transitam, nunca ao mesmo tempo, a urina ou o esperma

**Bolsa:** bolso que contém os testículos

**Testículo (x2):** local da fabricação dos espermatozoides e do hormônio masculino

## NO CORPO DELA

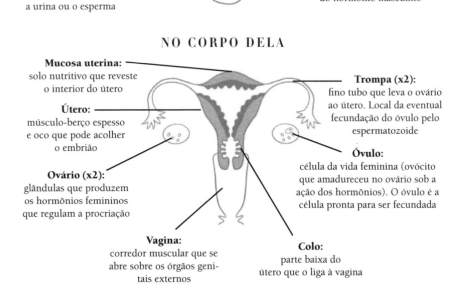

**Mucosa uterina:** solo nutritivo que reveste o interior do útero

**Útero:** músculo-berço espesso e oco que pode acolher o embrião

**Ovário (x2):** glândulas que produzem os hormônios femininos que regulam a procriação

**Trompa (x2):** fino tubo que leva o ovário ao útero. Local da eventual fecundação do óvulo pelo espermatozoide

**Óvulo:** célula da vida feminina (ovócito que amadureceu no ovário sob a ação dos hormônios). O óvulo é a célula pronta para ser fecundada

**Vagina:** corredor muscular que se abre sobre os órgãos genitais externos

**Colo:** parte baixa do útero que o liga à vagina

*O ato conjugal não significa somente "amor",*
*mas também potencial fecundidade.*
*[...] Assim um como o outro pertencem*
*à verdade íntima do ato conjugal:*
*um se realiza ao mesmo tempo que o outro e,*
*em certo sentido, através do outro [...].*
*[Essa] é a sua verdade interior.*[11]

---

11 TDC, 123–1.

CADERNO PRÁTICO

## AOS PAIS

# "Eu tenho um corpo para amar e dar vida"

O tom desta terceira conversa permanece o mesmo: simples, natural, positivo. A pedagogia é, mais do que nunca, a do maravilhamento diante do corpo tão bem talhado para amar e dar vida. O chamado à responsabilidade por si se faz mais necessário em face ao desejo nascente e à fecundidade. Ele é baseado na admiração que resulta na aceitação e na autoestima. Mais do que nunca, reforcemos os laços de confiança entre pais e filhos e falemos progressivamente, conforme as necessidades de cada um.

A visão do corpo como *caixa de ferramentas para o gozo* impõe-se hoje em dia. Muitos dos pré-adolescentes pensam que as experiências sexuais precoces são inelutáveis, sem medir que o que envolve o corpo envolve a pessoa inteira. Cabe a nós lhes dizer que "meu corpo sou eu". Em face ao possível assédio (na vida escolar, nas redes sociais), uma boa autoconsciência evitará tornar-se vítima ou perseguidor de outra pessoa.

A mentalidade contraceptiva estabelece a ideia de que a fecundidade exige a contracepção, que a criança é um risco. Cabe a nós dizer que a criança é sempre uma maravilha, e que ela tem necessidade de uma família capaz de amá-la, de dar-lhe segurança e de educá-la. A fecundidade implica uma responsabilidade por si, pelo outro, pela criança.

A incitação à escolha do gênero leva a pensar que a sexuação original do corpo é relativa, e que seria possível se reinventar a si mesmo. O anúncio da puberdade revela o que a masculinidade ou feminilidade diz sobre

a pessoa. Ela ajudará o pré-adolescente a habitar este corpo que muda. Aqui é preciso ter atenção a um ponto importante, tanto para o menino como para a menina. Não os enclausuremos em atitudes estereotipadas: não há uma só maneira de encarnar a feminilidade ou a masculinidade, mas várias, pois cada pessoa é única, e nós temos todas as qualidades masculinas e femininas. Ser mais refinado que os outros, artista e literato (por exemplo), evitar os estádios de futebol e não gostar de cerveja não faz do menino um "sub-homem". Ele poderá encarnar a masculinidade com a sensibilidade e as qualidades que lhe são próprias, e uma mulher poderá amá-lo com seu refinamento. Ser uma mulher impositiva e empreendedora, de visual predominantemente esporte fino, não faz de uma menina um menino falhado. Ela poderá encarnar sua feminilidade à sua maneira, e ser amada por um homem que apreciará o que ela tem de único. *Abramos as portas* para nossas crianças em vez de fechá-las.

Que dizer à menina? Para ela, irá se tratar de aceitar as menstruações, mas não só. As menstruações marcam o fim de um ciclo e o início de outro. Mas elas não são em si mesmas a finalidade do ciclo; o que lhe dá sentido. Não fechemos nossas meninas somente nas questões de higiene e de analgésicos, como se o evento fosse meramente fisiológico. O ciclo deve ser compreendido e admirado em sua incrível ordenação à procriação e ao acolhimento da criança. Demos a nossa filha e a esse corpo que muda um olhar benévolo, de valorização. Ajudemo-la a ser cuidada, valorizemos sua feminilidade, com simplicidade... e talvez com um primeiro perfume.

Aprender a amar seu corpo, a cuidar dele, a respeitá-lo, e a se enraizar na sua identidade feminina

tornando-se altiva por ser mulher são os desafios desta idade. Ela é mulher desde a sua concepção, e ela é chamada a tornar-se mulher plenamente. O desafio para ela não é o consentimento às práticas sexuais, munida de contraceptivos, mas o consentimento à sua feminilidade, à sua maneira de encarnar enquanto mulher sua humanidade, de fazê-la irradiar-se — ser responsável por si (por seus comportamentos, por sua fecundidade). Sua mãe estará em melhor posição para este anúncio da feminilidade, também para lhe falar do que vive o menino, de que ela se tornará responsável, de certa maneira, pelas atitudes dele. Se formos próximas, ela entenderá bem que não uma "lolita" que envia sinais de disponibilidade aos meninos, mas antes uma "princesa", alguém que inspira respeito.

Que dizer ao menino? Para ele, irá se tratar de compreender sua masculinidade para se radicar na sua identidade própria tornando-se altivo por ser homem. Ele é homem desde a concepção, e ele é chamado a tornar-se homem plenamente. O desafio para ele não é o consentimento ao preservativo, mas o consentimento à sua masculinidade e à sua maneira de encarnar, enquanto homem, sua humanidade, de ser responsável por si (por seus comportamentos, por sua fecundidade). Seu pai estará em melhor posição para este anúncio da masculinidade, também para lhe falar do que está vivendo a menina e do respeito devido à toda mulher.

Como conseguir falar com o seu filho? Criando a situação — não trocando olhares, mas antes "olhando juntos para a mesma direção", para proteger o pudor masculino — e falando de homem para homem! Se o pai estiver impedido de fazer tal anúncio, a mãe pode substituí-lo. O menino não pode ser deixado ao léu.

Para além da puberdade, cada um é chamado a amadurecer para tornar-se o que é *na cabeça e no coração*, não só no corpo. A adolescência é um caminho de amadurecimento rumo à idade adulta, de progressivo florescimento das potencialidades da criança, de construção da sua personalidade. As conversas nesta idade preparam sua entrada nesse tempo de maturação. Elas poderão servir, aliás, para além dos 13–14 anos. Tornar-se capaz de responder por si, ser capaz de responder ao amor é o verdadeiro desafio, o do dom de si, cada um conforme o seu chamado.

CADERNO PRÁTICO

## COM A MENINA

# Um corpo feminino
# para amar e dar a vida como mulher

Você está bem crescida, meu amor, e chegou o momento de te explicar como você vai se tornar mulher.

#### O CICLO FEMININO, ATIVIDADE INTENSA
#### DO SEU CORPO EM PROL DA CRIANÇA

A cada mês ou, mais exatamente, a cada ciclo, o corpo da mulher se prepara para ser primeiro o de uma esposa, depois o de uma mãe. O ciclo dura 28 dias, às vezes mais, às vezes menos. Cada uma das fases do ciclo corresponde a uma intensa atividade do corpo em vista de uma vida nova.

## PRIMEIRA FASE:
## TORNAR-SE FECUNDA PARA
## CONCEBER UMA CRIANÇA

Na primeira parte do ciclo, o corpo da mulher a prepara para ser fecunda, a torna capaz de procriar. Eis como: os dois ovários da mulher, que contêm suas sementes da vida, os ovócitos, recebem, um por vezes, uma mensagem enviada pelo cérebro. A mensagem codificada chega pelo sangue por um mensageiro, que se chama "hormônio", até um dos ovários, o que tem o "decodificador" (veja o esquema do sexo feminino da p. 322). Na primeira fase do ciclo, o mensageiro diz a um ovário para produzir hormônios que se chamam "estrogênios". Estas são substâncias químicas, como todos os hormônios. Que diz sua mensagem? Que é o momento, para um ovócito, de amadurecer para ser capaz de ser fecundado.

Quando esse ovócito está pronto, um outro *hormônio*, o "lúteo", leva-o a sair do ovário e a descer rumo ao útero por um pequeno corredor, uma "trompa".

## A OVULAÇÃO ACONTECE NO
## DÉCIMO QUARTO DIA DA PRIMEIRA FASE

O "óvulo" — eis o nome que se dá agora a esse pequeno ovo pronto para ser fecundado — partiu rumo ao possível encontro com uma semente masculina da vida. Esse momento, no ciclo da mulher, é o da "ovulação". Ela se sente bem neste período, e também fica mais atraente.

Se uma mulher se une ao seu marido neste período do ciclo, eles podem ambos os dois conceber uma criancinha que nascerá ao cabo de nove meses. A partir do momento da penetração de um espermatozóide num óvulo, um novo ser começa a existir, único, com seu patrimônio genético: a saber, todas as características de que ele é herdeiro, e também seu sexo, masculino ou feminino.

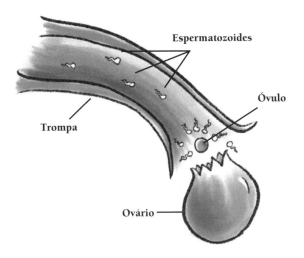

*Os espermatozoides indo ao encontro do óvulo*

## GÊMEOS "VERDADEIROS" E "FALSOS"?

Às vezes, mas muito raramente, eles esperam gêmeos, e eu posso te explicar o que está acontecendo. Há dois casos com resultados diferentes.

Primeiro caso: dois óvulos amadureceram ao mesmo tempo e fazem juntos sua "viagem" rumo ao útero. Se cada um é fecundado por um espermatozoide (diferentes, é claro), dois embriões distintos vão se instalar no útero. Os pais terão dois gêmeos "falsos", tão diferentes um do outro quanto dos seus outros irmãos e irmãs.

Segundo caso: por vezes, as coisas acontecem de modo diferente. No caso de gêmeos "verdadeiros", um único espermatozoide fecundou um único óvulo. Esse ovo fecundado foi em seguida dividido em duas partes iguais, dois embriões que terão o mesmo patrimônio genético. É por isso que eles serão tão parecidos quanto duas gotas d'água. Mas cada um é uma pessoa única, a quem Deus deu sua alma humana, sua liberdade, seu coração para amar.

### TERCEIRA ETAPA DO CICLO:
### APÓS A OVULAÇÃO, PREPARAR-SE PARA
### ACOLHER A CRIANÇA EM SI, PARA SE TORNAR MÃE

Depois da ovulação começa a terceira fase do ciclo. Durante esta fase, o corpo da mulher se prepara para o acolhimento da criança, para a maternidade. Um novo hormônio, a "progesterona", envia sua mensagem ao corpo da mulher. A mensagem lhe diz que agora é preciso preparar o útero para acolher um eventual embrião. O útero, que já começou a se revestir com

uma membrana sob a ação dos estrogênios, vê essa membrana ficar cada vez mais espessa: ela se empapa de sangue e de nutrientes de que o bebê terá necessidade, se houver uma fecundação. O sangue é a vida. O corpo da mulher agora se prepara para a "nidação" no útero do embrião formado pelo encontro de um espermatozoide e de um óvulo.

### O QUE SÃO AS "MENSTRUAÇÕES"?

Se o óvulo não foi fecundado no tempo que sucede a ovulação, ele morre (a duração de vida dele é de cerca de vinte e quatro horas, não mais). A membrana que revestia o útero torna-se inútil e se destaca para ser eliminada. Isso leva a uma perda deste sangue, que estava preparado para a criança, através da vagina. Essa perda de sangue é chamada de "menstruação" ou "regra", porque se produz regularmente na vida da mulher. As regras marcam o fim de um ciclo e o início de outro.

### QUANDO VOCÊ MENSTRUAR...

Você me contará, eu ficarei tão orgulhosa de você! Essa etapa é muito importante na vida de uma mocinha. Suas primeiras menstruações te indicarão que você agora é fecunda, em certos períodos do seu ciclo (ver esquema p. 311). Mas ouça bem: tua fecundidade não começa com as primeiras menstruações. Ela começa com o ciclo que as precede.

A puberdade das meninas é diferente da dos meninos. Ela lhes indica o sentido da sua vida de mulher. Mas a puberdade não determina as meninas a viver de pronto e fisicamente tudo o que o corpo é capaz de fazer.

## ADOLESCENTE, PARA AMADURECER
## NA SUA CABEÇA E CORAÇÃO

Seu corpo de moça estará pronto primeiramente, a partir do primeiro ciclo, para uma vida de mulher e de mãe. Mas ele não estará completamente pronto. O desenvolvimento dos seios prossegue até por volta dos 14 anos, e seu crescimento também continua até os 18 anos e por vezes indo além... Seu próprio corpo ainda deve se desenvolver para acabar seu crescimento. E seu coração? Você precisará dele para amar. Mas na puberdade ele ainda não está pronto para isso.

Seu corpo indica uma direção. A chegada das menstruações é um chamado ao teu amadurecimento na cabeça e no coração, e não somente no corpo.

## UM MENINO "FALHADO"?

Você adora trepar em árvores, andar de bicicleta com seus irmãos e jogar futebol. Diferentemente das suas irmãs, você jamais gostou de "brincar de boneca" nem de mamãe. As histórias das meninas sirigaitas te dão nos nervos e você prefere ficar com os meninos, porque os acha menos complicados, mais divertidos que as meninas. Pode ser que você sonhe, em segredo, em se tornar... piloto de caça. Mas te incomoda que te tratem como um menino falhado!

Fique tranquila! É possível florescer e viver sua vida de mulher de muitas maneiras diferentes. Pense em Caroline Aigle. Essa mulher de nome predestinado tornou-se a primeira mulher piloto de caça, comandante da Armée aeronáutica francesa. Ela já tinha um menininho e esperava o segundo quando soube que tinha um câncer

grave. Ela escolheu a vida do seu filho e se recusou aos cuidados que podiam colocá-lo em perigo. Seu último combate foi lutar para levar sua gravidez o mais longe possível. Ela deu à luz a outro menino, prematuro, e teve a alegria de carregá-lo nos braços antes de falecer após alguns dias.

Essa jovem partiu muito cedo, mas que exemplo nos deu! Ela te mostra que é possível realizar sua vida de mulher, amar e dar a vida sendo piloto de caça. E suas qualidades humanas, seu modo feminino de encarná-las, deixaram uma forte lembrança naqueles que a conheceram.

## ESCUTAR O QUE SEU CORPO DIZ

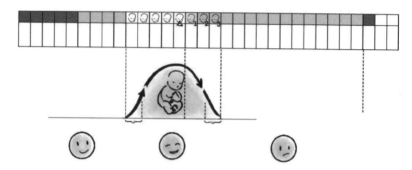

A evolução do ciclo ressoa em todo o ser da mulher. Para viver no cotidiano o respeito que é devido ao corpo, é melhor se conhecer.

A tão intensa atividade do seu corpo ressoa sobre a sua sensibilidade feminina. Na primeira fase do ciclo, ela te torna naturalmente mais mulher, mais aberta aos outros e mais feliz, sob a ação dos estrogênios. Ela te deixa disposta a ser esposa. Na última fase do ciclo, após o ápice que representa a ovulação, seu corpo te torna naturalmente mais mulher, mais interiorizada. Ele te prepara para acolher a criança.

Isso te indica que ser mulher é acolher como esposa e doar-se, carregar como mãe. Você pode pensar que essas variações do corpo que terminam com a menstruação são antes de tudo desagradáveis. Outras dificuldades também esperam os meninos: eles também têm que aceitar sua masculinidade. Mas você não deve fazer do final de um ciclo uma tragédia. Suas menstruações te dizem algo importantíssimo. Veja o que escreveu Anne Frank no seu diário íntimo.

## NO MEU CORPO, UM SEGREDO TERNÍSSIMO

O que está me acontecendo me parece tão maravilhoso, não só as transformações visíveis do meu corpo mas também o que se realiza no meu interior...

A cada vez que eu fico indisposta — isso só me aconteceu três vezes —, tenho a sensação de carregar em mim um segredo terníssimo, a despeito da dor, da lassidão e da sujeira; é porque, apesar desses pequenos incômodos desses poucos dias, eu de alguma forma anseio pelo momento em que vou sentir esse segredo de novo.[12]

## NA SUA INTIMIDADE, UM PEQUENO ÓRGÃO RESERVADO AO AMOR

Você certamente descobriu, na sua intimidade, um pequeno órgão muito sensível. Ele se chama "clitóris", o que quer dizer "pequena colina". Esse pequeno órgão está ligado à vagina. Mas qual é a função dele? Como todo órgão do corpo humano, ele tem uma função específica.

*A priori*, ele não é absolutamente necessário à procriação. Quando estimulado, ele aumenta o desejo sexual na mulher e provoca uma lubrificação da vagina. Isso a prepara para se unir ao seu marido com um ímpeto de todo o seu ser: com um ímpeto do coração, receptivo às palavras e às ternuras do marido, e um ímpeto do corpo, receptivo às carícias que falarão à sua intimidade.

Veja só, esse órgão é um sinal no corpo da mulher da sua igualdade profunda com o homem. Sua existência indica que a mulher não pode ser possuída como coisa (com vista no prazer ou na procriação), mas amada com

---

12 Anne Frank, *Journal* [Diário]. Presses Pocket, Calmann-Lévy, 1950, p. 150.

ternura e respeitada em suas expectativas. Esse pequeno órgão dedicado ao amor diz que somos feitos para viver um amor *mútuo*, um amor de dom recíproco através do prazer e da alegria *compartilhados*. Ele diz que somos feitos para entrar em comunhão no amor. É importante compreender isso, será útil posteriormente. É importante para você hoje também. Isso te lembra que é preciso guardar sua intimidade, compreender melhor a que ponto ela é preciosa: ela é reservada para o amor.

### VOCÊ É O PILOTO NO COMANDO DA SUA VIDA!

Para tornar-se capaz de amar, de se doar, você precisa aprender a se dirigir, a se dominar. Isso passa por aprender a guardar seu corpo. Não o trate como uma coisa, mas respeite-o em todos os detalhes da sua intimidade. Isso exigirá atenção ao que ele te diz.

🙂 Sendo assim, você deve saber que antes da ovulação você fica mais "extrovertida", você tem mais vontade de agradar: esteja atenta a isso para não se jogar nos braços do primeiro menino que passar pela frente...

Logo antes das menstruações, o corpo vive uma espécie 🙁 de mini-depressão: ele deve, de certa maneira, renunciar a criança que não foi concebida. Isso pode fragilizar uma mocinha, e levá-la a buscar neste período compensações de ordem afetiva e/ou sexual. Ela pode ficar tentada a se abandonar a um menino ou a procurar prazer solitário. No primeiro caso, ela procura o amor, mas de maneira ainda imatura: ela quer sobretudo se sentir amada. Ela não chega a pensar que o menino, por sua vez, procura sobretudo prazer. É a forma de imaturidade típica dele. Eles correm o risco de ir rápido demais, de viver cedo demais os gestos de amor, mas sem amor verdadeiro.

# CADERNO PRÁTICO

☺ O amor verdadeiro exige a maturidade que permite a escolha do outro. Uma pessoa humana não pode ser "descartada após o uso". Ela tem um coração. É por isso que as rupturas fazem sofrer tanto.

No segundo caso, a moça pode buscar prazer sozinha, por si mesma. Mas este é um prazer infeliz, que não alegra, mas entristece o coração, porque o enclausura na solidão, ao passo que nosso ser é feito para amar, para se relacionar em comunhão de amor.

Se você dispuser seu corpo, seja por pensamentos, imagens ou gestos, a ficar em estado de desejo... ele ficará com desejo, porque ele funciona corretamente, e você sentirá. Seja prudente quando se sentir mais frágil. As séries obscenas, os clipes algo sórdidos, diga "não" a eles: teu coração não é uma lixeira. Selecione seus filmes, suas amizades, sem remorso.

## A AMIZADE ENTRE
## MENINOS E MENINAS É POSSÍVEL

Saia de si, faça para si verdadeiros amigos na vida real. E busque apoio na graça de Deus, peça a ele te ajudar a viver como seu filho, "e ele realizará os desejos do teu coração",[13] e você aprenderá a guardar seu corpo e seu coração para o amor da sua vida, e a viver à espera de verdadeiras amizades.

Escute esta história porque ela é verdadeira: a de uma moça que entrou no 2º ano num liceu francês no estrangeiro. Bela

---
13   Sl 37, 4.

com seus olhos azuis, e de trato fácil, não tardou a atrair os meninos. Eles começaram a pegá-la na cintura, no pescoço, a cumprimentá-la mais de perto. Mas ela não tinha vontade de que as coisas acontecessem dessa maneira. Ela disse: "Pare!", e os meninos aceitaram. Eles chegaram mesmo a chamá-la de "princesa". Ela se tornou amiga de todos! Ao fim do ano letivo, um menino que ia se mudar veio ao encontro dela, e sabe o que lhe disse? "Princesa, não mude, porque não há muitas meninas como você por aqui. Mas nós precisamos de meninas assim".

Se você se comportar assim, vai permitir que haja amizade com os meninos. Você faz muito bem a eles ao fazer que se "baixe a pressão" pela sedução. E você se dá ao respeito, o que é importantíssimo.

Ao se comportar como uma princesa (não como uma namoradeira), como uma irmã, você torna as relações entre meninos e meninas mais puras e simples:

> Em certo sentido, a "irmã" ajuda o homem a se definir e se compreender [como irmão], constituindo para ele um espécie de desafio neste sentido.[14]

Dessa forma você indica aos meninos sua igualdade com eles em humanidade. Você os ajuda a ultrapassar suas próprias fragilidades, seus desejos de te utilizar como coisa. Ser uma *irmã* para eles quer dizer que você não é uma coisa nem um corpo, mas alguém, um outro "eu".

E você se dá ao respeito que te é devido. Essa igualdade reconhecida e o respeito mútuo permitem viver relações proveitosas. Ela é a base da amizade e será, mais tarde, para você, a base do amor.

---

14  TDC, 109–4.

CADERNO PRÁTICO

## SER MULHER

Eu falei para você de igualdade *em humanidade* com os meninos. Isto não quer dizer que vocês são idênticos! Não confundamos "igualdade" (serem da mesma humanidade) com "identidade" (serem iguais). Porque vocês são a um só tempo iguais e diferentes. A diferença sexual permite um enriquecimento recíproco. Sua feminilidade é um a mais, um dom para o homem e para o mundo:

> [Mulheres], vós sois chamadas a testemunhar o sentido do amor autêntico, daquele dom de si e acolhimento do outro, que se realizam de modo específico na relação conjugal, mas devem ser também a alma de qualquer outra relação interpessoal. A experiência da maternidade proporciona-vos uma viva sensibilidade pela outra pessoa e confere-vos, ao mesmo tempo, uma missão particular. Com efeito, a mãe acolhe e leva dentro de si um outro, proporciona-lhe forma de crescer no seu seio, dá-lhe espaço, respeitando-o na sua diferença. Deste modo, a mulher percebe e ensina que as relações humanas são autênticas quando se abrem ao acolhimento da outra pessoa, reconhecida e amada pela dignidade que lhe advém do facto mesmo de ser pessoa e não de outros fatores.[15]

---

15   João Paulo II, *Evangelium vitae* [Evangelho da vida], n° 99.

## COM O MENINO
### Um corpo masculino para amar e dar vida como homem

Você tem crescido muito nos últimos tempos e está se aproximando da adolescência. Seu corpo de criança vai mudar, se transformar... *quer você queira ou não!* Essa mudança independe da sua vontade. Ela está prevista desde o momento da sua concepção, a partir do qual você recebeu seu sexo. Ele está inscrito no seu DNA, em todas as células do seu corpo, com seu patrimônio genético. Mas como seu corpo vai mudar para se tornar o de um homem? O que é uma sexualidade *humana*?

CADERNO PRÁTICO

## O QUE VOCÊ JÁ SABE

Há muito tempo você tomou consciência do que te distingue da menina. Você sabe que o falo ou pênis permite eliminar os líquidos do seu corpo. Você também sabe que esse órgão permite, *em outros momentos*, ao homem dar a vida: quando ele emite o esperma, que sempre carrega a vida porque contém as sementes da vida, os espermatozoides.

Você já notou que seu pênis, em certos momentos, pode ficar de um tamanho maior e se levantar: é a "ereção". Isso acontece de maneira mecânica, e você o percebe nas manhãs, quando acorda, por exemplo. Antes da puberdade, essa ereção não é expressão de um desejo. Mas ela já é sinal da sua capacidade futura de dar a vida. Essa possibilidade permite ao homem expressar seu amor por sua mulher graças ao seu corpo: unir-se a ela e depositar nela as sementes da vida, de onde uma só, unida à uma da mulher, vai tornar-se uma nova criancinha.

Embaixo do pênis, a bolsa escrotal contém glândulas muito importantes para o dom da vida: os "testículos". A partir da puberdade, essas glândulas secretam um hormônio, a "testosterona". Este hormônio dá uma mensagem ao corpo para que ele prepare as células da vida do homem. (ver o desenho do sexo masculino acima, na p. 322).

## MUDANÇAS... NATURAIS E PREVISÍVEIS, MAS NOVIDADES PARA VOCÊ!

No fim da infância, as mudanças da puberdade se produzem de modo natural e previsível. Anormal e nada natural seria manter para sempre um corpo de criança!

Mas para um pré-adolescente que começa sua puberdade, tudo é novo. É normal que ele não saiba para onde está indo.

As transformações da puberdade têm um objetivo: tornar o corpo capaz de amar e formar as células da vida. Eis a "espermatogênese".

### A ESPERMATOGÊNESE

Ela é acompanhada por um desequilíbrio hormonal relevante, que surge por volta dos 11–12 anos, e vai diminuindo por volta dos 16–18. Uma produção aumentada de testosterona permite o desenvolvimento dos testículos. Eles tornam-se capazes de desenvolver os espermatozoides. Na vida íntima do menino, isso se concretiza com uma experiência nova, a polução noturna.

Essa nova função do corpo do homem se produzirá, sem interrupção, até a velhice. No homem, ao contrário da mulher, *não há período de não-fecundidade*. Isso te indica uma nova responsabilidade a partir da sua puberdade: a da fecundidade.

O corpo do menino muda. Ele vê aparecer mais e mais o sistema capilar do adulto, e seus órgãos genitais se desenvolvem.[16]

---

16 Ver *Mission* XY, que reúne pais e filhos em ateliês de formação que favorecem o maravilhamento diante das mudanças do corpo. Essas reuniões são um bom *ponto de partida* para aqueles que têm necessidade de uma ajuda externa. Mas elas não bastam. Com a puberdade começam os combates da adolescência, que se tornam difíceis pelas pressões sofridas pelos adolescentes (ver p. 183). Eles também precisarão de palavras de apoio quanto a esse assunto.

CADERNO PRÁTICO

## OS SINAIS ÍNTIMOS DA MASCULINIDADE

☺ Neste período, o menino toma mais e mais o aspecto de homem. Escute bem, porque, se você não compreender bem as mudanças mais íntimas do seu corpo, corre o risco de se sentir envergonhado. À noite, você será surpreendido por um fato novo. Seu pênis vai ficar ereto e, durante o sono, você terá uma emissão de esperma. É a "ejaculação". A palavra quer dizer "lançar como uma flecha". Você já está prevenido para a primeira vez em que isso acontecer, então não precisa se preocupar. Ao contrário! Isso quer dizer que seu corpo está se tornando o de um homem. É, na verdade, motivo para ficar orgulhoso.

Dois fenômenos vão acompanhar essa emissão de semente: primeiro, imagens eróticas poderão provocar um estado de tensão no corpo; o cérebro torna-se muito sensível a essas imagens durante a puberdade. Em seguida, se o esperma, a semente da vida, jorrar, essa emissão proporciona um sentimento de relaxamento íntimo. Essa atividade do corpo é involuntária durante o sono. Ela pode se produzir também quando o menino está acordado, se ele a provocar. E isso não é a mesma coisa.

### NOVO IMPACTO DAS IMAGENS ERÓTICAS

No primeiro caso, essa emissão da semente é algo que te acontece; no segundo, é algo que você procura. Como o prazer é intenso, é tentador provocá-lo. E passar muito tempo enfurnado mexendo no computador, visitando *sites* duvidosos, procurando essas imagens, não ajuda muito.

343

Chamo sua atenção para uma coisa: certos meninos da sua idade pensam que não há necessidade de olhar filmes muito obscenos porque eles são aviltantes. Eles têm razão. Mas logo em seguida dizem que filmes que mostram a relação sexual entre homem e mulher (e não perversões) são aceitáveis... É aí que eles se enganam.

Não se esqueça que você é responsável pelas imagens que consome: elas se imprimem em ti e poderão se apresentar a ti, quando você, por exemplo, estiver bem cansado. Se você consome essas imagens, você se fragiliza. Mais: você se torna cúmplice daqueles que ganham dinheiro explorando seres humanos.

## UMA NOVA CAPACIDADE DO SEU CORPO QUE TE CHAMA A AMADURECER

Em resumo: essa nova capacidade do seu corpo é muito bonita. Ela indica sua nova maturidade. Mas você ainda tem de amadurecer a cabeça e o coração para aprender a amar. Teu corpo não terá acabado de crescer à hora da puberdade: sua voz vai mudar, e isso pode acontecer até os 17–18 anos. Enfim, o desenvolvimento do sistema capilar (rosto e tórax) só se completará bem mais tarde.

Você é atraído pelo prazer. Mas a busca pelo prazer para si não é amor. Se nos acostumarmos a isso, nos tornamos dependentes, viciados nessa busca por prazer. Isso é imaturidade. Por duas razões ao menos: porque você é livre e porque o amor se vive a dois.

CADERNO PRÁTICO

**VIVER LIVREMENTE**

Primeiramente, nós fomos criados para viver em liberdade, não para sermos dependentes de nossas pulsões. Se você ouvir dizer que "devemos ser livres para seguirmos nossas pulsões", há um problema: porque ser livre para ser dependente é antes de tudo bizarro, e não muito lógico. As pessoas que são "porno-dependentes" não são livres e sofrem. É melhor evitar isso, porque a busca obsessiva por prazer é uma cilada. Acaba-se enclausurado nela. Se é uma porcaria, diga "não".

É possível atingir, progressivamente, seu equilíbrio, não se preocupe. É possível progressivamente dirigir para o amor essa força de vida, essa potência do desejo que se descobre na puberdade, e aprender a se orientar, a ter autocontrole. Relaxar vendo seus amigos, tendo atividades, fazendo esportes, vai te ajudar a encontrar equilíbrio.

## QUANDO AMAMOS... SOMOS DOIS!

Não estamos inteiramente sós. Eis a segunda razão. Para amar e valorizar a mulher da sua vida, é bom ter aprendido a se controlar. Porque um homem e uma mulher são diferentes: cada um tem expectativas que não são iguais às do outro. Se só se pensar em si, com obsessão em ter prazer para si, como fazer sua mulher feliz? Corre-se o risco de utilizá-la para seu prazer, sem ternura, sem atenção. Para se doar também é melhor "ter domínio de si".

### "UM MENINO DA MINHA SALA TEM 'JEITO DE MENINA'... SERÁ QUE ELE DEVERIA SER MENINA?"

Espero que ele não seja maltratado pelos outros, porque isso costuma acontecer. É assim que por vezes se é assediado, segregado da turma, até feito de bode expiatório somente por ser um pouco diferente... Uma coisa que você não pode jamais aceitar, nem para ti nem para os outros.

Há diversas maneiras de encarnar sua masculinidade. Os meninos que preferem música a *rugby*, que mostram um coração sensível e atento aos outros, não são menos masculinos que os demais. Os que têm um físico mais magro ou delicado também não. Deve-se ultrapassar os clichês, as ideias prontas, para então compreender que as meninas poder ter qualidades masculinas, e os meninos, qualidades femininas. Isso permite ter uma personalidade mais rica. Com sua sensibilidade, esse menino poderá ser amado por uma mulher e realizar sua vida de homem.

Veja o exemplo de São José, que é um modelo para todos os homens: ele era forte e soube amar e proteger Maria e o Menino Jesus. Ele encarnou a vocação de homem para defender, proteger, guardar aqueles que lhe foram confiados. Mas ele o fez de boa vontade, com sensibilidade e ternura.

## SER HOMEM

A vocação de guardião [...] é ter respeito por toda a criatura de Deus e pelo ambiente onde vivemos. É guardar as pessoas, cuidar carinhosamente de todas elas e cada uma. [...] Nos Evangelhos, São José aparece como um homem forte, corajoso, trabalhador, mas, no seu íntimo, sobressai uma grande ternura, que não é a virtude dos fracos, antes pelo contrário denota fortaleza de ânimo e capacidade de solicitude, de compaixão, de verdadeira abertura ao outro, de amor.[17]

---

17  Papa Francisco, homilia da missa de 19 de março de 2013.

CADERNO PRÁTICO

## COM A MENINA, COM O MENINO
### Por que é difícil se "dominar"?

Por causa do pecado. Ele nos faz perder nossa harmonia interior! Há em nós desejos, aspirações que partem em todos os sentidos e direções contrárias. Por exemplo: querer viver em paz e não conseguir se impedir de ter crises de cólera, de buscar tudo regular, em tudo se impor, o que destrói a paz; desejar amar e ser amado, mas sucumbir à atração pelo prazer, e utilizar os outros para esse fim, o que destrói o amor.

**Você é como uma carruagem que se deve guiar com atenção...**

Um grande pensador grego, Platão, descreveu bem esta falta de harmonia:

> Comparemos a alma às forças reunidas de uma carruagem alada e de um cocheiro. Entre nós homens, por exemplo, o cocheiro dirige a carruagem, mas um corcel é bom e belo e de origem excelente, o outro é de origem diferente, muito diferente: daí segue que em nós a carruagem seja desagradável e difícil de guiar.[18]

O ser humano é como uma carroça com dois cavalos atrelados. No interior dela está o mestre, que comanda a carruagem. O mestre dirige a carruagem graças ao cocheiro, que personifica as duas grandes capacidades humanas: a inteligência, que indica o objetivo, e a vontade, que tem as rédeas da equipagem para fazê-la avançar na direção correta.

E não é fácil: porque os dois cavalos que compõem a carruagem nem sempre querem avançar em conjunto. O primeiro, o cavalo branco, simboliza os desejos do nosso coração. O segundo, o cavalo negro, os outros desejos que nos habitam. Estes são desejos da nossa sensibilidade. São duas forças de que necessitamos para avançar na estrada da nossa vida e do amor. O desejo sexual faz parte delas. Mas, se as deixarmos pegar embalo, elas podem nos fazer sair da estrada, partir em busca de prazer imediato e nos levar para um penhasco ou para um beco sem saída! Não se pode segui-los cegamente.

---

18   Platão, *Fedro*.

CADERNO PRÁTICO

## Fazer seu corpo e alma andarem juntos

É aí que intervém o cocheiro: ele dirige a carruagem para mantê-la no caminho certo. Ele não busca domá-la nem bater no cavalo negro para reduzi-lo a nada. Como avançar sem força? Mas ele o guia, orienta, com firmeza e flexibilidade, para que ele puxe a carruagem com o cavalo branco. O bom cocheiro cuida do cavalo branco e do cavalo negro. Ele é a um só tempo vigilante, perseverante e paciente.

E você? Como o cocheiro prudente, você pode aprender a fazer andar juntos seu coração e seus desejos sensíveis, seu coração e seu corpo. Não se trata de bater nem de submeter essas que você sente em si, mas de orientá-las, integrá-las, colocá-las em seu devido lugar. Você irá precisar do ímpeto e da força do desejo para, mais tarde, amar a pessoa com quem casará, para também dar a vida. "Amadurecer" é aprender a fazer isso e unificar aos poucos sua personalidade. Isso é tornar-se responsável.

FALAR DE AMOR COM NOSSOS FILHOS

# Todos são ao mesmo tempo fortes e frágeis

*Coloca tua alegria no Senhor,
confia nele e tu verás.*

Mas aqui é preciso acrescer algo que Platão não podia saber. Se você deixar Jesus falar ao teu coração, tocar em você com o poder de cura e de vida dos seus sacramentos, ele irá te ajudar a amadurecer. Ele virá preencher teu coração de luz e de força, e pacificar tua sensibilidade. Porque nossos desequilíbrios, nossa dificuldade para amar, vêm do pecado. Na puberdade, sente-se isso vivamente no campo da sexualidade: descobre-se uma força nova, e ao mesmo tempo uma nova fragilidade, da qual Platão fala bem, sem saber de onde vem. Ora, Jesus nos salva, nos torna capazes de amar. Tome o hábito de se aproximar de Jesus para repousar seu coração.

CADERNO PRÁTICO

## Então para que serve o prazer?

Um outro pensador grego o explicou bem: o prazer, segundo ele, não é um fim em si mesmo. Ele serve para mostrar a bondade do ato que acompanha. Um prazer está ligado ao cumprimento das funções mais importantes para o ser humano: a nutrição (função vital para todos) e a relação conjugal (vital para a procriação e para o gênero humano). Ele entra nessa relação como que sendo sua coroação íntima. É por isso que ele não foi feito para ser procurado por si só, desligado de um amor verdadeiro. Ele se furta de uma busca obsessiva[19] e torna-se difícil de obter. Ele deixa o coração vazio e não traz felicidade. O deleite e a alegria, para o ser humano, vêm da relação confiante e do amor verdadeiro.

## Amar de maneira humana

Você é um ser humano: isso quer dizer que você pertence ao mundo das pessoas humanas, não ao dos animais nem ao das coisas. Por ser pessoa humana, você foi feito para viver em relação. Se amar, para o homem e para a mulher, é uma relação que exige respeito, atenção pelo outro e ternura. E ter crianças? É colocar no mundo novas pessoas para se amarem e valorizarem.

Entre os animais é bem diferente. Não há uma relação de dom nem de amor. É por isso que os animais não se "encontram", não se olham durante o acasalamento. Eles não têm nada a se dizer e não fazem nada além de se reproduzir ao seguir seus instintos.

Veja, mesmo que o homem e a mulher tenham um corpo, é um corpo *humano*: o corpo de uma pessoa chamada

---

19  Aristóteles, *Ética a Nicômaco*.

a amar com todo o coração, graça a seu corpo. O homem e a mulher, enquanto se amam, podem, além disso, se falar, se olhar. Eles não são condicionados pelo instinto em vista da reprodução. Eles podem declarar seu amor carnalmente ao escolher o período fecundo ou o período infecundo do ciclo. Essa é a maneira *humana* de amar que pressupõe a liberdade e a escolha.

### Seu corpo é você!

Ele não é você "todo", mas é você. Não há em você de um lado a inteligência e o coração, do outro o corpo. Você não pode existir sem seu corpo nem se separar dele. (Salvo no momento da morte, e ainda assim não será definitivo, pois você é chamado a ressuscitar com seu corpo, como o Cristo.) É por isso que ter experiências sexuais faz sofrer tanto. Se sentir utilizado, ter medo de ser descartado é doloroso. Por que

*"Seu corpo é você", o que ele vive, você também vive.*

Porque seu coração espera pelo amor verdadeiro, um amor cheio de respeito, para sempre. Neste amor, sente-se confiante, em segurança.

### "Doar é doar!"

Muitos adolescentes e pré-adolescente se perguntam por que não se pode ter relações sexuais antes do casamento.

Mas, como dizem as crianças, *dar é dar, pegar de volta é roubar*. O amor é a linguagem do dom. Não se pode falar essa linguagem a não ser que... se tenha se doado, para sempre. O noivado já é uma promessa de se amar, mas não é definitivo. Ele pode ser rompido. O casamento é o

compromisso de amar para sempre, "a sério", como ainda dizem as crianças. Quando se casa com alguém, doa-se a esse alguém livremente, para sempre. É esta escolha, este "para sempre" que se expressa nos votos. É ela que torna o amor verdadeiro. "Eu me dou para ti, para te amar fielmente, todos os dias de minha vida" quer dizer: eu saio de mim, eu me viro para ti, eu quero te amar por quem tu és, com um amor desinteressado.

Uma forte atração por alguém pode ser tomada sinceramente pelo amor. Mas sem compromisso para sempre, *a sério*, no casamento, não há doação. Neste caso, os gestos de amor trariam consigo uma espécie de mentira. Amar-se-ia o amor, as emoções ou prazer que ele proporciona mais do que a pessoa em si, que seria utilizada... Mas uma pessoa humana não é um produto descartável.

O amor é, antes de tudo, uma questão de verdade. Não de "pode-não-pode". Amar *a sério* se aprende.

## A partitura do amor escrita em nossos corações

O corpo humano, graças à sua masculinidade-feminilidade, pode expressar o amor. É sua linguagem própria, "linguagem do corpo" que lhe permite falar do amor quando as palavras já não bastam. O corpo canta o amor que transborda do coração dos apaixonados.

Mas não basta ter uma linda voz para cantar bem. É preciso decifrar e seguir as notas da partitura. Na relação amorosa é o mesmo. Porque a cobiça, a vontade de dominar o outro e de utilizá-lo que vêm do pecado nos levam a "desafinar", a fazer gestos que não expressam amor verdadeiro, autêntico pela pessoa. Neste caso, os

gestos são uma espécie de mentira, ainda que provoquem emoções agradáveis.

Nós precisamos descobrir e decifrar a partitura do amor: para amar verdadeiramente, sem mentiras, temos que ler e reler as notas da ternura, do respeito e da solicitude pelo outro, da generosidade e da gratuidade, da escolha e da fidelidade, do amor desinteressado. Porque essas notas são as do amor verdadeiro, que não utiliza, que não trapaceia a pessoa amada. A partitura do amor está escrita em nosso coração. Aprender a amar é aprender a decifrar essas notas, desde a infância, depois durante a adolescência, através do serviço, da amizade e da bondade. Amar verdadeiramente exige lê-las e relê-las sem cessar durante toda a vida.

CADERNO PRÁTICO

## Para aprender a amar, descubra e cultive as nuance do amor

Admiração, amizade, aventura, caridade, graça, coração, calor, desejo, vida, fraternidade, promessa, casamento, fervor, entendimento, estima, devotamento, benevolência, paciência, delicadeza, veneração, compaixão, atenção, afeição, doçura, gentileza, ternura, confiança, fidelidade, magnanimidade, generosidade, felicidade, desafio...
*Numa palavra: humanidade.*

Cultivar tais nuances do amor torna-nos mais humanos. Isso também, mais tarde, tornará sua sexualidade mais humana, mais digna e mais bonita. Isso irá te ajudar a viver o significado de "dom". Tornar-se um homem, uma mulher, é aprender a viver isso, cada um segundo seu sexo.

 FALAR DE AMOR COM NOSSOS FILHOS

# INSTITUTO DE TEOLOGIA DO CORPO

Caminho de formação
"Aprender a amar"
"E eu, de onde venho?"
"Você vem do amor..."

Uma formação para a educação afetiva e sexual à luz da teologia do corpo de São João Paulo II para pais, professores e educadores.

Trinta horas de formação em duas jornadas de dois dias e meio, para aprender a transformar a teologia do corpo em música para as crianças e adolescentes. Uma pedagogia que leva em conta a psicologia da criança e suas capacidades em cada idade.

Com Inès Pélissier du Rausas, e participação de Yves Semen e do Dr. Gwendal de Collart.

O Instituto de Teologia do Corpo oferece desde 2014, em cooperação com o Instituto Pontifício João Paulo II de Roma, uma formação em antropologia fundamental e teologia do corpo, da certificação ao mestrado. O objetivo é uma apropriação pessoal que permita difundi-la largamente e ajudar desta forma a redescobrir *a alegria do amor*.

www.institutdetheologieducorps.org
Contato: secretariat@institutdetheologieducorps.orgs

# ANOTAÇÕES

# ANOTAÇÕES

# ANOTAÇÕES

# ANOTAÇÕES

..............................................................
..............................................................
..............................................................
..............................................................
..............................................................
..............................................................
..............................................................
..............................................................
..............................................................
..............................................................
..............................................................
..............................................................
..............................................................
..............................................................
..............................................................
..............................................................
..............................................................
..............................................................
..............................................................
..............................................................
..............................................................
..............................................................
..............................................................
..............................................................

# ANOTAÇÕES

# ANOTAÇÕES

# ANOTAÇÕES

# ANOTAÇÕES

# ANOTAÇÕES

# ANOTAÇÕES

# ANOTAÇÕES

# ANOTAÇÕES

..............................................................
..............................................................
..............................................................
..............................................................
..............................................................
..............................................................
..............................................................
..............................................................
..............................................................
..............................................................
..............................................................
..............................................................
..............................................................
..............................................................
..............................................................
..............................................................
..............................................................
..............................................................
..............................................................
..............................................................
..............................................................
..............................................................
..............................................................
..............................................................

# ANOTAÇÕES

# ANOTAÇÕES

# ANOTAÇÕES

# ANOTAÇÕES

# ANOTAÇÕES

# ANOTAÇÕES

# ANOTAÇÕES

# ANOTAÇÕES

# ANOTAÇÕES

# ANOTAÇÕES

# ANOTAÇÕES

ESTE LIVRO ACABOU DE SE IMPRIMIR
A 11 DE FEVEREIRO DE 2025,
PARA A QUADRANTE EDITORA.

OMNIA IN BONUM

Conheça nosso site

@editoraquadrante
@editoraquadrante
@quadranteeditora
Quadrante